JN099979

改訂2版

個人事業主・フリーランスのための

会計ソフトでらくらく青色申告

3日でマスター！

ダウンロードサービス付

税理士
ファイナンシャル・プランナー
小林敬幸

あさ出版

本書は、２０１９年10月に弊社で刊行した『新版　３日でマスター！　個人事業主・フリーランスのための会計ソフトでらくらく青色申告』に修正・加筆を行い、改訂2版として刊行したものです。

はじめに

本書は2009年の初版発行から、ありがたいことに多くの方のご好評を得て、現在まで何度も増刷を重ねるロングセラーとなりました。今回の改訂2版は、2023年10月から始まった消費税のインボイス制度や2024年1月から電子データの保存が義務化される電子帳簿保存法の内容も盛り込んだ最新の内容になっています。

この本を書こうと思ったきっかけは、個人事業主になったばかりの方に、帳簿のつけ方を指導していた際、こんな言葉をいわれたことでした。

「青色申告をすればトクするみたいだけど、すごく面倒で難しいんですよね……それなら、白色申告でいいや」

面倒？

難しい？

そんなことはありません。

青色申告は、びっくりするほどかんたんたんです！

会計ソフトを使えば、子どもの頃につけていたような「おこづかい帳」感覚で、青色申告に必要な帳簿をつくることができるのです。

個人事業をはじめると、避けられないのが「所得税の確定申告」。

この確定申告では、**「収入と支出の集計表程度の帳簿でよいけど、特典のない白色申告」と「簿記のルールに基づいた帳簿をつくれば、特典いっぱいで税金がぐっと減る青色申告」**のどちらかを選ばなくてはなりません。

青色申告に必要な「簿記のルールに従った複式簿記」は、一見難しいイメージがあります。

しかし、心配はいりません。

何度もいいますが、**会計ソフトを使えば、簿記の知識がなくても、青色申告に必要な帳簿はできます！**

本書は、初心者の方がすぐに帳簿作成にチャレンジできるように、必要なノウハウだけをぎゅっと凝縮しました。

今までたくさんの方に会計ソフトの指導をしてきましたが、ほとんどの方が1日2時間のレクチャーで3日目には使い方をマスターしています。

「**開業したばかりで、青色申告のことはわからない……**」

「今年こそ税金が安くなる青色申告に挑戦したい！」

そんな青色申告初心者の個人事業主・フリーランスの方は、ぜひ読んでください。

会計ソフトによる帳簿の作成は、ひと通りやってしまえば、あとは毎年同じ作業です。1年目で慣れてしまえば、2年目以降は意外とあっさりできてしまうもの。

「こんなにかんたんなら、もっと早く青色申告にしておけばよかった！」

本書を利用した方にそんな感想をもっていただければ、著者としてそれに勝る喜びはありません。

税理士　小林敬幸

Chapter 1

青色申告、これだけは知っておこう！

Chapter 2

こんなにトクする！青色申告

Chapter 3

青色申告前に提出する書類を忘れずに

Chapter 4

帳簿をつける前に準備・確認しておきたいポイント

Chapter 5

役立つ！ 経理書類のかんたん整理法教えます

Chapter 6

かんたん！会計ソフトは3日でマスター

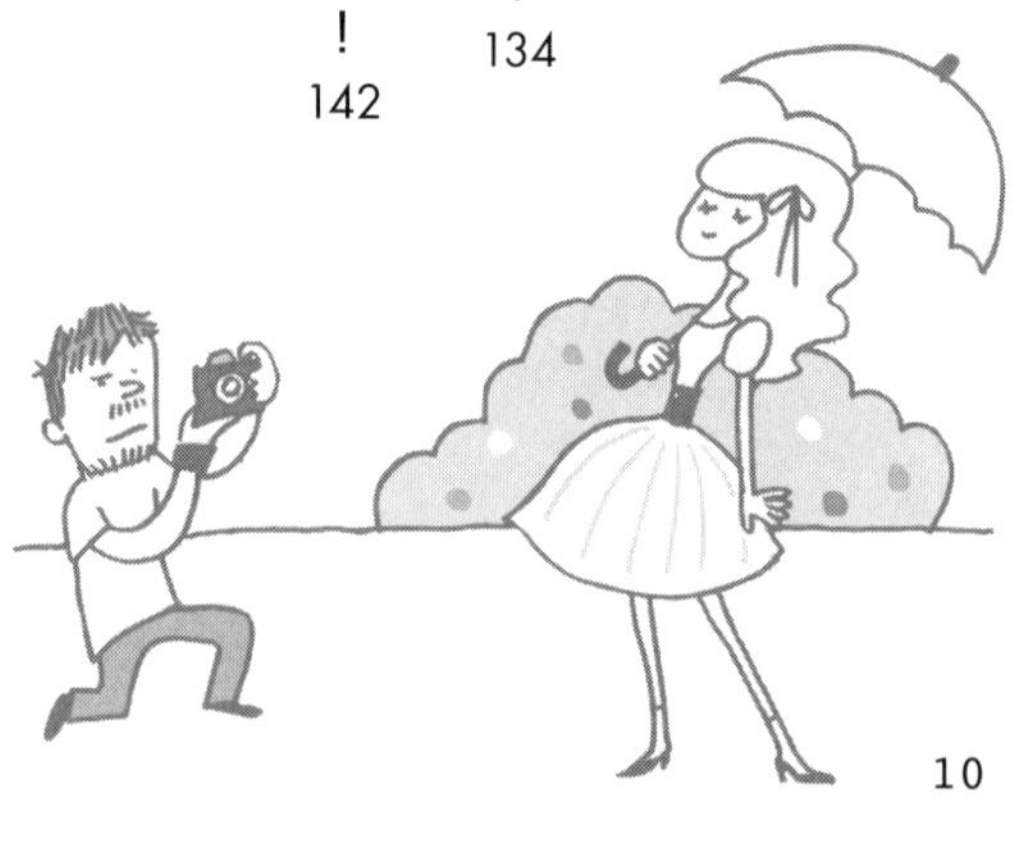

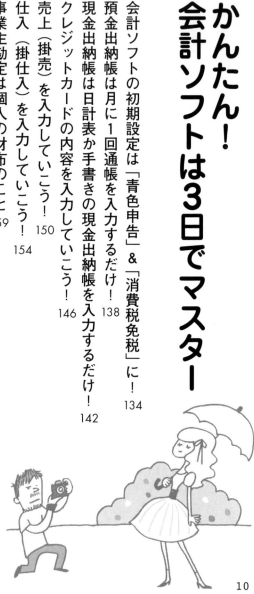

Chapter 7

決算書だって、らくらく作成！

Chapter 8

売上・経費でよくある疑問、すっきり解決！

Chapter 9

決算処理などでよくある疑問、すっきり解決！

Chapter 10

なるほど！消費税のしくみ

Chapter 11

さあ、確定申告書をつくろう！

「やよいの青色申告」無料体験版＋各提出書類ダウンロード先

①デスクトップソフト「やよいの青色申告＋クラウド」無料体験版ダウンロード先

https://www.yayoi-kk.co.jp/products/download/shinkoku/index.html#anc-02

体験版は、インストールした日から30日間使用することができます。
体験版で申告することはできないので、ご注意ください。

※体験版制限事項、ダウンロード・インストール方法、体験版の使い方に関しましては、無料体験版ダウンロード先をご参照ください。

②「届出書」ダウンロード先

国税庁ホームページ
https://www.nta.go.jp/index.htm

下記の届出書については、国税庁のホームページからPDF形式でダウンロードできます。国税庁のホームページの右上に検索窓があるので、こちらに必要な届出書名を入力して検索すると、ダウンロードページが表示されます。

※届出書一覧

「個人事業の開業･廃業等届出書」
「所得税の青色申告承認申請書」
「青色事業専従者給与に関する届出書」
「給与支払事務所等の開設･移転･廃止届出書」
「源泉所得税の納期の特例の承認に関する申請書」

③「経理書類」ダウンロード先

小林敬幸税理士事務所ホームページ
http://kobatax-office.com/download.html#shoseki

下記の経理書類については、小林敬幸税理士事務所ホームページからExcel形式でダウンロードできます。

※経理書類一覧

「日計表」　「電子取引データ索引簿作成&ファイルシート」
「旅費精算書」　「事務処理規程」

Chapter
1

青色申告、これだけは知っておこう！

事業をはじめると、「青色申告のほうがトクする」と耳にするかもしれません。
しかし、その内容は意外と知られていないものです。
ここではまず、青色申告の基礎知識について、ご説明していきます。

青色申告って何？

ポイント！

①「白色申告」は、所得控除（利益の割引）なし、そのほかの特典もなし。
②「簡易簿記による青色申告」は、所得控除10万円＋いろいろな特典。
③「複式簿記による青色申告」は、所得控除65万円＋いろいろな特典。

●青色申告と白色申告

この本のテーマは、「会計ソフトを使って、いろいろとメリットの多い青色申告にチャレンジしましょう！」ということですが、そもそも「青色申告」とはいったい何でしょう？

青色申告とはひと言でいうなら、「確定申告の方法のひとつ」です。所得税の確定申告の種類には、この「**青色申告**」**と**「**白色申告**」**の2種類**があります。

サラリーマンなど帳簿をつける必要がない人などは「白色申告」しか選択できませんが、個人事業者や不動産を賃貸しているような人など、「**帳簿などで収入と経費を集計して、儲けを計算しなければならない人**」は「白色申告」に加えて「**青色申告**」**を選択することができます。**

この青色申告の趣旨は「**きちんと帳簿をつけ、納税すれば、税金を少なくするなどの特典が受けられます**」というものです。国からすれば「きちんとした帳簿をつけてもらったほうが、税金の計算が正確になる」ため、「面倒な帳簿をつけてくれた人には、見返りとしていろいろな特典をつけましょう」ということが、決められているのです。

●青色申告は2種類ある！

またこの青色申告にも「**簡易簿記による青色申告**」と「**複式簿記による青色申告**」があります。

「簡易簿記による青色申告」は、読んで字のごとく簡易な帳簿で行う申告で、「複式簿記による青色申告」は、簿記のルールに従ってつけた帳簿で行う申告のことです。

当然「複式簿記による青色申告」のほうが面倒なので、青色申告のメリットのひとつである所得控除額が、「簡易簿記による青色申告」より55万円も多くなっています。

●会計ソフトを使えばおこづかい帳レベル

しかしこの「面倒」というのは、青色申告制度ができた60年以上前のこと。そのころは手書きで帳簿をつくっていたので、きちんとした帳簿をつけるのはとても面倒なことでした。しかし会計ソフトが登場したことで、複式簿記の作成が、ぐっと楽チンになりました。最近では会計ソフトの内容も開発が進み、**おこづかい帳感覚で、青色申告に必要な複式簿記の帳簿を作成できます**。

白色申告と2つの青色申告、どれがおトク？

ポイント！

①儲けは一緒でも、帳簿のつけ方ひとつで税金の金額が大きく変わる。
②複式簿記で青色申告を行うことにより、毎年65万円の所得控除を受けられる。

●これだけ変わる！　申告方法による税額の違い

「複式簿記による青色申告だと、いちばんメリットが大きい」ことについては、前項で説明したとおりです。では実際どれぐらい税金が変わるのか、具体的な数字で見ていきましょう。

次ページの図を見てください。ここでは、夫婦２人でお店をやっている例を挙げています。お店の売上が２０００万円、経費を除いた収入が夫婦合わせて１０００万円としています。

この例を見ると、白色申告の場合に比べ、**「簡易簿記による青色申告」では、43万円の節税**となっ

白色申告と2つの青色申告、税額はこんなに違う！

前提条件

- 夫婦で店舗経営。
- 売上は2,000万円、給与以外の経費は1,000万円。
- 夫が妻に給与を支払う。このとき白色申告の場合86万円。青色申告の場合240万円とする。
  ※白色申告の給与の上限は86万円、青色申告は仕事に見合っていれば上限なしのため。
- 所得控除額は、夫が社会保険料控除74万円+基礎控除48万円の122万円。妻が基礎控除48万円とする。

白色申告の場合

	a	b	c	d	a-b-c-d
	所得額	青色申告控除額	給与所得控除額	所得控除額	課税所得額
夫	9,140,000	0	—	1,220,000	7,920,000
妻	860,000	0	550,000	480,000	0
合計	10,000,000	0	550,000	1,700,000	7,920,000

所得税 住民税 事業税
2,320,900
0
2,320,900

43万円の節税！

簡易帳簿による青色申告の場合

	a	b	c	d	a-b-c-d
	所得額	青色申告控除額	給与所得控除額	所得控除額	課税所得額
夫	7,600,000	100,000	—	1,220,000	6,280,000
妻	2,400,000	0	800,000	480,000	1,120,000
合計	10,000,000	0	800,000	1,700,000	7,400,000

所得税 住民税 事業税
1,715,300
175,600
1,890,900

59万7,300円の節税！

複式簿記による青色申告の場合

	a	b	c	d	a-b-c-d
	所得額	青色申告控除額	給与所得控除額	所得控除額	課税所得額
夫	7,600,000	650,000	—	1,220,000	5,730,000
妻	2,400,000	0	800,000	480,000	1,120,000
合計	10,000,000	0	800,000	1,700,000	6,850,000

所得税 住民税 事業税
1,548,000
175,600
1,723,600

❗ 左側の表が、課税所得額の計算になります。所得額が儲けの金額、課税所得額が控除額を差し引いた、税金がかかる金額になります。

❗ 右側の表が、課税所得金額に対する、所得税、住民税、事業税の3つの金額になります。

ており、さらに**「複式簿記による青色申告」では、何と59万7300円の節税**となっています。やっている事業も儲けもまったく同じなのに、申告方法と帳簿のつけ方の違いで、これだけ税金の金額が変わってくることがわかります。

青色申告のメリットは、それだけではありません。おもなものはあとで説明しますが、税金をさらに少なくする特典がもっとたくさん用意されています。

毎年大きな節税が可能になりますので、ぜひ「複式簿記による青色申告」にチャレンジしてみましょう！

なお65万円の控除額ですが、e-Tax（電子申告）による申告か、優良な電子帳簿保存（請求書・領収書などの書類や帳簿を訂正削除履歴などが確認できるシステムなどで電子化して、税務署の承認を受け保存する方法）を行うことが前提となっています。確定申告書を印刷して紙で提出する場合には、この控除額が55万円となってしまいます。

優良な電子帳簿保存のハードルは高いですが、e-Taxでの申告はかんたんです。ぜひe-Taxで申告を行い、65万円の控除を受けるようにしましょう。

白色申告や簡易簿記の青色申告は意外に面倒

ポイント!

①白色申告であっても、帳簿を作成して収入・経費の集計が必要。
②簡易簿記による青色申告は、手書きの帳簿同士で比べると「簡易」といえるが、会計ソフトを使えば、複式簿記による青色申告のほうが「簡易」になる。

複式簿記の青色申告のメリットである大きな控除は、「きちんとした帳簿をつけていることの見返り」と前述しました。しかしこういうと、「**じゃあ、白色申告や簡易簿記による青色申告の帳簿ってどんなものなの?**」という疑問が出てくると思います。

ここでは「白色申告」と「簡易簿記による青色申告」の帳簿について、違いを説明していきます。

●白色申告の場合の帳簿

白色申告は、収入を得ながら青色申告を選択しなかったすべての人（サラリーマンの給料は源泉徴収＋年末調整されるので含まれません）が行う申告の方法です。

この白色申告では確定申告書に添付する決算書が、青色申告のものに比べて若干シンプルというメリットがありますが、青色申告と同じく帳簿をつけて収入の金額と経費の金額を集計し、差引で利益である所得を計算する必要があります。

そのため白色申告であっても、青色申告と同じ帳簿は必要です。一生懸命帳簿をつくっても、白色申告で申告してしまえば、当然、青色申告のメリットは適用されません。

パソコンがどうしても苦手ですべて手書きで帳簿をつけていくならともかく、エクセルなどパソコン上で金額を集計するのであれば、同じパソコン上で会計ソフトを使用して青色申告を行うほうがメリットが多いといえるでしょう。

●簡易簿記による青色申告の場合の帳簿

簡易簿記による青色申告は文字どおり「簡易な帳簿」、すなわち、おこづかい帳のような帳簿を作成して申告を行う方法です。

この簡易簿記ですが、手書きで帳簿をつける場合には、複式簿記の帳簿をつけるよりも、圧倒的にかんたんです。

しかし、**会計ソフトを使って帳簿を作成する場合には、複雑な複式簿記の処理をパソコンがやってくれます**。そのため、もしパソコン上で金額を集計するつもりなら、簡易簿記を採用するメリットはほとんどないといっていいかもしれません。

エクセルで作成した簡易帳簿の場合

パソコンでここまで作成するなら、
会計ソフトを使うほうがずっと楽チン＋メリット大！！

月日	摘要	区分	現金			預金			入金		支出					
			入金	出金	残高	預入	引出	残高	売上	その他	仕入	水道光熱費	消耗品費	地代家賃	その他 摘要	その他 金額
	前月繰越				12,300			146,279								
3	売上高		10,500		22,800			146,279	10,500							
4	売上高				22,800	14,250		160,529	14,250							
	事業主より入金				22,800	300,000		460,529		300,000						
	仕入高				22,800		75,600	384,929			75,600					
9	売上高				22,800	20,000		404,929	20,000							
	売上高		9,500		32,300			404,929	9,500							
10	仕入高				32,300		93,023	311,906			93,023					
16	水道代				32,300		2,835	309,071				2,835				
20	売上高				32,300	36,750		345,821	36,750							
23	家賃支払い				32,300		52,000	293,821						52,000		
	振込手数料				32,300		330	293,491							手数料	330
25	売上高				32,300	265,000		558,491	265,000							
	事務用品			7,612	24,688			558,491					7,612			
			20,000	7,612		636,000	223,788		356,000	300,000	168,623	2,835	7,612	52,000		330

なぜなら、会計ソフトを使った複式簿記の帳簿の作成と、25ページのようなエクセルベースの簡易簿記の作成なら、**会計ソフトを使用して複式簿記を作成するほうがずっと「簡易」だから**です。

また、青色申告の大きなメリットである「青色申告の特別控除額」も、**複式簿記の場合は65万円控除されるのに比べ、簡易簿記の場合は10万円と少なめ**です。

4

会計ソフトがさくさく計算・転記してくれる！

ポイント！

次の2つに入力すれば、会計ソフトが、自動的に簿記のルールで帳簿を作成してくれます。
①おこづかい帳感覚の出納帳。
②売上・仕入の管理表。

それではここで、簿記の知識がなくてもかんたんに「複式簿記による青色申告」に必要な帳簿ができる会計ソフトのしくみを見ていきましょう。

複式簿記に必要な帳簿は？

複式簿記に必要な帳簿類は次のとおりです。

- **主要簿……「仕訳帳」「総勘定元帳」**
- **補助元帳（補助簿）……「現金出納帳」「預金出納帳」「売掛帳」「買掛帳」「経費帳」「固定資産台帳」**

●決算書……「貸借対照表」「損益計算書」（主要簿と補助簿を集計したもの）

●会計ソフトなら簿記の知識ゼロでもできる！

29―30ページは、手書きの場合と会計ソフトの場合との帳簿作成の流れの違いです。

手書きの場合、個々の取引を仕訳帳に仕訳（記録）して、それを簿記のルールに従って総勘定元帳と補助元帳に移し替えて、それを集計して貸借対照表と損益計算書の決算書を作成します。

何度も移し替える作業が必要なこの方法は、**とても簿記の知識のない初心者ができるものではありません。**

それに対し、会計ソフトの場合、入力するのは基本的に6つの補助元帳になります。

こちらへの入力は、会計ソフトの画面が「おこづかい帳」や「売上・仕入の管理表」と同じ形式になっていて、**簿記の知識はほぼ不要です。**

そして入力を行えば、会計ソフトが同時に簿記のルールに従って、**残りの帳簿を自動的に作成してくれる**のです。

手書きの場合の複式簿記の処理の流れ

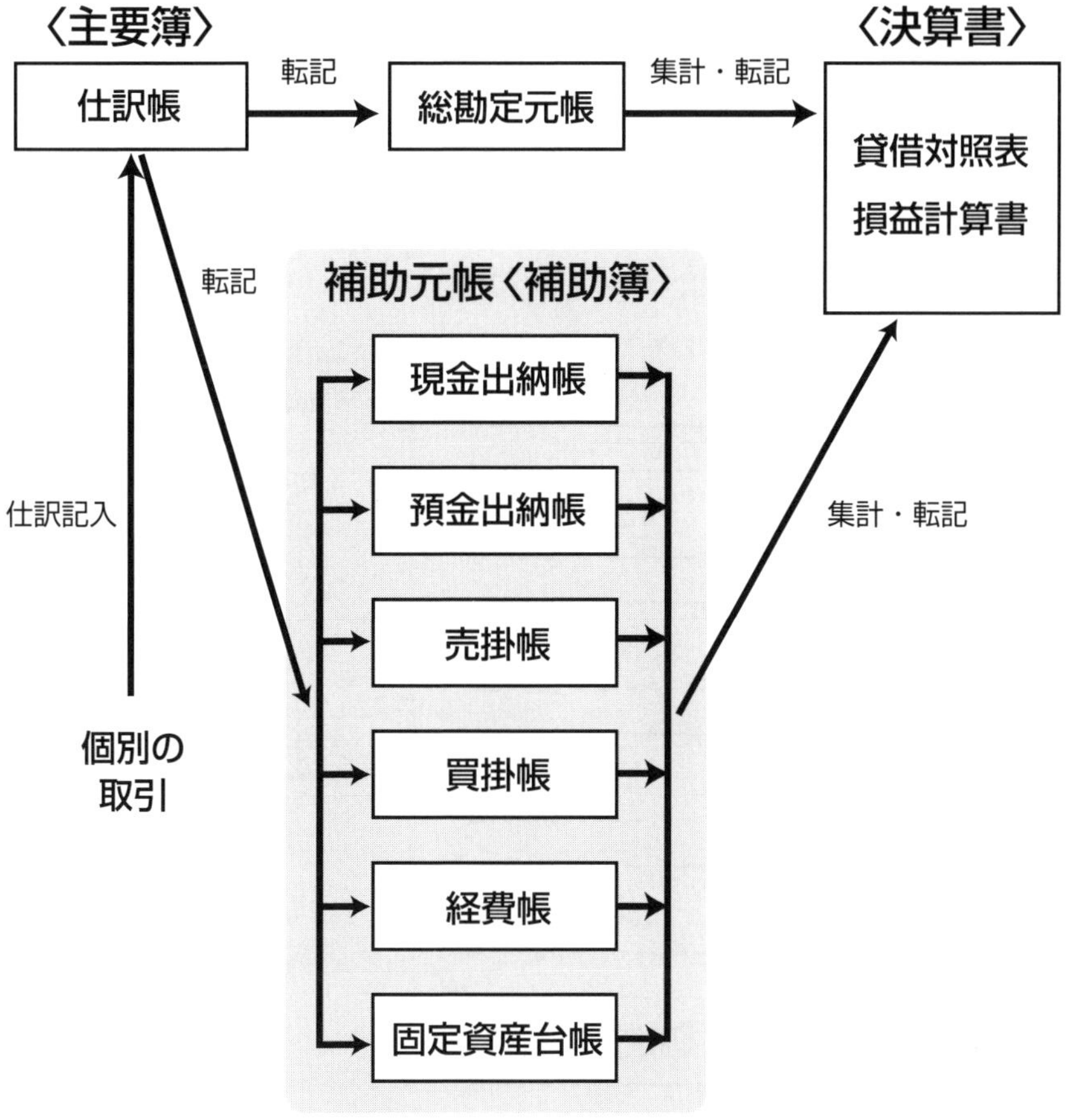

すべて自分で集計・転記しながら、記録していかなければならないので、簿記の知識がないとムリ！！

会計ソフトを使った場合の複式簿記の処理の流れ

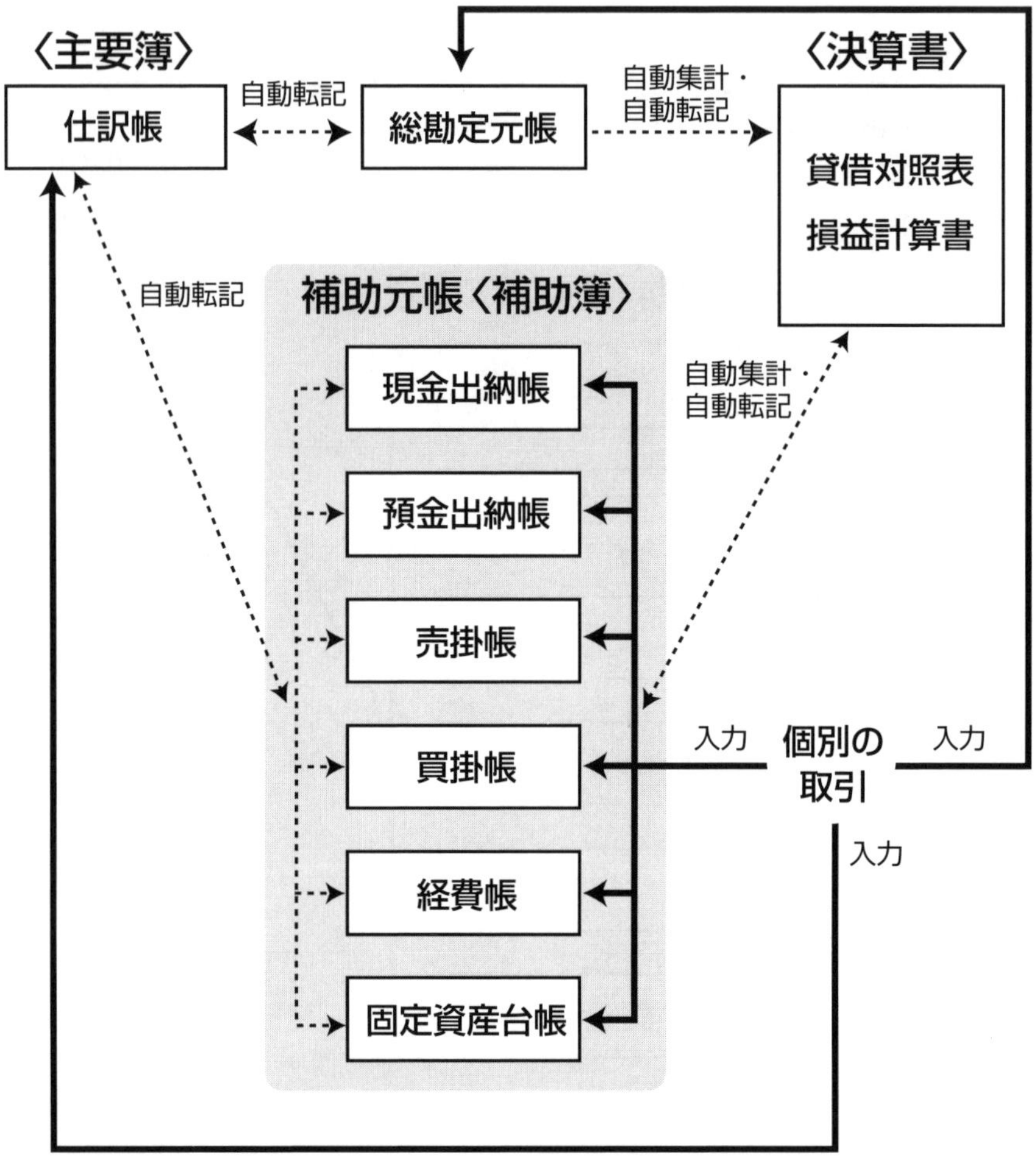

個別の取引を、「仕訳帳」「総勘定元帳」「補助元帳」のどれでも好きな帳簿に入力でき、入力した取引は、自動でほかの帳簿に転記されます。

5

簿記の知識がなくても大丈夫！

ポイント！

①補助元帳のうち毎月入力が必要なものは「現金出納帳」「預金出納帳」「売掛帳」「買掛帳」の4つ。
②現金出納帳と預金出納帳＝「おこづかい帳」。
③売掛帳・買掛帳＝「売上・仕入の請求額と入金・支払額の管理表」。

●会計ソフトに入力が必要なのは、基本的に4つだけ

会計ソフトで入力が必要なものは、前述した6つの補助元帳です。ここで、「ややこしい！」と感じた方もいらっしゃるのではないでしょうか？

しかし、「経費帳」は基本的に入力することはなく、「固定資産台帳」は固定資産（168―175ページ参照）の購入時と年末にしか使わないため、日常で使うのは次の4つです。

- **現金出納帳**
- **預金出納帳**

●売掛帳
●買掛帳

「現金出納帳」と「預金出納帳」は、それぞれ現金と預金の入出金を入力するだけの、いわば「**おこづかい帳**」です。

「売掛帳」と「買掛帳」は、売上と仕入の請求額と入金・支払額、未入金・未払金の残額を管理する「**売上・仕入の請求額と入金・支払額の管理表**」になっています。

4つとも次ページのように、簿記の知識がなくても足し算・引き算だけで作成できます。

そして、この4つの入力方法が理解できれば、会計ソフトを使った帳簿の入力は、9割方できたといってもいいでしょう。

会計ソフトへの入力はかんたん！

現金出納帳・預金出納帳

通帳

普通預金（兼お借入明細）

行数	日付	お払戻金額	お預り金額	摘要	差引残高
1	20××/4/1		500,000	ご新規　事業資金預入	500,000
2	20××/4/11	10,000		○○デンキ　パソコン備品	490,000
3	20××/4/11	220		フリコミテスウリョウ	489,780
4	20××/4/15		150,000	○○　売掛金入金	639,780
5	20××/4/15	2,199		デンワリョウキン	637,581
6	20××/4/15	35,000		△△　事務所家賃	602,581
7	20××/4/15	110		フリコミテスウリョウ	602,471
8	20××/4/17		55,000	××　売上代金	657,471
9	20××/4/17	2,530		スイドウリョウキン	654,941
10	20××/4/17	25,000		□□　仕入代金	629,941
11	20××/4/18	1,119		ガス	628,822

会計ソフト

ジャンプ(M)

			預入金額 消費税額	引出金額 消費税額	残高
			繰越金額		0
04/01 1	事業主借	事業資金預入	500,000		500,000
04/11 2	消耗品費	パソコン備品 ○○電器		10,000	490,000
04/11 3	支払手数料	振込手数料		220	489,780
04/15 4	売掛金 ○○様	売掛金入金 ○○様	150,000		639,780
04/15 5	通信費	電話代 NTT		2,199	637,581
04/15 6	地代家賃	事務所家賃 △△様		35,000	602,581
04/15 7	支払手数料	振込手数料		110	602,471
04/17 8	売上高	本日売上高 ××様	55,000		657,471
04/17 9	水道光熱費	水道代 ××市		2,530	654,941
04/17 10	仕入高	本日仕入 □□様		25,000	629,941
04/18 11	水道光熱費	ガス代 大ガス		1,119	628,822

預金や通帳の入出金の金額とその内容を、会計ソフトに書き写すだけ。

売掛帳・買掛帳

請求書

発行日：　令和○○年○○月○○日

伝票番号	担　当
25	小林敬幸

請　求　書

株式会社 ○○○○
今野友夫 様

〒658-○○○○
兵庫県神戸市東灘区 ×-×-×
小林　敬幸
電　話：078−×××−×××
都営銀行　秋葉原支店
普通預金 009−09819

下記の通りご請求申し上げます。

商品名	数量	単価	金額	備考
CD「森のくまさん」プレス・パッケージ代	2,000	213	¥426,000	○○様　直送

合計	税抜 426,000	消費税 42,600	総額 ¥468,600

得意先（仕入先）ごとに、その月に作成した（受け取った）請求書の金額を売上金額（仕入金額）に書き写し、回収金額（支払金額）と残高を確認するだけ。

会計ソフト

売掛帳

補助科目(J): ○○様

期間(O) 1 2 3 4 5 6 7 8 9 10 11 12 決　全期間(Y)　ジャンプ(M)

決算 付箋1	調整 付箋2	日付 伝票No.	タイプ 生成元	相手勘定科目 相手補助科目	摘要 相手税区分	税区分	売上金額 消費税額	回収金額 消費税額	残高
							繰越金額		150,000
		04/15 4		普通預金	売掛金入金 ○○様			150,000	0
		04/30 30		売上高	4月売上高 ○○様		468,600		468,600

帳簿をつけることで得る3つの効果！

ポイント！

帳簿をつければ、次の3つの点で役立ちます。
①税金の計算を行う。
②事業の経営成績・経営状態を把握する。
③銀行など、外部の第三者に事業の経営成績・経営状態を説明する。

なぜ帳簿をつけるのか？

ここまで、会計ソフトを使えば、青色申告に必要な帳簿がかんたんにつくれることを説明してきました。この帳簿、もちろん青色申告を行うために必要なものですが、これ以外にもいろいろと活用可能なのです。帳簿をつけるおもな目的としては、

- **税金の計算を行うため**
- **事業の経営成績・経営状態を把握するため**

●銀行など、外部の第三者に事業の経営成績・経営状態を説明するため

の3つがあります。これらを順に見ていきましょう。

税金の計算を行う

事業が順調に発展し利益が出てくると、その儲けに対して税金を支払う必要が出てきます。

個人で事業をしている場合には、所得税、住民税、事業税といった税金が「利益の何%」といった形で計算されます。また、これらのほかに、国民健康保険料なども、この利益をもとに計算されます。

利益を出す計算は次のとおり。


「利益＝収入－経費」


つまり、**帳簿をつけないと利益がわからず、正確な税金の金額を計算できなくなってしまうということ**です。

「帳簿の作成なんて、面倒だなぁ」と思われるかもしれません。

しかし、帳簿を作成していない（または青色申告を選択していない）場合、税金を計算するにあたって税務署は、「**推計課税**」という方法を適用してくる場合があります。

この「推計課税」、税務署が税金の額を推定で計算し、「あなたが納めるべき税金は、大体このくらいでしょう」と、提示した額を納めるようにいってくることです。

たとえば実際は赤字になっている事業であっても、帳簿をつけていなければ、推計課税により税金を払わなければいけなくなる可能性もあるのです。


しかし、**青色申告を選択し帳簿を作成していれば、この推計課税は適用されません**。税務署は事業者が作成した帳簿を確認しないで、税金の額を計算することはできないからです。

税金を計算するためにつけた帳簿が、自分を守る武器にもなるのです。

●事業の経営成績・経営状態を把握する

たとえ個人事業であっても、事業をはじめれば、あなたは立派な「経営者」。そして、経営者にとって、その事業が儲かっているのか、そうでないかを把握することは、極めて重要なことです。

帳簿をつけると、「**経営状態を数字で把握すること**」が可能となります。


黒字の場合には、「どの売上で儲かっているのか」「得意先ごとの利益率に大きなブレがないか」「無駄な経費がないか」などといったことが、また不幸にも赤字となってしまった場合には、「何が原因で赤字になっているのか」「どれだけ売上を増やせば黒字転換できるのか」といった経営成績・経営状態がわかり、**将来に向けての事業の改善ポイントを、具体的につかむ**ことができます。

また、過去の資金繰りの状態を見て、「いつお金が入るのか」「いつお金が出るのか」「この時点で資金ショートする可能性がある」といった、いわゆる**資金の需要を把握することも**可能になります。

●第三者に事業の経営成績・経営状態を説明する

帳簿を作成する3つめのメリットは、「**自分の事業の状況を第三者に説明する**」ことが可能となることです。

事業が軌道に乗ってくると、金融機関よりお金を借り入れて、事業の拡大を考えることもあります。また、固定資産などをリース会社からリースして、それを事業に活用していかなければならないこともあるでしょう。

そういった場合、先方から必ず求められるのは、今までの事業の状況を説明するための「決算書」と「確定申告書」です。

金融機関やリース会社は、決算書や確定申告書から過去の経営成績や現在の状況、将来の見込みなどを検討していくことになります。

その際に簿記のルールに従った決算書を提出することは、「**しっかりした決算書**」→「**その前提となるしっかりした帳簿が作成できている**」→「**経理その他の事務がしっかりしている**」という印象を与えることになります。

金融機関やリース会社を利用する際、スムーズに対応していくためにも、しっかりとした帳簿をつくっていきましょう！

Column 1

経費はどこまで認められるの？

基本的に、必要経費とは「売上に貢献する経費」「事業に関連する経費」の2つ。

「売上に貢献する経費」というのは、売上を得るために直接必要になった経費、たとえば販売物品の仕入代金や加工などの外注費をいいます。

また「事業に関連する経費」というのは、事業を行っていることで必然的に発生する費用、たとえば事務所の家賃や従業員の給与をいいます。

経費にできるポイントは、費用と仕事に関連性があることです。よく聞かれる質問を例に考えてみましょう。

①お昼ごはん代は経費になる？

お昼ごはん代は、事業をしていても、していなくても必要となる経費ですので、基本的には経費になりません。

ただし「得意先とお昼を食べながら商談をした」または「従業員とお昼を食べながらミーティングをした」という場合には、当然事業に関係してくるので経費になります（メモでもいいので、議事録を残しておくとバッチリです）。

②メガネは経費になる？

メガネは、仕事以外の時間にもかけるものなので、ふつうは経費になりません。しかし「メガネ男子喫茶」のようにメガネをかけないと仕事にならない場合は、制服と同じで経費になります。

Chapter
2

こんなにトクする！青色申告

Chapter 1では、「青色申告とは何か」について、大まかに概要を述べてきました。ここでは、青色申告をすることで「いくらトクをするのか」にポイントをしぼり、より具体的な例を挙げて、ご説明していきます。

1

複式簿記なら、毎年65万円もおトクに！

ポイント！

複式簿記で青色申告の特別控除を受けると、次のような効果があります。
①65万円経費が増えるのと同じ効果がある。
②最高35万7500円の節税になる。

●無条件で、毎年最高35万7500円の節税に！

青色申告でいちばんメリットが大きいのが、この「青色申告の特別控除」。「複式簿記の帳簿」で青色申告をした場合、その見返りとして毎年65万円を無条件に利益から差し引くことができます。

所得税は、利益が高くなるにつれて税率が上がるという「超《ちょう》過《か》累《るい》進《しん》課《か》税《ぜい》」というしくみになっていますが、65万円利益が減った場合の節税額は次のとおりです。

●もっとも税率が低い場合（所得税5％＋住民税10％）で、9万7500円の節税。

●**もっとも税率が高い場合（所得税45％＋住民税10％）で、35万7500円の節税。**

事業の内容・利益がまったく同じでも、帳簿のつけ方が違うだけでこれだけの節税につながります。

●65万円あったら、こんなことができる！

この65万円、実際にお金を使うとどのぐらいになるでしょうか？　身近な例で考えてみましょう。

●1台20万円のノートパソコンを買う場合……**3台＋5万円のお釣り**。
●打ち合わせをして食事代5000円を支払った場合……**130回分**。
●80円でダイレクトメールを送る場合……**8125通**。
●63円のハガキを送る場合……**1万317通**。

実際に使おうと思えばけっこう大きな金額です。複式簿記の帳簿を作成して、ぜひ65万円の控除を受けましょう！

なお65万円の控除額ですが、e-Tax（電子申告）による申告か、優良な電子帳簿保存が要件になります（紙で申告する場合には控除額が55万円となります【22ページ参照】）。

仕事を手伝う家族に給与を払えば、大きな節税効果に

ポイント！

家族が仕事を手伝っている場合には、次のようなメリットもあります。
①白色申告の場合、家族に払う給与は経費となるが、上限あり。
②青色申告の場合、仕事に見合えば、家族に上限なしで給与を払えて、経費にもできる。
③事業主の所得を給与として家族に分散すると、節税効果大。

●仕事の内容に応じて、上限なく家族に給与が支払える

青色申告のメリットは、65万円控除だけではありません。事業を手伝ってもらっている配偶者やその他の家族（専従者といいます）に対して給与を支払い、それを経費にすることができる「**青色事業専従者給与**」**の制度**があります。

白色申告でも給与を払うことはできますが、**経費になるのは**、**実際に支払った金額にかかわらず年間50万円（配偶者は86万円）**です（利益が少ない場合は、さらに少なくなります）。フルタイムで働いて

もらう場合には、少し物足りない金額かもしれません。一方、青色申告の場合、**家族の仕事に見合った給与であれば上限はありません。**

家族に利益を分散することが、節税につながる！

すでに述べたとおり、所得税は、所得が高い人ほど税率も高くなるしくみになっています。そのため事業主の所得が高く、ほかの家族の所得が低い場合は、少し考え直してみましょう。

家族に給与を支払うことで全体の所得を家族で分散し、事業主と家族の所得の差を縮めることで、家族全員で支払う税金の合計額を下げることができるからです。

配偶者に支払う給与の額が違うと、夫婦2人が支払う税金がどれだけ変わるのか、45ページで実際に確認してみましょう。

ちなみに、配偶者や家族に給与を支払う場合、たとえ**給与が103万円以下の場合であっても、配偶者や家族を配偶者控除や扶養控除の対象にすることができなくなります**。注意しましょう。

また、家族に給与を支払うためには、事前に届出が必要となりますので、こちらも注意が必要です（64―67ページ参照）。なお、白色申告の場合には、事前の届出は不要です。

こんな場合は経費にならないので要注意！

これまで家族に給与を支払う「専従者給与」について述べてきましたが、この**専従者給与以外で、**

「同じ財布で暮らす家族へ支払うお金」は経費になりません。

「同じ財布で暮らす家族」とは、「同居している親族」や「別居しているが、学費や生活費を送っている親族」などを指します。


たとえばこんな場合は経費になりませんので、注意しましょう。

①配偶者が借りているマンションの一角を事務所として使っているため、その部分の家賃相当額を「配偶者に」払った。
②同居の兄弟に仕事を数日手伝ってもらったので、その手伝い賃を払った。

つまり、**家族の間でお金のやりとりをしても経費にはなりません。**

反対にいえば、**同じ財布で暮らす家族が払った経費は、自分が払った経費とみなされる**ということ。

ですから、①の場合では、配偶者が「大家さんに」支払った家賃のうち、事務所に対応する部分の金額は、経費になります。「家族が大家さんに支払った」＝「自分が大家さんに支払った」とみなすためです。

配偶者に払う給与で、所得税がこんなに変わる！

例◆事業主の課税所得が1,000万円の場合。
(配偶者はこの給与以外に所得がないこととします)

ケース1

白色申告で、配偶者に86万円給与を支払った。

(単位：円)

	所得額	給与所得控除＋基礎控除	所得税額の計算式	所得税額
事業主	9,140,000		9,140,000×33%(税率)−1,536,000(控除額)	1,480,200
配偶者	860,000	1,030,000	860,000−1,030,000<0　よって0	0
合　計	10,000,000			1,480,200

所得税額の合計は、148万200円

ケース2

青色申告で、配偶者に240万円給与を支払った。

(単位：円)

	所得額	給与所得控除＋基礎控除	所得税額の計算式	所得税額
事業主	7,600,000		7,600,000×23%(税率)−636,000(控除額)	1,112,000
配偶者	2,400,000	1,280,000	(2,400,000−1,280,000)×5%	56,000
合　計	10,000,000			1,168,000

所得税額の合計は、116万8,000円

差額はなんと69万7,200円

ケース3

青色申告で、配偶者に500万円給与を支払った。

(単位：円)

	所得額	給与所得控除＋基礎控除	所得税額の計算式	所得税額
事業主	5,000,000		5,000,000×20%(税率)−427,500(控除額)	572,500
配偶者	5,000,000	1,920,000	(5,000,000−1,920,000)×10%−97,500	210,500
合　計	10,000,000			783,000

所得税額の合計は、78万3,000円

！所得税率は所得に応じて7段階になっています。また、税率に伴い控除額も決まっています。
詳細は、https://www.nta.go.jp/taxes/shiraberu/taxanswer/shotoku/2260.htm をご参照ください。

赤字を繰り越し、翌年の黒字と相殺できる

ポイント!

①白色申告の場合、赤字の繰り越しは一切できない。
②青色申告では、今年の赤字を翌年の黒字と相殺できる。
③青色申告の場合、赤字の繰り越しは3年までOK。

●白色申告の場合、赤字はその年限り

白色申告の場合、赤字になってしまったときに税金はかかりませんが、翌年黒字となった場合、その赤字は考慮されず、**黒字の年の利益全額に対して税金が課せられる**ことになっています。

事業の内容によっては「損して得取れ」ということもあるでしょう。

たとえば、先にもとの取れないような仕事をいくつか受注して実績をつくったあと、利幅の大きな仕事を受けるということも、営業手法のひとつになります。

その場合、利益が出た仕事だけに税金がかけられてきます。

白色申告と青色申告「損失の繰り越し」でこれだけ変わる税額！

ある個人事業者の3年間の業績は、以下のとおりだった。

1年目が500万円の赤字。
2年目が200万円の黒字。
3年目が300万円の黒字。
税率が20%とした場合……

ケース1　もし、その個人事業者が白色申告をしたら、

1年目の税金：0円（赤字なので0円）
2年目の税金：40万円（200万円×20%）
3年目の税金：60万円（300万円×20%）
……3年で税負担額は、100万円

その差100万円！！

ケース2　もし、その個人事業者が青色申告をしたら、

1年目の税金：0円（500万円の赤字は翌年に繰り越し）
2年目の税金：0円（200万円の黒字は前期の赤字と相殺。残りの300万円の赤字は翌期繰り越し）
3年目の税金：0円（300万円の黒字は前々期の赤字と相殺）
……3年で税負担額は、0円

●青色申告では、赤字を3年繰り越せる！

しかし青色申告を行っていれば、この赤字を活かすことができます。青色申告では赤字が出てしまった場合、その年の赤字は、**翌年から3年間にわたって黒字と相殺できる**のです。

では、「**白色申告で赤字が1年で切り捨てられる場合**」と、「**青色申告で3年繰り越すことができる場合**」を比べると、どのくらい税金の額が変わるのでしょうか。

47ページの例を見てください。その差は歴然です。

積極的に仕事を受けていくためにも、ぜひ青色申告をおすすめします。

4

取りはぐれるかもしれない売掛金《うりかけきん》を経費にできる！

ポイント！

①年末に未回収になっている「売掛金」など事業上の債権に対し、原則5・5％の金額を見込みの回収不能額として経費にできる。
②今年経費にした金額は翌年収入に戻すので、節税効果は1年限り。

●年末に売掛金などがあれば、書類上の計算だけで経費に

今年の売上のうち、年末にまだ入金がないお金のことを「**売掛金**」といいます（未回収の売上金額のこと。また事業上の貸付金など売掛金以外の事業上の債権も対象になる）。

このあとも何度か出てくる言葉ですので、覚えておいてください。

この売掛金などの年末の残高に対して、「**5・5％（金融業は3・3％）をかけた金額**」を、**取りはぐれてしまう（＝貸し倒れ）可能性がある**ということで、その年の経費にできるのです。

この制度は、実際にお金を支出するなどの節税対策を行わなくても、書類上の計算だけで一定額を経費にできるもので、「**貸倒引当金**《かしだおれひきあてきん》」と呼ばれています。

たとえば期末に200万円の売掛金があったとすると、11万円程度の経費になります。

それがもし、1000万円の売掛金であれば、経費は55万円です。

劇的に税額が減るわけではありませんが、**急場の節税策として有効**な方法のひとつです。

●大きな節税効果があるのは、1年限り

この貸倒引当金を計上するかしないかは任意です。赤字の場合などは通常計上しません。

また今年費用にした金額は翌年戻して収入になりますので、大きく節税効果があるのは最初に計上した年だけになります（次ページ参照）。

そのため、年末に思わぬ利益が出てしまった年に適用するのが効果的です。

貸倒引当金の節税効果が大きいのは、最初の1年目のみ

売掛金など年末の残高に対して、経費を発生させたいと思った場合

◆1年目

年末の売掛金残高　**1,000万円**

貸倒引当金の金額

1,000万円×5.5%＝55万円

この金額が経費になる

◆2年目

年末の売掛金残高　**1,200万円**

貸倒引当金の金額

1,200万円×5.5%＝66万円

前年の貸倒引当金の戻し入れ収入

▲55万円

66万円 － 55万円 ＝11万円

（この年の貸倒引当金）　（前年の貸倒引当金）

この金額しか経費にならない

❗経費にした金額は翌年収入に戻さなければならないので、注意が必要です。

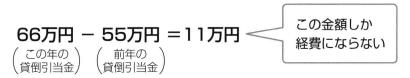

30万円未満の固定資産なら、買った年にすべて経費にできる!

ポイント!

①白色申告の場合、10万円以上の固定資産は、買った年に一括で経費にはできない。所定の年数で徐々に経費になる。
②青色申告の場合、30万円未満の固定資産なら、買った年に一括で経費にすることができる（年間で総額300万円まで）。

●30万円未満の固定資産なら一括で経費に!

この制度も青色申告の大きなメリットです。原則として10万円以上の固定資産を買った場合、買った金額は一度に経費にできません。「パソコンは4年間」「プリンタは5年間」というように、固定資産ごとに法律で決められた年数（**＝耐用年数**）で割って、毎年少しずつ経費にしていきます。

これを会計用語で「**減価償却**《げんかしょうきゃく》」（164―166ページ参照）といいます。

青色申告を行っている場合、「**少額減価償却資産の特例**」が適用され、この「**10万円以上**」というし

ばりが「30万円以上」に変わります（年間の上限は300万円までになります）。

年末に思わぬ利益が出てしまったときや、古くなってしまった機材を買い替えるときなど、実に頼りになる制度です。10万円未満だとあまりいいものは買えませんが、30万円未満となればけっこう幅が広がります。

なおこの規定は**令和6年3月31日までの時限措置**になっているのでご注意ください。これ以降にもこの制度が続くかどうかは未定です。

ちなみに10万円未満のパソコンなどの固定資産は、白色申告でも青色申告でも、買った年の経費になります。

また10万円以上20万円未満の固定資産については、白色申告でも青色申告でも耐用年数にかかわらず、一括償却資産として、3年間で均等額を経費にすることができます。

もちろん青色申告の場合は、10万円以上20万円未満の固定資産についても、「少額減価償却資産の特例」があるので、買った年に全額を経費にするほうが節税につながります。

6

たとえ税務調査があった場合でも安心！

ポイント！

①白色申告の場合、税務調査の際に先方の判断で利益（所得）や税額を推計される可能性がある。
②青色申告の場合、作成している帳簿を調べ、また更正する場合にも書面で通知するので、推計課税を受けないで済む。

●白色申告の場合、利益を推計されるおそれがある

「**税務調査**」とは、簡単にいえば「納税者が正しく税金を申告し、納税しているか」を税務署がチェックするものです。わが国では「申告納税制度」をとっていますので、税務署は税金の額をごまかして申告している人がいないか、常に目を光らせている必要があります。

事業の業績が順調に伸び、ある程度利益が出るようになると、税務調査を受ける可能性が出てきます。

そんなとき、**税務調査を受けることになっても、白色申告よりも青色申告のほうが優遇される**のです。

白色申告では、こちらが作成した収支内訳書（決算書）を税務署が「経費が多すぎるのでは？」「信用ならない」と考えた場合、「業種的に、あなたの利益はこんなものでしょう」ということで、**収支内訳書を提出しているにもかかわらず税務署が勝手に利益を推測し、税金を決めてくることがあります**（前述した「推計課税」）。

もし、その年、本当に多額の経費がかかっていた場合、あまりに理不尽な話です。

●青色申告の場合、帳簿がきちんとしていれば推計課税を受けることはない

青色申告を選択していると、帳簿を作成しているという前提がありますので、税務調査もその帳簿に基づいて調べていくことになります。

万が一、通常では考えられないような経費がかかった年の場合でも、**きちんとそれを証明できれば推計課税を受けることもありません**し、また調査の結果も、理由をつけてきちんと書面で伝えてもらえます。

順調に売上が増えた場合には、こんなリスクも発生するのです。面倒なやりとりを避けるためにも、青色申告を行いましょう。

Column 2

青色申告の承認の取り消し

いろいろと税金上の特典がある青色申告ですが、この特典という「アメ」がある以上、「ムチ」もあります。以下の①～③の要件を守らないと、青色申告の承認の取り消しという「ムチ」を受けることになりますので、注意しましょう。

おもな青色申告の承認の取り消し理由には、次のようなものがあります。

①所定の帳簿書類の備えつけ、記録または保存が行われていない場合。

②税務署員に帳簿書類を提示しない場合。

③帳簿書類に隠ぺい、または仮装した事実を記載した場合。

青色申告を続けるためにも、帳簿書類の保存や正確な記録を心がけましょう。

Chapter 3

青色申告前に提出する書類を忘れずに

青色申告をするためには、開業届けや雇用関係の書類など、事前に提出しなければならない届出が多数あります。ここでは、記入例をご紹介しながら提出期限や注意点について、詳しくご説明していきます。

事業を開始したら、まず開業の届けを出そう

ポイント！

開業届けは、開業した日から1カ月以内に提出すること。

●事業を開始したら、必ず提出を！

個人で事業を開始した場合には、開業した日から1カ月以内に税務署に「個人事業の開業・廃業等届出書」を提出しなければなりません。以下は、特にわかりにくい部分について、説明しています。

①「所得税の青色申告承認申請書」（60—63ページ参照）を一緒に提出する場合は「有」を選択。

②通常は「無」に○。開業の際の設備投資が多く、消費税の還付を受ける場合などは、「有」を選択。なお開業と同時にインボイス発行事業者に登録する場合、令和11年までは「適格請求書（インボイス）発行事業者の登録申請書」のみの提出で消費税の納税義務者になるので「無」を選択。令和12年以降は「有」を選択（詳細は136ページ参照）

③開業時から、青色事業専従者または使用人を雇用し、給与を払う場合は記入。

④「源泉所得税の納期の特例の承認に関する申請書」（70—71ページ参照）を提出の場合「有」を選択。

個人事業の開業・廃業等届出書

税務署受付印

1	0	4	0

個人事業の開業・廃業等届出書

＿＿＿＿＿＿税務署長

＿＿年＿＿月＿＿日提出

納税地	○住所地・○居所地・○事業所等（該当するものを選択してください。） （〒　　－　　） （TEL　　－　　－　　）		
上記以外の住所地・事業所等	納税地以外に住所地・事業所等がある場合は記載します。 （〒　　－　　） （TEL　　－　　－　　）		
フリガナ		生年月日	○大正 ○昭和 ○平成 ○令和　　年　月　日生
氏名	㊞		
個人番号			
職業		フリガナ 屋号	

個人事業の開廃業等について次のとおり届けます。

届出の区分	○開業（事業の引継ぎを受けた場合は、受けた先の住所・氏名を記載します。） 住所＿＿＿＿　氏名＿＿＿＿ 事務所・事業所の（○新設・○増設・○移転・○廃止） ○廃業（事由） （事業の引継ぎ（譲渡）による場合は、引き継いだ（譲渡した）先の住所・氏名を記載します。） 住所＿＿＿＿　氏名＿＿＿＿		
所得の種類	○不動産所得・○山林所得・○事業（農業）所得〔廃業の場合……○全部・○一部（　　　）〕		
開業・廃業等日	開業や廃業、事務所・事業所の新増設等のあった日	年　月　日	
事業所等を新増設、移転、廃止した場合	新増設、移転後の所在地	（電話）	
	移転・廃止前の所在地		
廃業の事由が法人の設立に伴うものである場合	設立法人名	代表者名	
	法人納税地	設立登記	年　月　日
開業・廃業に伴う届出書の提出の有無	「青色申告承認申請書」又は「青色申告の取りやめ届出書」	❶ ○有・○無	
	消費税に関する「課税事業者選択届出書」又は「事業廃止届出書」	❷ ○有・○無	
事業の概要（できるだけ具体的に記載します。）			

❸

給与等の支払の状況	区分	従事員数	給与の定め方	税額の有無	その他参考事項
	専従者	人		○有・○無	
	使用人			○有・○無	
				○有・○無	
	計				

源泉所得税の納期の特例の承認に関する申請書の提出の有無 ❹	○有・○無	給与支払を開始する年月日	年　月　日

関与税理士

（TEL　　－　　－　　）

税務署整理欄	整理番号	関係部門連絡	A	B	C	番号確認	身元確認
	0						□済 □未済
	源泉用紙交付	通信日付印の年月日	確認印	確認書類 個人番号カード／通知カード・運転免許証 その他（　　）			
		年　月　日					

2

必ず提出期限を守ろう！「所得税の青色申告承認申請書」

ポイント！

①新事業を立ち上げたとき……開業日が1月1日〜1月15日の場合はその年の3月15日まで。それ以外は開業日から2カ月以内に提出。

②すでに開業しているとき……青色申告により申告を行う年の3月15日までに提出。

●提出期限を忘れずに！

「所得税の青色申告承認申請書」は、青色申告を行うために必要な書類です。これを税務署に提出しなければ、青色申告を行うことができません。

提出期限は、次のとおりです。

①新たに事業を開始した場合には？

●開業日が1月1日〜1月15日まで……その年の3月15日

●それ以外……開業した日から2カ月以内

②すでに開業していて、今回は白色申告だったが、次回から青色申告を行いたいときには？

●青色申告により申告を行う年の3月15日まで

つまり、期限までに出さないと、来年まで青色申告ができないということ。そうすると、今まで説明してきた特典を受けることができなくなりますので、絶対忘れずに提出しましょう！

届け出用紙については、国税庁のホームページ（http://www.nta.go.jp）からＰＤＦ形式でダウンロードできます。国税庁のホームページの右上に検索窓があるので、こちらに「所得税の青色申告承認申請書」と入力して検索すると、ダウンロードページが表示されます。

●「所得税の青色申告承認申請書」記入のポイント

63ページの記載例を参考にしながら、実際に記入してみましょう。

①納税地の所轄税務署と提出年月日を記入。

②納税地は、住んでいる場所（住所地）と事務所・店舗の住所（事業所等）のいずれかを選択できるので、どちらか納税地にしたいほうを選択し、その住所を記入（納税地を所轄する税務署で確定申告を行うことになり、書類なども納税地の住所に送られてくる）。

③住所地と事業所等の住所が違う場合、②に記入しなかったほうの住所を記入（住所と事業所が同じ場合には、記入不要）。

④開業年度を記入。

⑤事務所の名称とその住所（自宅で事業を行う場合は自宅）を記入。
⑥「事業所得」を選択。
⑦過去に青色申告の取消処分がなければ「無」を選択。
⑧開業日を記載**（この開業日より2カ月以内に提出が必要なので、注意！）**
⑨相続による事業の引き継ぎでなければ「無」を選択。
⑩65万円控除を受ける場合は、「複式簿記」を選択。
⑪65万円控除を受ける場合は、左図と同様、「現金出納帳」「売掛帳」「買掛帳」「経費帳」「固定資産台帳」「預金出納帳」「総勘定元帳」「仕訳帳」の8つを選択。

所得税の青色申告承認申請書

税務署受付印

1	0	9	0

所得税の青色申告承認申請書

❶

芦屋 税務署長

△年 ○月 ×日提出

❷ 納税地	◉住所地・○居所地・○事業所等（該当するものを選択してください。） （〒658−0000） 兵庫県神戸市東灘区住吉本町×−×−× （TEL 078 − 111 − ×××× ）		
❸ 上記以外の住所地・事業所等	納税地以外に住所地・事業所等がある場合は記載します。 （〒658−0000） 兵庫県神戸市東灘区御影×−×−× （TEL 078 − 222 − ×××× ）		
フリガナ	コバヤシ　タカユキ	生年月日	○大正 ◉昭和 ○平成 ○令和　60年06月15日生
氏名	小林　敬幸　㊞		
職業	自営業	フリガナ / 屋号	ホワイトクラウド

❹

令和△年分以後の所得税の申告は、青色申告書によりたいので申請します。

1　事業所又は所得の基因となる資産の名称及びその所在地（事業所又は資産の異なるごとに記載します。）

❺ 名称 ホワイトクラウド　　所在地 兵庫県神戸市東灘区御影×−×−×

名称　　所在地

2　所得の種類（該当する事項を選択してください。）

❻ ◉事業所得　・○不動産所得　・○山林所得

3　いままでに青色申告承認の取消しを受けたこと又は取りやめをしたことの有無

(1)　○有（○取消し・○取りやめ）　　年　月　日　❼ (2)　◉無

4　本年1月16日以後新たに業務を開始した場合、その開始した年月日　△年 ×月 ×日 ❽

5　相続による事業承継の有無

(1)　○有　相続開始年月日　　年　月　日　被相続人の氏名　　(2)　◉無 ❾

6　その他参考事項

(1)　簿記方式（青色申告のための簿記の方法のうち、該当するものを選択してください。）

❿ ◉複式簿記・○簡易簿記・○その他（　　）

(2)　備付帳簿名（青色申告のため備付ける帳簿名を選択してください。）

⓫ ◉現金出納帳・◉売掛帳・◉買掛帳・◉経費帳・◉固定資産台帳・◉預金出納帳・○手形記入帳
○債権債務記入帳・◉総勘定元帳・◉仕訳帳・○入金伝票・○出金伝票・○振替伝票・○現金式簡易帳簿・○その他

(3)　その他

関与税理士

（TEL　−　−　）

税務署整理欄	整理番号	関係部門連絡	A	B	C		
	0						
	通信日付印の年月日		確認印				
	年　月　日						

専従者や従業員に給与を支払う場合も提出を忘れずに

ポイント！

①青色事業専従者に給与を払う場合には、「青色事業専従者給与に関する届出書」を提出。
②青色事業専従者に給与を払う場合および従業員を雇用して給料を払う場合には、「給与支払事務所等の開設・移転・廃止の届出書」を提出。
③従業員が10人未満の場合、「源泉所得税の納期の特例の承認に関する申請書」を提出することにより、原則月1回の源泉所得税の納付を年2回にすることができる。

●青色事業専従者や従業員に給与を支払うときは気をつけたい

ここで紹介するのは、家族に仕事を手伝ってもらい給与を支払う場合、または従業員を雇う場合に提出しなければならない届出書です。

届け出用紙については、国税庁のホームページ（http://www.nta.go.jp）からＰＤＦ形式でダウンロードできます。国税庁のホームページの右上に検索窓があるので、こちらにそれぞれの届出書の名称を入力して検索すると、ダウンロードページが表示されます。

●「青色事業専従者給与に関する届出書」提出のポイント

個人事業者の場合、通常は同一生計の家族に給与やその他の費用を払っても経費にはなりません。しかしそれでは、従業員を雇用した場合と比べあまりに不公平です。

ということで、6ヵ月以上専従して仕事を手伝ってくれる家族に対しては、「**青色事業専従者給与に関する届出書**」の届出をすれば、払った給与を経費にすることができます。

ただし、この届出書には提出期限があります。家族に給与を払う場合には、期限をきっちり守って管轄の税務署に提出してください。

届出の提出期限は次のとおりです。

●新たに事業を開始した場合、また新たに給与を払うことにした場合
開業日または支払い開始が1月1日~1月15日までの場合……**その年の3月15日**
それ以外……**開業した日または給与支払開始日から2カ月以内**

出し忘れると、たとえ給与を支払っていても、その年の給与は経費にできません。翌年の3月15日までに提出し、翌年から経費にすることになります。

記入時のポイントは次の事例のとおりです。

①納税地の所轄税務署と提出年月日を記入。

②初めて届け出るときは「届出」を選択。

③納税地は、住んでいる場所（住所地）と事務所・店舗の住所（事業所等）のいずれかを選択できるので、どちらか納税地にしたいほうを選択し、その住所を記入（納税地を所轄する税務署で確定申告を行うことになり、書類なども納税地の住所に送られてくる）。

④住所地と事業所等の住所が違う場合、③に記載しなかったほうの住所を記入。住所と事業所が同じ場合には、記入不要。

⑤給与の支払いをはじめる年月を記入。

⑥給与を支払う専従者について、以下の項目を記入。

●氏名

●事業主との続柄

●年齢と従事する業務の経験年数

●従事する仕事の内容と、従事する程度（時間など）

●従事する仕事に関連する資格など

●給料を支払う時期（月給の場合「毎月月末」「毎月15日」など）と給料の月額

●賞与を払う場合には、支払う時期と支給の基準（金額や「月給2カ月分」といった基準）

＊なお、給与・賞与の支払額は、この届出書に書いた全額の範囲で行います。

青色事業専従者給与に関する届出書

税務署受付印

❷ 青色事業専従者給与に関する ⊙届出書 / ○変更届出書

1	1	2	0

❶

芦屋税務署長

0年 0月 0日提出

❸ 納税地	⊙住所地・○居所地・○事業所等（該当するものを選択してください。） （〒 658 － 0000 ） 兵庫県神戸市東灘区住吉本町×－×－× （TEL 078 － 111 － 0000 ）
❹ 上記以外の住所地・事業所等	納税地以外に住所地・事業所等がある場合は記載します。 （〒 658 － 0000 ） 兵庫県神戸市東灘区御影×－×－× （TEL 078 － 222 － 0000 ）
フリガナ	コバヤシ タカユキ
氏名	小林 敬幸 ㊞
生年月日	○大正 ⊙昭和 ○平成 ○令和 50年 6月 15日生
職業	自営業
フリガナ / 屋号	ホワイトクラウド

❺ 令和 00年 00月以後の青色事業専従者給与の支給に関しては次のとおり ⊙定めた / ○変更することとした ので届けます。

1 青色事業専従者給与（裏面の書き方をお読みください。）

	専従者の氏名	続柄	年齢 / 経験年数	仕事の内容・従事の程度	資格等	給料 支給期	給料 金額（月額）	賞与 支給期	賞与 支給の基準（金額）	昇給の基準
❻ 1	小林 友夫	弟	29歳 / 5年	総務・経理 毎日6時間	簿記三級	毎月月末	200,000円	6月 / 12月	200,000 / 200,000	
2			歳 / 年							
3			歳 / 年							

2 その他参考事項（他の職業の併有等）

3 変更理由（変更届出書を提出する場合、その理由を具体的に記載します。）

4 使用人の給与（この欄は、この届出（変更）書の提出日の現況で記載します。）

	使用人の氏名	性別	年齢 / 経験年数	仕事の内容・従事の程度	資格等	給料 支給期	給料 金額（月額）	賞与 支給期	賞与 支給の基準（金額）	昇給の基準
1			歳 / 年				円			
2										
3										
4										

※ 別に給与規程を定めているときは、その写しを添付してください。

関与税理士

（TEL － － ）

税務署整理欄	整理番号	関係部門連絡	A	B	C		
	0						
	通信日付印の年月日	確認印					
	青色専従者届出書 年 月 日						

●「給与支払事務所等の開設・移転・廃止届出書」提出のポイント

家族に給与を支払う場合、または従業員を雇用して給与を支払う場合には、給与の金額を原則として、毎月支払った月の翌月10日までに申告する必要があります。給与に源泉所得税がある場合にはその金額を計算し、翌月10日までに納付します。

提出期限は、**給与を支払うこととなったときから1カ月以内**です。記入のポイントは次のとおり。

①初めて届け出る際には「開設」に○をつける。

②納税地の所轄税務署と提出年月日を記入。

③名称は「事業主の名前」、住所は納税地の住所（別の場所で給料を支払う場合にはその住所）、代表者氏名にも「事業主の名前」を記入。

④専従者、または使用人を雇った年月日を記入。

⑤開業と同時に給料を支払う場合には「開業」にチェック。新たに従業員を雇った場合には「その他」のカッコ内に「新規雇用」と記入。

⑥最初に給与を支払う日を記入。

⑦雇用する従業員（青色専従者含む）の職種別の人数を記入。

給与支払事務所等の開設・移転・廃止届出書

※整理番号

❶

税務署受付印　　給与支払事務所等の（開設）・移転・廃止届出書

❸

❷ 年　月　日 芦屋 税務署長殿 所得税法第230条の規定により次のとおり届け出ます。	事務所開設者	住所又は本店所在地	〒658 － 0000 兵庫県神戸市東灘区御影×－×－× 電話（078　）222　－ 0000
		（フリガナ）	コバヤシ　タカユキ
		氏名又は名称	小林　敬幸
		個人番号又は法人番号	↓ 個人番号の記載に当たっては、左端を空欄とし、ここから記載してください。 0 0 0 0 0 0 0 0 0 0 0 0
		（フリガナ）	
		代表者氏名	㊞

（注）「住所又は本店所在地」欄については、個人の方については申告所得税の納税地、法人については本店所在地（外国法人の場合には国外の本店所在地）を記載してください。

開設・移転・廃止年月日 ❹	令和　△年　4月　1日	給与支払を開始する年月日 ❻	令和　△年　4月　30日

○届出の内容及び理由
（該当する事項のチェック欄□にレ印を付してください。）

「給与支払事務所等について」欄の記載事項

		開設・異動前	異動後
開設	❺ ☑ 開業又は法人の設立		
	□ 上記以外 ※本店所在地等とは別の所在地に支店等を開設した場合	開設した支店等の所在地	
移転	□ 所在地の移転	移転前の所在地	移転後の所在地
	□ 既存の給与支払事務所等への引継ぎ （理由）□ 法人の合併　□ 法人の分割　□ 支店等の閉鎖 □ その他（　　）	引継ぎをする前の給与支払事務所等	引継先の給与支払事務所等
廃止	□ 廃業又は清算結了　□ 休業		
その他（　　）		異動前の事項	異動後の事項

○給与支払事務所等について

	開設・異動前	異動後
（フリガナ）		
氏名又は名称		
住所又は所在地	〒　－ 電話（　　）　－	〒　－ 電話（　　）　－
（フリガナ）		
❼ 責任者氏名		

従事員数	役員　人	従業員　2人	（　）　人	（　）　人	（　）　人	計　2人

（その他参考事項）

税理士署名押印	㊞

※税務署処理欄	部門	決算期	業種番号	入力	名簿等	用紙交付	通信日付印	年　月　日	確認印
	番号確認	身元確認 □ 済 □ 未済	確認書類 個人番号カード/通知カード・運転免許証 その他（　　）						

●「源泉所得税の納期の特例の承認に関する申請書」提出のポイント

従業員の人数が10人未満の場合、この届出書を提出することで、本来毎月申告・納付すべき源泉所得税の手続きを半年に一度にすることが可能になります。具体的には、次の期限までに申告・納付を行えばよいことになります。届け出用紙は、国税庁ホームページからPDF形式でダウンロードできます。

●1月～6月分の源泉所得税については……**7月10日まで**
●7月～12月分の源泉所得税については……**1月20日まで**

この届出書の効力は給与を支払う従業員の人数が10人以上になるまで有効であるため、こちらの提出も、ほかの給与関係の届出書と一緒に忘れず提出しましょう。

なおこちらの届出書の効力は、**提出日の「翌月」より支払う給与について有効**になります。たとえば9月にこの届出書を提出した場合、9月に支払った給与の源泉所得税についてはこの規定が適用されず、納付期限は10月10日になります。そして10月～12月に支払った給与の源泉所得税から適用され、その納付期限は1月20日になります。次のページを参考に記入してみましょう。

①納税地の所轄税務署と提出日を記入。
②名称は「事業主の名前」、住所は納税地の住所（別の場所で給料を払う場合にはその住所）、代表者氏名も「事業主の名前」を記入。
③申請日前の6カ月間で、給与の支払いがあった場合、支払った従業員の人数と支給額を記入（初めて支払う場合には、「支給実績なし」とする）。

源泉所得税の納期の特例の承認に関する申請書

源泉所得税の納期の特例の承認に関する申請書

※整理番号	

税務署受付印

❶

年　月　日

芦屋 税務署長殿

❷

住所又は本店の所在地	〒658 － 0000 兵庫県神戸市東灘区御影×－×－× 電話 078 － 222 － 0000
（フリガナ）	コバヤシ　タカユキ
氏名又は名称	小林　敬幸
法人番号	
（フリガナ）	
代表者氏名	㊞

次の給与支払事務所等につき、所得税法第216条の規定による源泉所得税の納期の特例についての承認を申請します。

給与支払事務所等に関する事項

給与支払事務所等の所在地 ※　申請者の住所（居所）又は本店（主たる事務所）の所在地と給与支払事務所等の所在地とが異なる場合に記載してください。	〒　－ 電話　－　－

申請の日前6か月間の各月末の給与の支払を受ける者の人員及び各月の支給金額
〔外書は、臨時雇用者に係るもの〕

月区分	支給人員	支給額
年　月	外　人	外　円
年　月	外　人	外　円
年　月	外　人	外　円
年　月	外　人	外　円
年　月	外　人	外　円
年　月	外　人	外　円

1　現に国税の滞納があり又は最近において著しい納付遅延の事実がある場合で、それがやむを得ない理由によるものであるときは、その理由の詳細 2　申請の日前1年以内に納期の特例の承認を取り消されたことがある場合には、その年月日	❸ 支給実績なし

税理士署名押印	㊞

※税務署処理欄	部門		決算期		業種番号		番号		入力		名簿		通信日付印	年　月　日	確認印	

4

従業員を雇う場合は労働保険に加入しよう

ポイント！

①従業員（専従者を除く）を1人でも雇用する場合には、「労働保険」（労働者災害補償保険と雇用保険）の加入義務がある。
②労災保険は「労働基準監督署」、雇用保険は「公共職業安定所（ハローワーク）」が管轄。

●労働保険には必ず加入しよう

従業員（専従者を除く）を1人でも雇用した場合には、事業主は労働保険に加入しなければなりません。この**労働保険とは**「**労働者災害補償保険（労災保険）**」**と**「**雇用保険**」をまとめていう総称ですが、原則として、両方セットで加入する必要があります。

労働保険に加入すると、事業主も保険料の一部の負担が必要になりますが、従業員の事故や解雇に備えて、必ず加入しておきましょう。

●労災保険はすべての従業員が加入対象

従業員（専従者を除く）を雇用した場合、**雇用の日から10日以内に所轄の労働基準監督署に「労働保険保険関係成立届」を提出しなければなりません**。これが受理されることにより、事業者の保険番号が決定され、労働保険の適用を受けることになります。

労災保険は、従業員の通勤途上の災害や職務上のケガに対して、従業員本人や亡くなった従業員の遺族に所定の保険金が支払われるものです。これに加入していないと従業員の職務上のケガなどに保険金が支払われないばかりか、病院等から労働基準監督署に通報され、事業主がペナルティを受ける可能性もあります。必ず加入しておきましょう。

なお労災保険ですが、事務手続きを外部の労働保険事務組合に委託する場合には、**事業主本人や青色専従者も加入することができます（＝特別加入制度）**。

●31日以上雇用見込みで、週20時間以上働く従業員には雇用保険

また雇用保険も通常労災保険とセットで加入しますが、こちらについては必ずしも全員加入というわけではありません。75ページの表のとおり、**見込み雇用期間が31日以上で、かつ1週間の所定労働時間が20時間以上の従業員のみが対象**になります。

加入手続きは**被保険者となった日の属する月の翌月10日までに、公共職業安定所（ハローワーク）に「雇用保険適用事業所設置届」と「雇用保険被保険者資格取得届」の2種類を提出**することになります（記入例は厚生労働省のホームページを参照）。

提出の際、労働基準監督署に提出した「労働保険保険関係成立届」を提示する必要がありますので、加入の順番としては①労働基準監督署→②公共職業安定所の順番に手続きをしましょう。

雇用保険に加入しておかないと、万が一従業員を解雇するようなことになった場合、従業員の生活を守る失業手当が支給されないことになります。その際に無用のいざこざを生まないように、忘れず加入しておきましょう。

なお、提出書類については、労働基準監督署やハローワークで渡される専用用紙に記入してください。

経営者は従業員の労働保険加入が義務づけられている！

1　どんな人が労災保険・雇用保険の被保険者になるか？

区分		労災保険	雇用保険
事業主		×*	×
事業専従者		×*	×
従業員		○	○
アルバイト	31日以上雇用の見込みで、かつ1週間の所定労働時間が20時間以上	○	○
	上記以外	○	×

＊事務を商工会議所などの労働保険事務組合に依頼し、かつ従業員もいる場合、「特別加入制度」により加入することができます。

2　保険料の計算のしかた

①労災保険
保険料は事業主が負担します。計算方法は年間の「人件費×保険料率」で計算します。保険料率は危険度などに応じて業種ごとに定められています。

例：小売業で、月給20万円の従業員1名の場合
（＊令和5年4月1日適用の保険料率の場合）
20万円×12カ月×0.3%＝7,200円／年

②雇用保険
保険料は事業主と従業員で折半します。従業員分は毎月の給与から差し引き、事業主分と合算して納付します。

例：一般の事業で、月給20万円の従業員1名の場合
（＊令和5年4月1日適用の保険料率の場合）
事業主負担分：20万円×12カ月×0.95%＝22,800円／年
従業員負担分：20万円×12カ月×0.6%＝14,400円／年

Chapter
4

帳簿をつける前に準備・確認しておきたいポイント

青色申告のしくみがわかったところで、さっそく帳簿作成にチャレンジしたいところですが、ちょっと待ってください。

ここでは最初に準備・確認しておくと、スムーズに帳簿の作成をスタートできるポイントについて、ご説明していきます。

インターネットバンキング対応の事業用口座をつくろう

ポイント！

①近くの銀行に事業用専用の口座を1つ開設し、インターネットバンキングを申し込む。
②事業用の口座で私用のお金は入出金しない。

●事業用の口座を開設しよう！

事業を開始するにあたっては、まず事業用の銀行口座を開設しないとはじまりません。今まで使っていた生活用の口座とは別に事業用の口座を開設しましょう。

口座を開設する銀行を選ぶ際に大事なポイントは以下の2つです。

●インターネットバンキングに対応している銀行を選ぶこと
●できるだけ事務所に近い銀行を選ぶこと

前者は、銀行に行き、さまざまな手続きを行う手間・時間を省くためです。振込手続きや通帳を記帳する時間は意外とバカにならないものです。

インターネットバンキングを申し込むと、振込手続きや残高確認といった普段必要な手続きは、すべて自宅のパソコンで行うことが可能になります。また銀行の窓口が開いている時間に拘束されずにいつでも手続きが可能ですので、時間の節約にもつながります。

とはいえ、現金の引き出しや入金といった現金を伴う手続きのときは、どうしても銀行に行く必要があります。その際、銀行を回る時間や現金を持ち歩くといったリスクを考えると、できるだけ近所の銀行を選んでおいたほうが無難です。これが後者の理由です。

事業用の口座は1つだけに

口座を開設したあとで注意すべきポイントは次の2つです。

- **使用する口座はこれだけにする**
- **事業用以外のお金をこの口座で入出金しない**

まず、使用口座を1つにしぼることは、管理の手間を省くために必須です。口座を増やすとその数だけ入出金を管理する手間、そして帳簿をつける手間は増えます。また資金の残高を確認するためには、口座が1つのほうがひと目で直感的にわかります。

後者は、事業用以外のお金を事業用の口座で入出金した場合には、「事業に関係ない入出金」としていちいち帳簿に記録する必要があるためです。当然ですが私用に使ったお金などは、事業の経費にすることはできませんので区分する必要があります。

事業用の口座から私用のお金を入出金すると、事業専用の口座を使っているのに、区分して記録もしなければならず、専用口座をつくるメリットが半減してしまいます。

もちろんやむをえない場合は仕方がありませんが、月に1回程度自分の生活費を払いだす以外、事業用の口座で私用のお金を入出金することはできるだけやめましょう。

事業用のクレジットカードを1枚つくっておこう

ポイント！

①帳簿作成にあたって、支払いの計上もれを防ぐ。
②掛けで支払いができる（支払日を延ばすことができる）。
③非常の場合、キャッシングによる借入ができる。

●口座引落で、計上もれが防げる

当然ですが、クレジットカードで支払った場合、支払いは口座引落になります。

また支払明細も郵送で届くため（Web上で確認できる場合もあります）、実際に支払っているのに、**領収書の紛失により経費に計上することを忘れるという事故が少なくなります。**

●手元に現金を残すことができる

クレジットカードを利用すると、一括払いの場合は利息を払う必要がありません。

その一方で支払いは「10日締めの翌月10日払い」といったように、先に延ばすことができます。

たとえば「10日締め翌月10日払い」の場合、6月11日〜7月10日にカードで購入したものは、8月10日の支払いというようになります。

これはいってみれば**「無利息で支払日までお金を借りている」のと同じこと**ですので、手元の現金を残すことを考えれば、できるだけクレジットカードで支払いができるものはカード払いするほうが有利になってきます。

もちろん有利なのは一括払いのみであって、分割払いやリボ払いにしてしまうと利息の負担が発生してしまいますので、注意してください。

●万が一の場合、借入ができる

やむにやまれず一時的に現金が必要になった際には、クレジットカードのキャッシングに助けられることがあります。ですが、借入はできるだけ避けるべきことで、あくまでも**非常用と考えてください**。

もちろんかなり高い利息がかかってきますので、早めに返済することも重要です。

会計ソフトを導入しよう！

ポイント！

①簿記の知識がない場合、会計ソフトがないと複式簿記の帳簿は作成できない。
②ウィンドウズ版の会計ソフトは実売価格5000円～1万5000円程度。
③まずは、体験版を試してみよう。

●会計ソフトは1万円前後で手に入る！

これまで説明してきたように、簿記の知識がない場合、会計ソフトを使わずに65万円控除の複式簿記の帳簿を作成するのはたいへん難しいことです。ぜひ、会計ソフトを導入してみましょう。
最近の会計ソフトは、**個人用であれば実売価格も1万円前後**と、たいへんリーズナブルです。

会計ソフトの購入場所ですが、家電量販店の店頭、家電量販店やアマゾンなどの通信販売、ソフトメーカーのホームページからの直販、商工会議所、青色申告会、納税協会、会計事務所などのあっせん（会員になっている場合など）などで購入できます。

●どの会計ソフトでもOK！

本書では「やよいの青色申告」（弥生株式会社）という会計ソフトを例に解説しています。試用期間の限定がありますが、すべての機能を使うことができるので、こちらの体験版を試して問題なければ、製品版を購入して移行するのがよいでしょう。もちろん体験版で作成したデータは、そのまま「やよいの青色申告」の製品版でも使用することが可能です。

ほかにも、代表的なものとして「ＭＪＳかんたん！　青色申告」（株式会社ミロク情報サービス）「みんなの青色申告」（ソリマチ株式会社）「ジョブカンＤｅｓｋｔｏｐ青色申告」（株式会社ジョブカン会計）などの会計ソフトがありますが、個人用ならどれも1万円程度となります。

会計ソフトの選び方ですが、**基本的に市販のソフトであればどれを選んでもＯＫ**です。機能的に大差はありません。

もしまわりに会計ソフトを使っている人がいて、気軽に相談できる人でしたら、同じ会計ソフトを選ぶとよいでしょう。

ちなみに、本書では「やよいの青色申告」を例に解説していますが、他の会計ソフトでも使い方はほぼ同じですので、「ほかのソフトだからわからない……」という心配はご無用。どんどん使ってみてください。

自宅と事務所が兼用の場合、事務所部分は経費にできる!

ポイント!

①自宅兼事務所の場合、自宅の経費のうち仕事に使った部分を経費にすることができる。
②按分割合は、客観的に見て合理的なものにする。

個人事業で経費にできるのは?

個人事業者の場合、自宅の一部を事業に使用し、自宅の電気・水道・ガス・電話・FAXを仕事に使用することはよくありますね。また自分の車を仕事に使う場合もあるでしょう。

その場合、**使った費用を事業用と個人用に按分《あんぶん》して（比例して分ける）、事業用の部分を経費にすることができます。**

例を挙げると、**電気代、ガス代、水道代、電話代、ネット接続代、貸家である場合の自宅の家賃、火災保険料等、自家用車の減価償却費、ガソリン代、保険料、車検代、持ち家である場合の家の減価償却費・住宅ローンの利子**などの費用ならば、仕事に使った分を経費にすることができます。

いくつか計算例を見ていきましょう。

●経費にできる按分割合の計算方法

もちろん、先に挙げたものを全額経費にすることはできません。ここで大事なのが「**仕事に使った分がいくらか**」という、仕事と仕事以外で使った割合を決めることです。この**仕事に使った割合のこと**を「**事業供用割合**」といいます。一般的には次のように決めていきます。

①自宅の家賃、減価償却費、火災保険料等
仕事用の部分の面積÷自宅の総面積
按分割合の計算方法は次ページを参照してください。

②電気代・ガス代・水道代などの水道光熱費
自宅の一部を改装して飲食店などの店舗にする場合は、店舗で使う量と居住用部分で使う量の差がかなり大きいので、**メーターを分ける**のがベストです。SOHOなどの事務所として使う場合や、メーターを分けることができない場合、次のように妥当な割合を決めて按分します。

●①と同じく、部屋の面積で按分
●仕事の時間÷24時間で按分

自宅の一部を仕事場としている場合の按分例

仕事場	10㎡
居住スペース	18㎡
仕事場と居住の共有スペース	12㎡
全体	40㎡

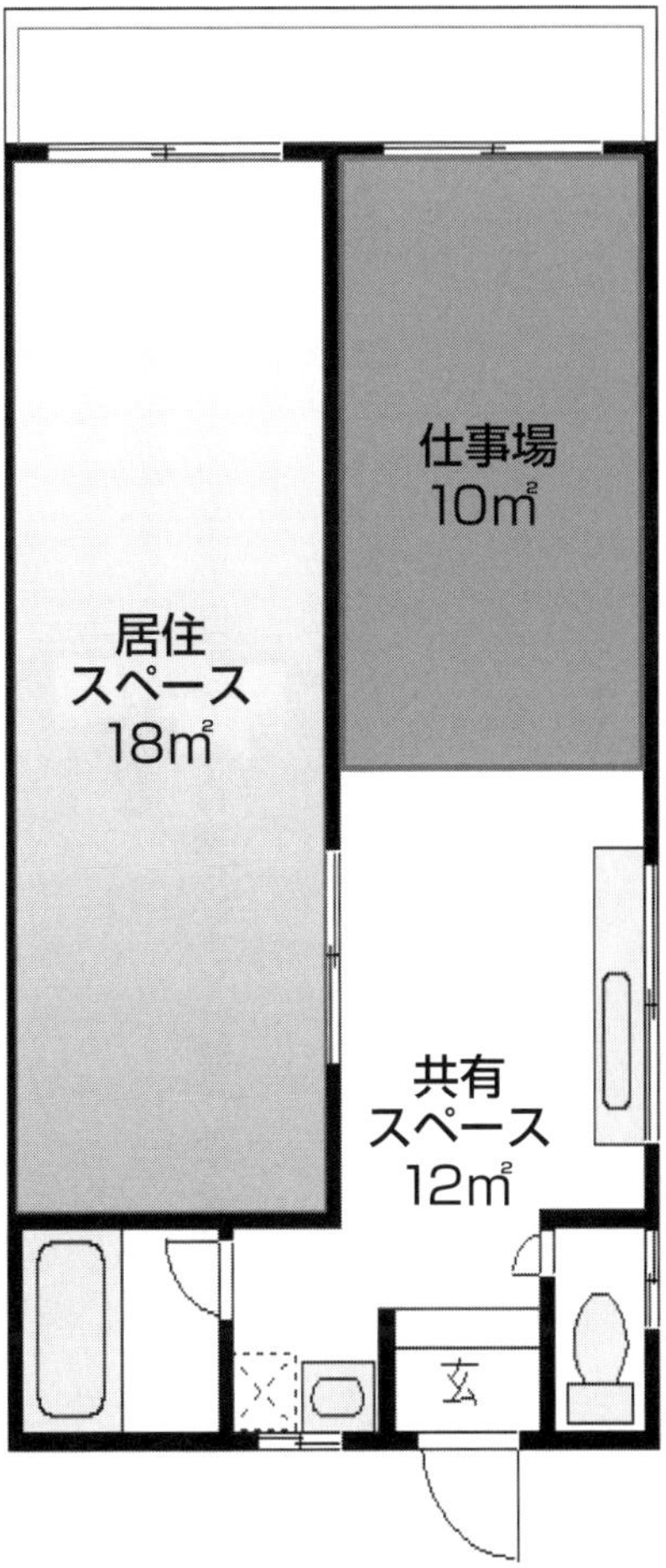

按分割合の計算例

共用部分の仕事場相当分

12㎡ × 10㎡ ÷（10㎡＋18㎡）＝4.28㎡

仕事部分の合計

10㎡ ＋ 4.28㎡ ＝ 14.28㎡

全体のうち仕事部分の占める割合

14.28㎡ ÷ 40㎡ ＝ 36%

●コンセントの数の割合で按分

ここでは、常識的に考えておかしくない「おおよそ使っている割合」を使用します。

③電話代・FAX代・ネット接続代

事業用の回線を1つ新たに設置して、**自宅用の回線と分けるのがベスト**です。回線を分けられない場合、次のページのように電話会社からの**通話記録のうち仕事に使ったものを抜き出し、全体に占める割合を計算**します（2～3カ月統計を取ってみて、その割合を使用していくのが一般的）。

④自家用車の減価償却費、保険料など

次ページのように、1週間のうち**自家用車を仕事に使う日の割合や走行距離**で割合を決定します。

どの項目についても、「合理的な理由に基づいて割合を計算している」ことを説明できる根拠やその資料を準備しておくことが大事です。計算の根拠とした資料は、捨てずに保存しておくようにしましょう。

仕事と家事の按分方法

電話代の按分方法

通話明細内訳書

ご請求年　月	令和△年4月分	ご利用期間	令和△年4月1日～ 令和△年4月30日

通　話		通話開始時刻	通話先電話番号	通話先	通話時間	ダイヤル通話料等	
月	日	時：分：秒		地域名	時：分：秒	円	
【ＮＴＴ西日本ご利用分】							
4	3	8:00:00	078-822-****	神戸	0:10:30	230	私用
4	6	9:00:00	078-391-****	神戸	0:14:00	190	
4	9	8:00:00	078-391-****	神戸	0:05:00	130	仕事
4	10	9:00:00	078-391-****	神戸	0:23:00	500	
4	12	12:00:00	078-391-****	神戸	0:45:00	800	
4	15	8:00:00	078-766-****	神戸	0:16:00	260	私用
4	17	9:00:00	078-391-****	神戸	0:39:00	430	仕事
4	20	8:00:00	078-391-****	神戸	0:08:00	110	
4	25	10:00:00	078-412-****	神戸	0:04:30	60	私用
					ダイヤル通話料合計	2,710円	

◆かかった費用で考える場合

2,710円の電話代のうち、仕事分が2,160円。

仕事上の通話（2,160円）÷全体（2,710円）＝79.7%

➡ つまり、79.7%を仕事で使用する

自家用車の減価償却費などの按分方法

◆日数で考える場合

1週間のうち、平日（5日）は仕事、土日（2日）は私用。

5日÷7日＝71.4%

➡ つまり、71.4%を仕事で使用する

◆走行距離で考える場合

自動車の距離計を、1カ月程度統計を取る。

仕事での走行距離250km、私用での走行距離50km

250km÷300km＝83.3%

➡ つまり、83.3%を仕事で使用する

Column 3

処理に迷ったときには、気軽に専門家に相談を

実際に帳簿を作成していくと、さまざまな疑問点にぶつかることになると思います。そういったとき、頼りになるのが専門家です。自分のニーズに応じて利用していきましょう。

まずは税務署。確定申告前の繁忙期（毎年2月〜3月）以外は空いていますので、早めに帳簿や申告書をまとめて相談に行くのがよいでしょう。税務署に行くのが面倒という方には、電話での相談もオススメです。ただ、税務署はあくまでも税金を徴収する側ですので、いつもいちばん納税者の利益になる判断をしてくれるとは限りません。

青色申告会や納税協会は青色申告の普及を目的としている団体です。年会費も数千円〜1万円払えば、会計ソフトの使い方から税金・帳簿についての相談にも親切に対応してもらえます。また確定申告時期などには、税理士による無料相談会なども開催するので、気軽に利用することができます。

コストはかかりますがいちばん安心なのは、直接税理士と顧問契約を結ぶことです。顧問契約を結ぶと、通常、税理士が年に数回帳簿チェックに訪れ、間違いがあれば修正します。また、税理士には守秘義務も課されていますので、「大きく節税したい！」という場合にも、安心して相談をもちかけることができます。

Chapter
5

役立つ！経理書類のかんたん整理法教えます

事業をはじめると、あっというまに請求書・領収書といった経理書類がたまってきます。

うまく整理できないと、「入力のための書類を見つけるのもひと苦労……」ということになりかねません。

ここではできるだけかんたんに、経理書類を整理する方法についてご説明していきます。

整理1

4段のレターケースは売上・仕入用

ポイント!

①4段のレターケースを用意し、上下2段ずつ使用して、売上・仕入の請求書を管理。
②売上のみの業種なら、2つのファイルだけで対応できる。

●入金もれ・支払もれ防止には、レターケースでの管理が効果的!

売上や仕入の流れは、一般的に次の順序です（現金商売を除く）。

売上の場合……

①請求書・商品を先方に送付する。
②先方からの入金を待つ。

仕入の場合……

①仕入物品・外注作業を発注し、請求書を受け取る。
②請求書に記載された期限までに代金を支払う。

つまり、**請求書の発送や受け取りと、実際の代金の入金や支払いにタイムラグが生じる**ことになるのです。

この結果起こりやすいのが、**売上入金の確認もれや仕入代金の支払もれ**です。売上入金もれの場合は自分の問題で済みますが、仕入代金の支払もれは仕入先に迷惑をかけるうえに、自分自身の信用問題にもつながってきます。

この支払もれを防ぐため、売上の請求書と仕入の請求書の管理に4段のレターケースを活用する（仕入がない業種の方は、売上用にファイルを2つ活用する）ことをおすすめします。

●レターケースは上2段を売上用に

最初に**「上2段を売上用」「下2段を仕入用」に区分します。**

次に売上用の2段のうち、

●上の段に「売上：請求済・未入金」というシールを貼っておきます。
●下の段に「売上：入金済」のシールを貼っておきます。

「売上：請求済・未入金」の段には、得意先に送付した請求書の控えを入れます。そして、その請求書に対して得意先から入金があった際に、「売上：入金済」の段に移動させます。こうすることにより、いつでも未入金の請求がどれかということがすぐわかりますので、入金遅れに対する督促の連絡なども適宜行うことが可能になります。

売上のみの方は、2段のレターケースと同じように2つのファイルを使います。

●レターケースは下2段を仕入用に

売上用と同様に仕入用の2段のうち、

●上の段に「仕入：請求済・未払」というシールを貼っておきます。

●下の段に「仕入：支払済」のシールを貼っておきます。

「仕入：請求済・未払」の段には仕入先から請求書をもらった際に入れておきます。そして、その請求書の支払いが終わったら、「仕入：支払済」の段に移動させます。

こうすることにより、未払いである支払いの請求がどれかということがすぐわかります。随時「仕入：請求済・未払」の段を確認することにより、支払もれなどを防止しましょう。

●会計ソフトへ入力していこう

1週間ごとや1カ月ごとなど、タイミングを見て会計ソフトに入力していきます。

入力の手順は、次のとおりです。

売上・仕入の請求書の管理に4段のレターケースを使おう！

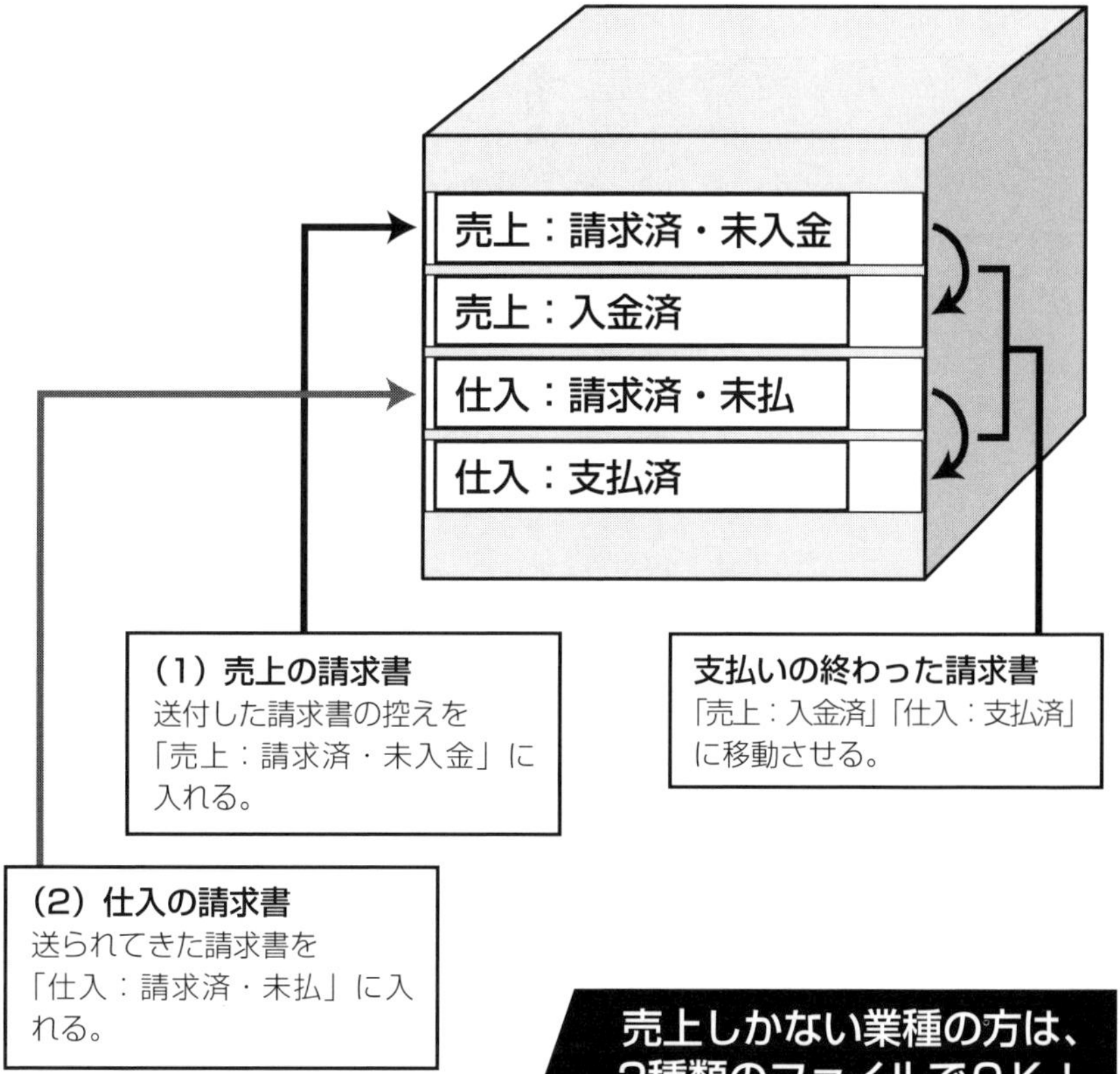
売上：請求済・未入金
売上：入金済
仕入：請求済・未払
仕入：支払済
（1）売上の請求書
送付した請求書の控えを「売上：請求済・未入金」に入れる。
支払いの終わった請求書
「売上：入金済」「仕入：支払済」に移動させる。
（2）仕入の請求書
送られてきた請求書を「仕入：請求済・未払」に入れる。

売上しかない業種の方は、2種類のファイルでOK！

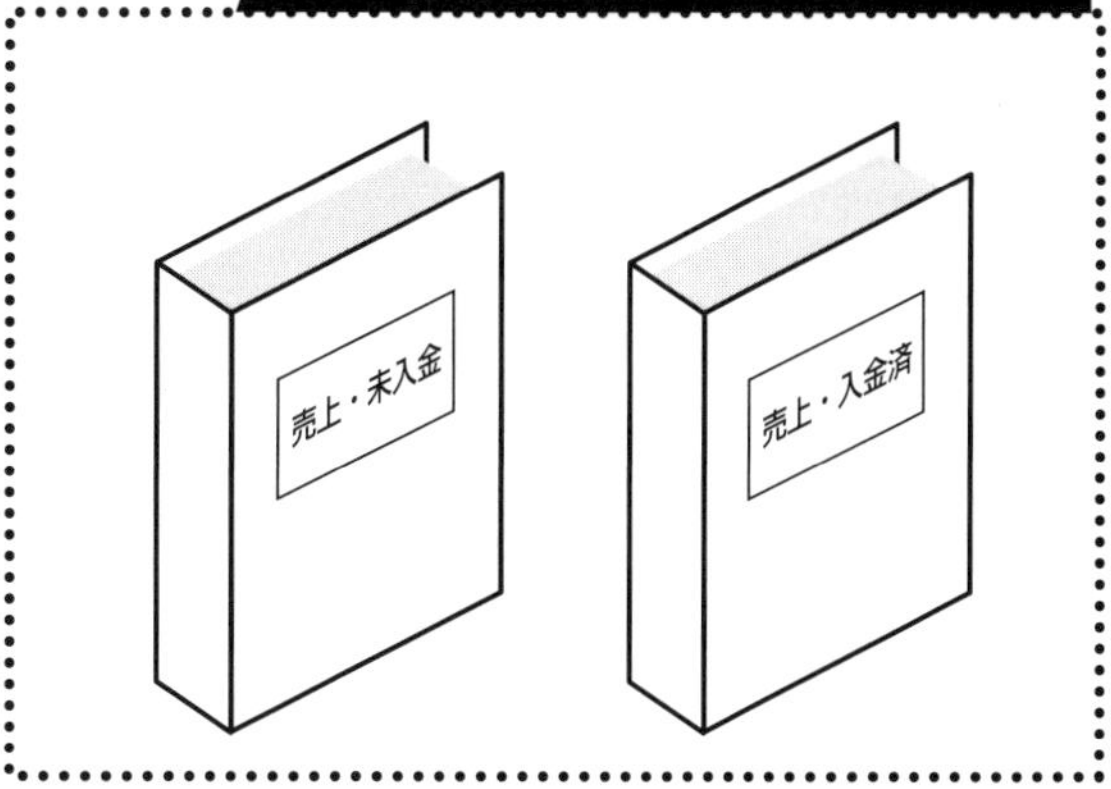
売上・未入金
売上・入金済

①売上を入力

売上・仕入の4段のレターケースのうち、売上用の上2段の（または2つのファイルに入っている）請求書控えの束を取り出します。

入力の順番は以下のとおりです。

●当月請求額の入力→当月回収額の確認・追加入力

②仕入を入力

売上・仕入の4段のレターケースのうち、仕入用の下2段に入っている請求書控えの束を取り出します。

入力の順番は以下のとおりです。

●当月仕入額の入力→当月支払額の確認・追加入力

具体的な入力方法は、150―157ページをご参照ください。

整理2 5段のレターケースは経費用

ポイント!

①5段のレターケースで請求書・領収書を管理すると、支払いもれや紛失といった事故が少なくなる。
②区分して書類を管理すると、会計ソフトの入力もスムーズに。

● いつの間にかたまっていく領収書は、5段のレターケースで管理!

毎日の事業を行っていると知らず知らずにたまってくるのが、経費の請求書・領収書です。後払いの請求書には当然支払い期限がありますし、領収書はレシートなど小さいものも多く、これを何もせず机の上に積んでおいたりすると、支払い忘れや紛失につながってきます。

これを防ぐため本書では、5段のレターケースを使った管理方法をおすすめします。

まず、5段のレターケースを上から「**預金・払済**」「**預金・未払**」「**現金・払済**」「**現金・未払**」「**クレジットカード**」に区分します。

●それぞれのケースに分けて管理

所定の区分のケースに領収書や請求書を分けていきます。

（1）送られてきた請求書

●銀行振込みできるものは「預金・未払」のケースに入れる。

●コンビニ払いなど（銀行振込みができない）は「現金・未払」のケースに入れる。

●支払後は、**「支払済」のスタンプを押して、「預金・払済」「現金・払済」のケース**に移動。

（2）領収書・口座自動引落の支払明細書

●現金で払った領収書（レシートなど）は、「現金・払済」のケースに入れる。

●領収書がないものは、明細を書いた出金伝票（106―107ページ参照）を「現金・払済」のケースに入れる。

●口座自動引落の支払い明細は、「預金・払済」のケースに入れておく。

（3）クレジットカード払い

●領収書やレシートを「クレジットカード」のケースに入れる（後日送られてくるカード利用明細と照合）。

（4）日計表

●日計表（109ページ参照）は、「現金・払済」のケースに入れる（現金商売の方の場合）。

経費の請求書・領収書の管理に5段のレターケースを使おう！

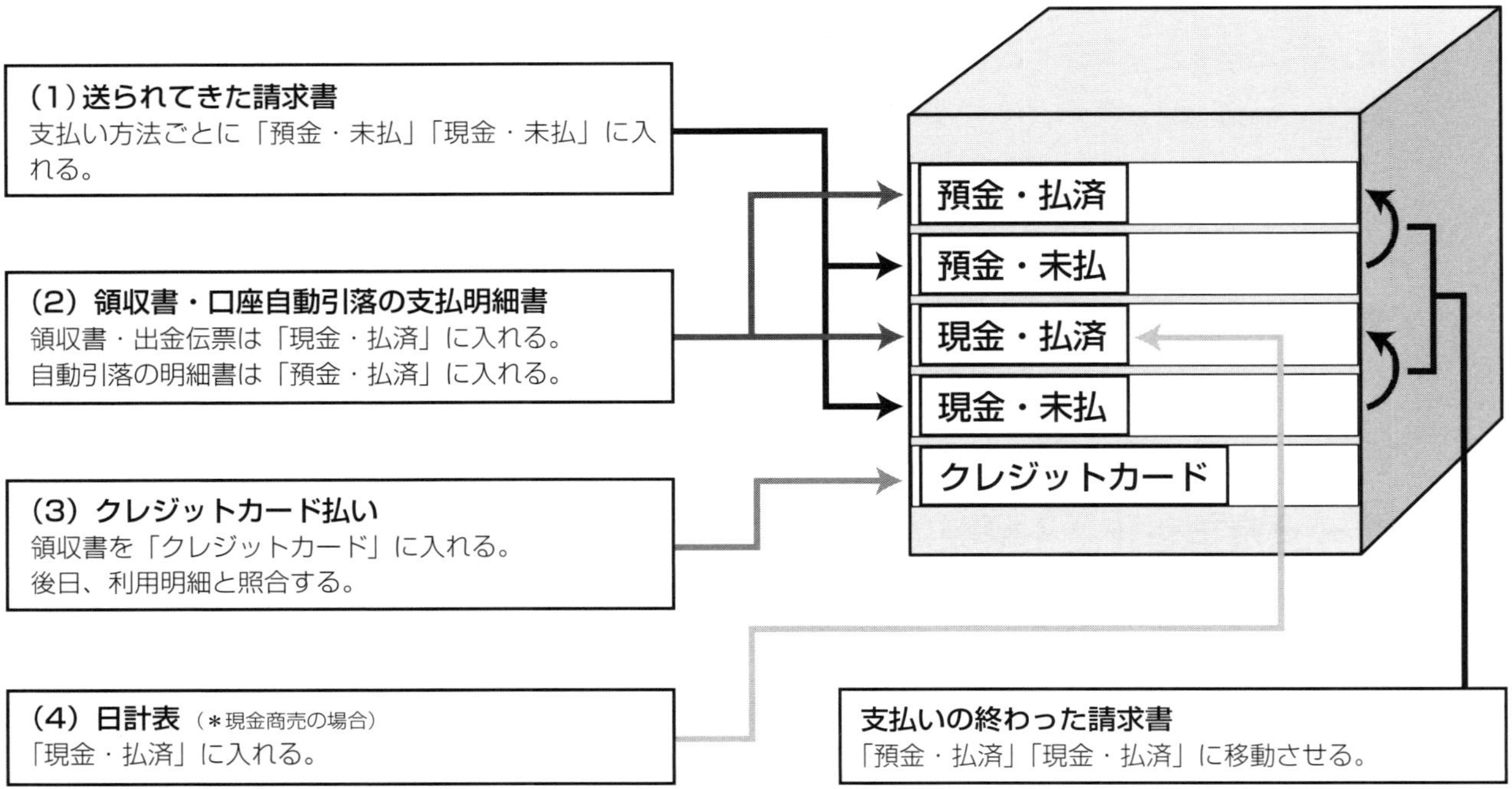

(1) 送られてきた請求書
支払い方法ごとに「預金・未払」「現金・未払」に入れる。
(2) 領収書・口座自動引落の支払明細書
領収書・出金伝票は「現金・払済」に入れる。
自動引落の明細書は「預金・払済」に入れる。
(3) クレジットカード払い
領収書を「クレジットカード」に入れる。
後日、利用明細と照合する。
(4) 日計表（＊現金商売の場合）
「現金・払済」に入れる。
預金・払済
預金・未払
現金・払済
現金・未払
クレジットカード
支払いの終わった請求書
「預金・払済」「現金・払済」に移動させる。

●会計ソフトへ入力していこう

1週間ごとや1カ月ごとなど、タイミングを見て、会計ソフトに入力していきます（入力の方法は138―149ページ参照）。入力の手順は次のとおりです。

①「預金・払済」に入っているものを取り出して、通帳と照合しながら預金出納帳に入力。
②「現金・払済」に入っているものを取り出して、現金出納帳に入力。
③「クレジットカード」に入っているものを取り出して、買掛金の補助勘定「クレジットカード」に入力。

●請求書・領収書の保管方法は？

入力が終わったものは、それぞれ区分別にして、1カ月ごとに保管しましょう。ドキュメントファイルかスクラップブックでの保管がおすすめです（111―113ページ参照）。

●メール添付やネット通販など電子データの請求書・領収書の保管方法は？

令和6年1月1日以降、電子メールの添付ファイルやネット通販のホームページからダウンロードするPDFファイルなど電子データで受け取った請求書・領収書は、印刷して保存することが認められなくなります。電子データのままパソコンやクラウドストレージなどで保管する必要があります。（114―123ページ参照）

整理3　仕入・経費の支払いは、振込みかクレジットカードで！

ポイント！

①現金取引は、領収書の紛失などから記帳もれなどの事故が起こりやすい。
②預金やクレジットカードを通じて行った取引は、記録が自動的に行われ明細も残るため、記帳もれなどの事故を防ぐことができる。

●支払いの記録は、銀行やカード会社がしてくれる

預金口座を通して入出金を行った場合、当然ながら通帳に
「○月□日　出金　○○円」

というふうに記録が残されます。

ですから、ある程度取引の記録をつけないでおいても、通帳を見ながら帳簿をつけていくことができます。

またクレジットカードで支払いを行った場合には、後日明細が送付され（またはＷｅｂ明細）、そ

の支払いも銀行口座から引き落とされるので、記録がもれるということがありません。

しかし現金で入出金を行った場合にはその記録をきちんと残しておかなければ、あとでまとめて帳簿をつけようと思っても、忘れてしまったりもれてしまったりということが起こりかねません。

また領収書などの証拠書類は基本的にしっかり保存しておかなければなりません（預金で取引した場合には、通帳が基本的に領収書の代わりになります）。

ですので、手間がかかる現金取引を極力減らし、入出金はできるだけ預金口座からの振込み・引落し、またはクレジットカードで行うことを心がけましょう。

整理4 電車やバスの運賃はICカードで！

ポイント！

①電車・バスの運賃は、領収書がもらえず支払いも現金になるので、こまめに記録しておかないと帳簿への計上もれが発生しやすい。
②ICカードを使うと自動で履歴が記録されるため、計上もれが少なくなる。
③現金で電車・バスの運賃を払った場合には、出金伝票または旅費精算書に内容を記載。

●記録を忘れがちな電車・バス代はICカードで払おう

電車やバスなどの交通機関を使った移動が多い人の場合、交通費として、毎日少額の現金が出ていきます。

この交通費は領収書も発行されず、件数も多くなるため、どうしても記録を忘れがちです。その結果として、経費の計上もれが発生してしまいます。

しかし、最近はこれらの交通費の多くを、ICカードで支払うことが可能になっています。

これらのカードで支払った場合、「(電車やバスなどを)利用した日付・時刻」「利用した交通機関名」「利用区間」「利用額」が記録されるため、記録をつけ忘れることがなくなります。

ＩＣカードについては、**利用履歴が券売機から発行**されたり、ＩＣカードによっては、自宅のパソコンからネットを使って照会したりすることができるため、その履歴を残しておきます。

保存方法としては、次のページのように履歴の横に訪問先などを記載しておくのがベストです。

●現金の場合は出金伝票か旅費精算書に記録

カードが使えず現金で払った場合には、１０７ページのような**出金伝票**に行き先や内容を記載して、領収書と一緒に保存しておきます。

また件数が多い場合には、次ページのような「**旅費精算書**」を作成し、月１回の精算にすると、記録の手間を少なくできるでしょう。

交通費の記録のとり方

ICカード利用記録の保存方法

ICカードの履歴を券売機で印刷またはダウンロードし、横に行先や内容を書く！

利用月日	利用箇所（区間）		内　容	利用額	カード残額	番号	
7月29日	阪急神戸三宮	阪急御影	鉄道利用	－190円	****円	JW**********	三宮、○○セミナー出席
7月29日	東）住吉	三ノ宮	鉄道利用	－180円	****円	JW**********	
7月26日	神交御崎公園	神交三宮花時計前	鉄道利用	－230円	****円	JW**********	
7月26日	神交三宮花時計前	神交御崎公園	鉄道利用	－230円	****円	JW**********	御崎公園、△△社訪問
7月26日	阪急御影	阪急神戸三宮	鉄道利用	－190円	****円	JW**********	
7月18日	阪急神戸三宮	阪急御影	鉄道利用	－190円	****円	JW**********	
7月18日	阪神住吉	阪神三宮	鉄道利用	－190円	****円	JW**********	三宮、◇◇会出席
7月16日	芦屋	東）住吉	鉄道利用	－160円	****円	JW**********	
7月16日	阪神御影	阪神芦屋	鉄道利用	－190円	****円	JW**********	芦屋、○○様訪問

旅費精算書での記録

Excelファイルダウンロード先
http://kobatax-office.com/download.html#shoseki

交通費請求明細書

期間　○年4月1日　～　○年4月30日					
月／日	行先	業務	交通機関	区間	金額
4月1日	事務所出社		阪急	岡本－御影	160
		月次巡回	阪急	御影－三宮	380
		月次巡回	神交	花時計前－御崎公園	460
	帰宅		阪急	岡本－御影	160
4月2日	事務所往復		阪急	岡本－御影	320
4月3日	事務所往復		阪急	岡本－御影	320
4月4日		月次巡回	阪急	梅田－岡本	560
4月6日	事務所往復		阪急	岡本－御影	320
		月次巡回	阪急	御影－三宮	380
4月7日	事務所往復		阪急	岡本－御影	320
4月8日	事務所往復		阪急	岡本－御影	320
4月9日	事務所往復		阪急	岡本－御影	320
		月次巡回	ＪＲ	六甲道－摂津本山	320
4月10日	事務所出社		阪急	岡本－御影	160
		月次巡回	阪急	淡路－御影	640
	帰宅		阪急	御影－岡本	160

整理5 領収書がもらえない現金の支払いには出金伝票を

ポイント!

領収書がもらえない場合、出金伝票に記録を残す。

領収書がもらえない支払いもよくある

現金の取引では、領収書や請求書をもらえないことがしばしばあります。

たとえば「出先で打ち合わせをするため、自動販売機で飲み物を買ったとき」などでは、自動販売機は領収書を出してくれません。またお祝い金やお香典を渡す場合も同様に、領収書はもらえません。

そのほか、飲食代を割り勘にした場合などは、領収書が1枚しかもらえないため、自分の手元に領収書が残らないこともあります。

こういった**領収書がもらえない場合**には、次ページのような**出金伝票に出金を記録**し、それを**領収書の代わりとして保存**しておきましょう。出金伝票は百円ショップや文房具店で購入できます。

また、出金伝票と一緒に結婚式の案内状や会葬礼状なども保管しておくのがよいでしょう。

領収書がない場合の出金伝票

出金伝票　No. ________

❶ △年○月×日

承認印		係印	

コード		支払先	❷ ○○社

	勘定科目	摘要	金額
❸	接待交際費	△△部長　ご母堂お香典	❹ 10000
	合計		¥10000

上記のような出金伝票に、
❶出金日　❷支払先　❸内容　❹金額
を記録し、領収書の代わりとして保存しておきます。

整理6 現金商売の場合は日計表でレジの現金を管理

ポイント!

①現金取引は、自分で取引の記録を残しておかないと、あとから確認することが困難。
②現金商売の場合、毎日現金をやりとりする回数が多いため、日計表を作成して現金を管理。
③現金商売以外の業種でも、事業用に現金を管理する場合、現金出納帳を作成する。

●現金取引は記録が残らないので注意!

現金の入出金は、小さい額の入出金がどうしても多くなってしまいます。また預金での入出金と違い、それぞれの取引を自分で記録しておかなければなりません。

「面倒だなあ」と記録を先延ばしにしてしまうと、どうしても記録もれや間違いが生じてしまうので、注意が必要です。

現金商売の方は次ページのようなフォームの「**日計表**」**を利用して、閉店後できるだけ毎日、現金の動きとレジの残高を記載**しておくとよいでしょう。書き方は、入力例をご参照ください。

現金取引の場合は日計表をつけよう！

Excelファイルダウンロード先　http://kobatax-office.com/download.html#shoseki

営業日計表

できるだけ毎日、仕事が終わった時点で作成してください

令和　○年 ×月 △日

繰越残高（昨日の営業日計表の「実際残高」の金額です）		53,000	①
入金	今日の売上（レジペーパーの合計を書いてください）	182,000	
	預金よりの引出	52,000	
小計		234,000	②
出金	現金仕入れ	83,000	
	消耗品の購入	13,000	
	預金への預け入れ	105,000	
小計		201,000	③
帳簿残高		86,000	①+②−③
現金過不足など（帳簿残高と実際残高の差額です）		500	
実際残高（下で計算した金額を書いてください）		85,500	④

金種（仕事が終わった時点の手元の現金を種類別に記載）	
10,000円 × 3枚＝	30,000
5,000円 × 2枚＝	10,000
2,000円 × 枚＝	
1,000円 × 35枚＝	35,000
500円 × 10枚＝	5,000
100円 × 46枚＝	4,600
50円 × 4枚＝	200
10円 × 50枚＝	500
5円 × 40枚＝	200
1円 × 枚＝	
合計	85,500

④に転記してください

自家消費（店のものを食べるなど）をして現金をレジに入れなかった場合は、下にその金額を書いてください。

2,000 × 70%＝ 1,400

↑食べた食品の売値を書いてください。

メモ（気づいたことや、変わったことがありましたら記載してください）

★この日に現金で入出金のあった領収書その他の書類を裏面に貼り付けてください。

帳簿残高（計算上の残高）と実際残高（レジの中身）は、お釣りの渡し間違いや売上の受取間違いがなければ、基本的に一致します。万が一合わない場合でもその日のことであれば思い出しやすいので、差異の原因も解明しやすくなります。どうしても差異の原因がわからない場合は、「現金過不足」の欄に書いておきます。

現金商売の方の場合、帳簿の残高とレジの中身が一致していると、現金管理が間違いなく行われているということで、税務調査の際に調査官に与える印象がよくなります。面倒ではありますが、ぜひ現金の管理はこまめに行いましょう。

また、現金商売以外の方についても、手提げ金庫などで事業用の現金を管理する場合には、144ページの2のような現金出納帳を作成するのが理想です。

整理7 入力済の請求書や領収書の保管方法

ポイント！

①請求書・領収書の保管目的は、税務調査に備えるため。その際に見せることができれば、基本的にどんな保存方法でも問題ない。
②売上・仕入の請求書は、1年分を1つのファイルに綴じる。
③経費の領収書などは、ドキュメントファイルかスクラップブックで保存。

●請求書・領収書を保管して税務調査に備えよう！

「売上・仕入の請求書」や「経費の領収書・支払伝票」は、入力が終わったあと最長7年間の保管が必要です。

これらの書類を保管するもっとも大きな目的は、**税務調査があった場合、申告した数字が正しいことを、調査官に証明するため**です。

そのため、関係書類をきちんと保管さえしておけば、基本的にはどのような方法であっても問題はありません。

●売上・仕入の請求書は、1年分を2穴ファイルなどにまとめる

92―96ページで紹介したように売上・仕入の請求書を、4段のレターケースや2つのファイルで管理している場合、「入金済」のボックスやファイルに請求書がたまってきますので、適宜、**売上・仕入ごとに保管用の2穴ファイルなどに移動**させていきます。

最終的に**1年分の請求書を1冊のファイルで保管する**ことになります。

●経費の領収書はドキュメントファイルかスクラップブックで保管

経費の領収書はレシートなど大きさがまちまちになるので、請求書のように2穴ファイルなどにそのまま保管することはできません。

そのため、「**1カ月分をまとめてクリップまたはホッチキス留めして、ポケットが12個以上あるドキュメントファイルに月ごとに入れておき、ドキュメントファイル1つで1年分の領収書を保存する**」という方法がおすすめです。

この方法なら、「①クリップでまとめて→②ドキュメントファイルに入れる」だけの2ステップです。かんたんに整理できるうえ、過去の領収書を探すということになっても、月ごとに区分されているので、すぐに見つけることができます。

また、「**スクラップブックやノートなどに日付順にのりづけしていく方法**」もあります。こちらの方法はあとから書類を確認する際に便利ですので、一般的な保存方法です。

経費の領収書の保管方法

ドキュメントファイルで保存する方法

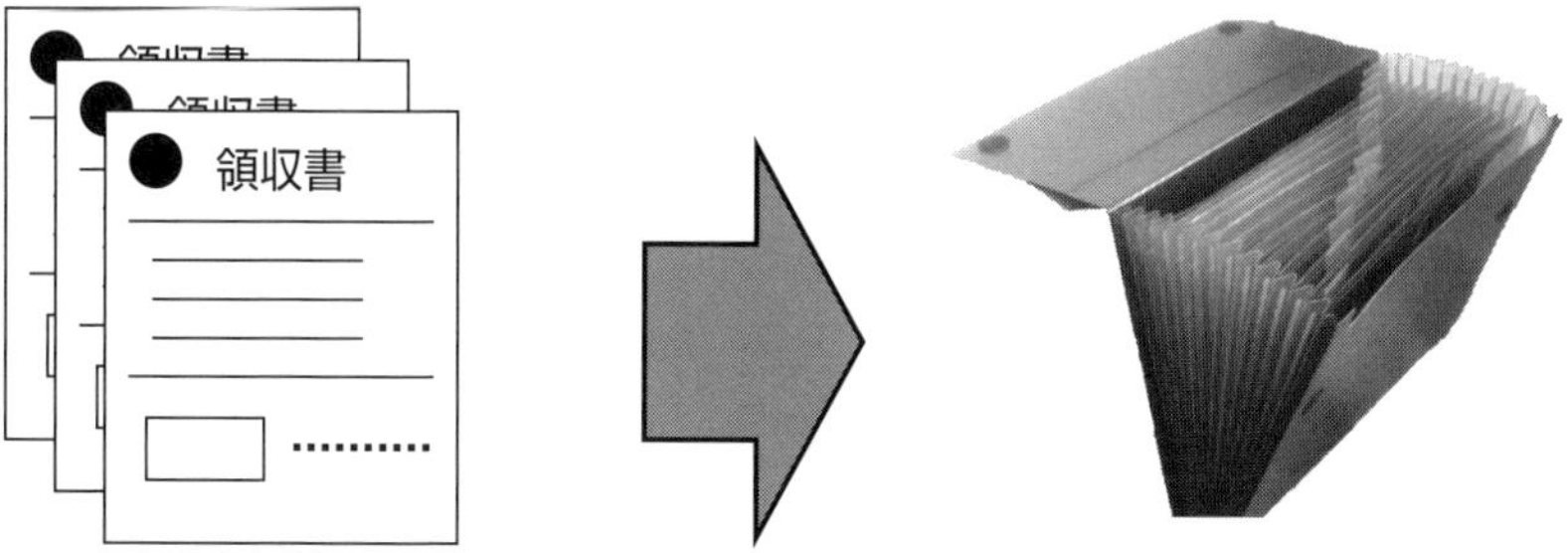

①1カ月分の領収書・請求書をクリップまたはホッチキスで留めてまとめます。

②12個以上ポケットがあるドキュメントファイルに、月ごとに入れていきます。

スクラップブックやノートで保存する方法

領収書・請求書をスクラップブックやノートに順番に貼り付けていきます。あとからめくって見ることができるように貼り付けるのがポイント。

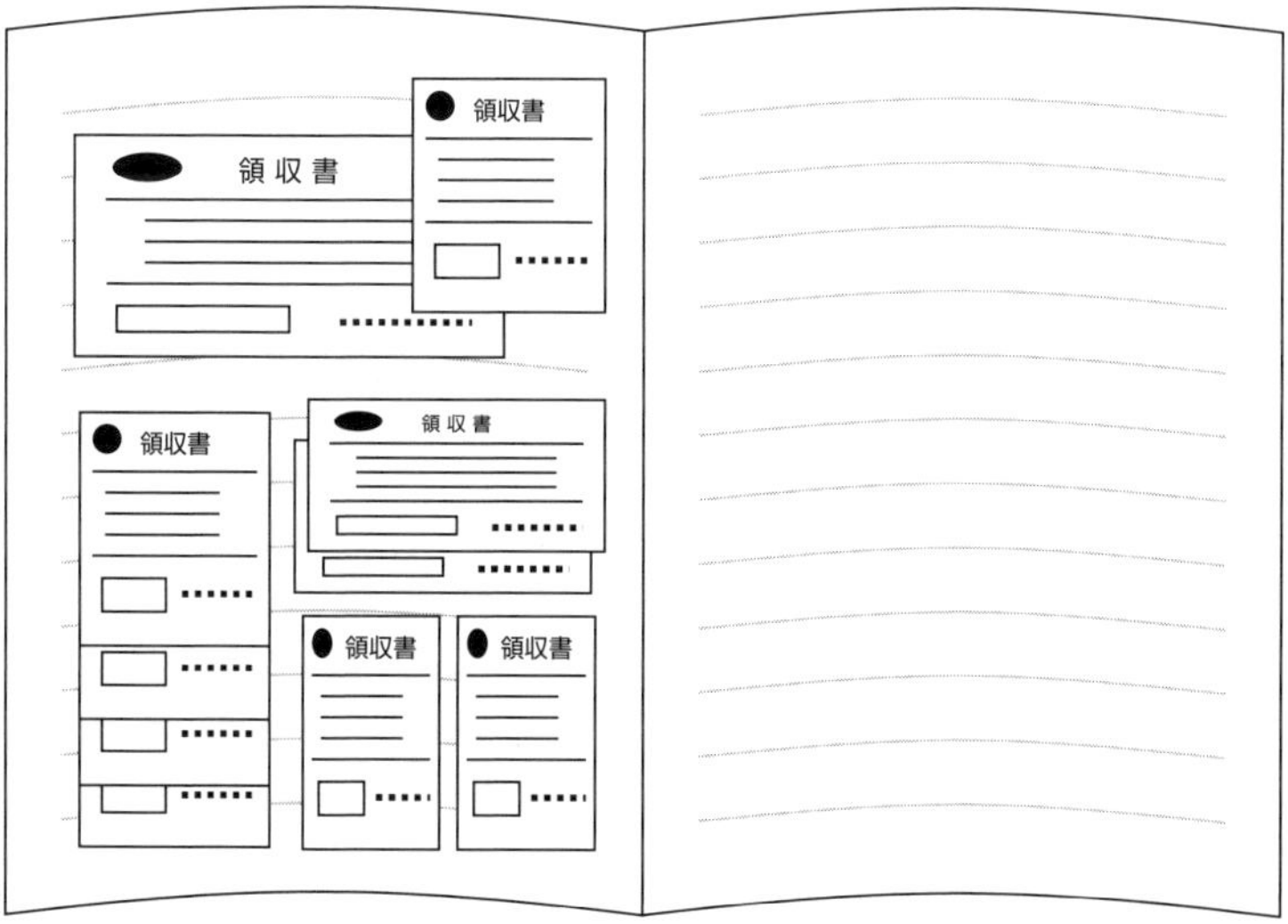

整理8 電子取引データはデータのまま保存する

ポイント！

①令和6年1月1日以降、電子取引データは「データのまま保存」しなければならない。
②発行から受取まで一度も紙に印刷されない取引資料が「電子取引データ」になる。
③事務処理規程の作成と、エクセル索引簿かファイル名検索で対応するのがかんたん。

前項で請求書や領収書など取引資料の保管方法の説明をしたところですが、電子帳簿保存法という法律の改正で、**令和6年1月1日以降はこれに加えて「電子取引データ」の保存もしなければならない**ことになりました。

この電子取引データとは「メールに添付されたＰＤＦなどの請求書・領収書」や「ネット通販のＨＰからダウンロードしたＰＤＦの領収書」など、**発行から受取まで一度も紙に印刷されない取引資料**が該当します。

今まではこの電子取引データも印刷して、他の紙の請求書・領収書などと一緒に保管しておけば問題なかったのですが、今後は**一定のルールに従ってデータのまま保存しておかなければなりません**。

一定のルールは「真実性の要件」と「可視性の要件」の2つ

この「一定のルール」ですが、「**真実性の要件**」と「**可視性の要件**」という2つの要件を満たす形で、電子取引データを保存することをいいます。

真実性の要件とは

真実性の要件とは、「電子取引データが改ざんされていない」ことを担保するための処置をいいます。

具体的には「データに**タイムスタンプ**（付したときからデータが変わっていないことを証明する記録）を付す」「**訂正・削除の記録が残るクラウドストレージなど**にデータを保存する」「**原則訂正や削除をしないという事務処理規程**を作成する」という方法があります。

タイムスタンプやクラウドストレージを使う方法は、通常利用料が継続して発生しますので、費用対効果を考えて導入する必要があります。

一方で事務処理規程を作成する方法は、次ページのサンプルのような文書を作成して保管しておき、この規程に沿った運用をすればいいので、費用はゼロになります。個人事業者であれば、事務処理規程を作る方法がかんたんでよいでしょう。

「事務処理規程」フォーマット例

電子取引データの訂正及び削除の防止に関する事務処理規程

第1条　この規程は、電子計算機を使用して作成する国税関係帳簿書類の保存方法の特例に関する法律第7条に定められた電子取引の取引情報に係る電磁的記録の保存義務を履行するため、電子取引の取引情報に係る電磁的記録を適正に保存するために必要な事項を定め、これに基づき保存することを目的とする。

第2条　当社における電子取引の範囲は以下に掲げる取引とする。
　一　電子メールを利用した請求書等の授受
　二　インターネットのホームページからのダウンロードを利用した請求書等の授受
　三　クラウドサービスを利用した請求書等の授受
　四　スマートフォンのアプリを利用した請求書等の授受
　五　上記に類する一切の取引

第3条　前条に定める取引で授受したデータ（以下「取引関係情報」という）については、保存サーバ内に7年間保存する。

第4条　保存する取引関係情報の内容について、訂正及び削除をすることは原則禁止とする。

第5条　業務処理上やむを得ない理由によって保存する取引関係情報を訂正または削除する場合は、「取引情報訂正・削除記録簿」に以下の内容を記載の上、事後に訂正・削除履歴の確認作業が行えるよう整然とした形で、訂正・削除の対象となった取引関係情報の保存期間が満了するまで保存する。
　一　連番
　二　索引簿連番
　三　取引日付
　四　金額
　五　取引先名
　六　適格請求書発行事業者登録番号
　七　備考
　八　訂正・削除日付
　九　訂正・削除の別
　十　訂正・削除の内容・理由

第6条　この規程は、令和○年○月○日から施行する。

このサンプルを参考に、自分に合うように変更して作成し、保管しておきましょう。

注意事項は次のとおりです。

・タイトルは内容に合わせて変更してＯＫです。

・第2条は、現在ある電子取引データや、将来電子取引データを行う可能性が高いものを掲げます。

・第３条は、紙の書類と保存期間は同じです。個人事業者の保存期間は7年です。

・第４条の「**訂正削除の原則禁止**」**の条文は必須**です。

・第５条の項目は、続いて紹介するエクセルの索引簿を使う場合の手続きに準じた内容になっています。自分の状況に合わせて変更しても問題ありません。

この事務処理規程は、次のリンク先からダウンロードできます。

ぜひご活用ください。

http://kobatax-office.com/download.html#shoseki

●可視性の要件とは

可視性の要件は電子取引データを「**人間が見てわかる形で表示できること**」と、「**取引日や取引金額、取引先で検索できること**」を担保するための要件をいいます。

「人間が見てわかる形で表示できること」は、「パソコン、ソフト、ディスプレイ、プリンタなどで、**保存したデータを整然かつ明瞭に速やかに表示できるようにすること**」と、「**ソフトなどのマニュアルを備え付けること**」が必要になります。

この要件はパソコンを使って業務をしていれば通常備わっていますので、特に気にする必要はないでしょう。

一方「取引日や取引金額、取引先で検索できること」は、次の3要件を満たす検索機能が必要になります。

①「**取引年月日**」「**取引金額**」「**取引先**」を検索条件にして検索できること
②「**取引年月日**」**または**「**取引金額**」**の範囲指定**により検索できること
③**2つ以上の任意の記録項目を組み合わせた条件**で検索できること（AND検索）

この検索機能が普段使っているソフトなどに備わっていることはまずありませんので、専用のシステムを導入するか、エクセルなどで索引簿を作成したり、ファイル名を「日付」金額」取引先名」のように変更して検索できるようにする必要がでてきます。

ただし税務調査の際などに、電子取引データをダウンロードして提出できるようにしておけば（「ダウンロード要求」といいます）、この3項目のうち②と③の要件は不要になります。

また前々年の売上が5000万円以下の場合には、ダウンロード要求に対応できれば、検索機能を備えなくても大丈夫になります。

さらに当面の間の猶予措置として、電子取引データ保存の対応に必要な資金や人材が確保できないなど、税務署長が相当な理由があると認める場合、ダウンロード要求に対応でき、電子取引データを印刷したものを整理して保管しておけば、「真実性の要件」と「可視性の要件」のいずれも備えていなくても大丈夫になります。


検索機能として本来必要な3つの要件を備えることができなければ、税務職員のダウンロード要求に応じてデータを提出する必要があります。また、提出できなければデータ保存ができていないということでペナルティを受ける可能性もあります。

次に紹介するエクセルの索引簿であれば、費用もかかりませんし、検索機能の3要件をすべて満たします。

できればこの索引簿を作成することをおすすめします。

●エクセルの索引簿は検索機能の3要件を満たす

エクセルの索引簿を作る場合、次ページの上のサンプルのように**「取引年月日」「取引金額」「取引先」**を項目名に入れて作成します。これらが項目名にあると、エクセルのフィルタ機能で範囲指定やAND検索も可能になるので、**検索機能で求められる3要件を満たす**ことになります。

●検索できるファイル名での保存は、検索機能の3要件は満たさない

また次ページの下のサンプルのように、ファイル名を「日付」金額」取引先名」というように変更して保存する方法もあります。この方法の場合、WindowsやMacのファイル検索機能を使い、日付、金額、取引先名で検索できます。ただしこの検索方法では、範囲指定やAND検索はできないため、**検索機能の3要件は満たさずダウンロード要求に対応する必要**があります。

●エクセル索引簿の作成で対応するのがかんたん

このエクセル索引簿の作成や検索できるファイル名での保存での対応は、費用もかからずおすすめですが、索引簿を手入力したりファイル名を手作業で変更するのは、やはり面倒な作業になってしまいます。

そこで本書では、このエクセル索引簿の作成がかんたんにできるエクセルファイルをダウンロードで提供しています。

エクセルの索引簿のサンプル

電子取引データ保存　索引簿						
連番	日付	金額	取引先	適格請求書発行事業者登録番	備考	ファイルパス
1	2023/9/30	1,000,000	小林　敬幸	T2810742084084	請求書	20230930_1000000_小林　敬幸.pdf
2	2023/4/25	55,000	トヨタ自動車株式会社	T1180301018771	請求書	20230425_55000_トヨタ自動車株式会社.pdf
3	2023/4/25	118,800	近畿税理士協同組合連合会	T5120005007247	請求書	20230425_118800_近畿税理士協同組合連合会.pdf
4	2023/4/25	36,300	近畿税理士会	T6120005004185	請求書	20230425_36300_近畿税理士会.pdf
5	2023/4/5	49,895	小林　敬幸	T2810742084084	請求書	20230405_49895_小林　敬幸.pdf
6	2023/4/15	33,000	小林　敬幸	T2810742084084	請求書	20230415_33000_小林　敬幸.pdf
7	2023/6/26	2,750	bookfanプレミアム	該当なし	領収書	20230626_2750_bookfanプレミアム.pdf

「検索できるファイル名」での保存のサンプル

名前	更新日時	種類	サイズ
20230930_1000000_小林　敬幸.pdf	2023/07/25 15:06	Adobe Acroba 文書	34 KB
20230626_2750_bookfanプレミアム.pdf	2023/07/02 11:05	Adobe Acroba 文書	99 KB
20230425_118800_近畿税理士協同組合連合会.pdf	2023/04/25 19:08	Adobe Acroba 文書	47 KB
20230425_55000_トヨタ自動車株式会社.pdf	2023/04/25 19:03	Adobe Acroba 文書	47 KB
20230425_36300_近畿税理士会.pdf	2023/04/25 19:09	Adobe Acroba 文書	45 KB
20230415_33000_小林　敬幸.pdf	2023/04/05 16:59	Adobe Acroba 文書	115 KB
20230405_49895_小林　敬幸.pdf	2023/04/05 17:00	Adobe Acroba 文書	56 KB

こちらのエクセルファイルは、テキスト情報を持っているＰＤＦファイルであれば、取引日や取引先名、取引金額を自動で抽出する機能を持っています。また抽出した情報や追加入力した情報をもとに、エクセルの索引簿の作成と検索可能なファイル名に変更して保管することができるようになっています。

このエクセルファイルは、次のリンク先からダウンロードできます。ぜひご活用ください。

http://kobatax-office.com/download.html#shoseki

●電子帳簿保存法の改正で、帳簿のデータ保存や紙の資料のスキャナ保存もかんたんになった

ここまで義務化された電子取引データの保存について解説してきましたが、これ以外に電子帳簿保存法の改正で、会計ソフトで作った総勘定元帳や仕訳日記帳といった帳簿、決算書のデータ保存（**電子帳簿等保存**）、そして紙の書類をスキャナなどでデータに変換して保存（**スキャナ保存**）する条件も緩和されています。

電子帳簿等保存は、**電子で作成した帳簿や決算書**、**請求書控えなど**について、次ページの表の必要なものを準備すれば、紙に印刷しなくとも**データで保存してもよい**という規定です。

一方、スキャナ保存は、**紙で受け取った請求書や領収書など**について、同じく表の必要なものを準備すれば、紙の資料をスキャナやスマホのカメラなどで**データに変換して保存してもよい**という規定

制度の種類	対象となる書類等	具体例	必要なもの
電子帳簿等保存	最初から最後まで、紙を使わず会計ソフトなど電子で作成した書類	・会計ソフトで作った帳簿 ・会計ソフトで作った決算書 ・エクセルや専用ソフトで作った自社の請求書控	・システムの操作説明書やオンラインマニュアル ・事務手続きを明らかにした書類（国税庁ホームページにサンプルあり） ・パソコン、ソフト、ディスプレイ、プリンタ等、データ表示できる装置 ・データのダウンロード要求に応じる
スキャナ保存	紙でやり取りした書類	・紙の請求書、領収書	・訂正削除履歴が残る又は訂正削除できないクラウド等に保存 ・事務処理規定（国税庁ホームページにサンプルあり） ・パソコン・ソフト・ディスプレイ・プリンタ等、データ表示できる装置 ・スキャナ・カメラ付きスマートフォンなど ・データのダウンロード要求に応じる

です。

この電子帳簿等保存とスキャナ保存については、「全員やらなければならない」という電子取引データ保存と違い、**「できるならやってもいいよ」という容認規定**になっています。今までどおり帳簿を紙に印刷したり、受け取った紙の請求書や領収書をそのまま保管することも問題ありませんし、要件に従ってデータ保存できるなら、データで保管することも可能です。

スキャナ保存は「訂正削除履歴が残る又は訂正削除できないクラウド等に保存」という部分で費用が発生するので少しハードルが高いですが、**電子帳簿等保存は会計ソフトで帳簿を作成していれば誰でもできる**といっても過言ではありません。慣れて余裕が出てきたら、チャレンジを検討してみましょう。

整理9 勘定科目《かんじょうかもく》は最初に決めてしまおう

ポイント!

①「この費用は、この勘定科目」という決まりはない。自分でルールをつくろう。
②勘定科目を決めたら継続して使おう。

●勘定科目の選択は神経質にならないで大丈夫!

勘定科目とは、複式簿記の仕訳や財務諸表などに用いる表示金額の名目を表す科目のことです。

帳簿を作成するのが初めてという方とお話ししていて、「この費用は、どの勘定科目を使えばいいのでしょうか?」ということをよく尋ねられます。

正解は「**自分でわかれば、何でもＯＫです**」。

帳簿を作成する目的には、①税金の計算を行うため、②事業の経営状態を把握するため、③自分の事業の状況を第三者に説明するための3つがあると、すでに述べました。ここでは、①と②の理由が関係してきます。

①の税金の計算を目的に作成することについては、「**収入ー必要経費**」である利益が正しければ、

税務署は文句をいいません。つまり、少し乱暴にいえば「**収入**」や「**必要経費**」**の内訳である勘定科目はどうでもいい**。**合計さえ合っていれば、税金の計算上問題ない**ということなのです。

●勘定科目の使い方を変えると、経営分析に支障が出る

とはいえ、②の「事業の経営状態を把握する」ことを目指して帳簿を作成するには、**勘定科目にルールづけ**をしておかなければなりません。適当に使っていると、

「どの費用が増加・減少してきたのだろう？」

「どの費用に改善の余地があるのかな？」

といった**経営成績や経営状態の分析ができなくなってしまいます**。

また帳簿をチェックする側にとっても、去年と今年の帳簿を確認して、同じ勘定科目の金額がやたらと増えたり、逆に激減していたりすると、「何があったんだろう？」と気になるものです。

そのため、**最初に「この費用はこの勘定科目を使う」と自分でルールをつくり**、そのあとは**いったん決めたルールを継続適用**することが、勘定科目の上手な使い方です。

といっても、最初は「どの勘定科目を使ったらいいのかわからない」のがふつうです。次のページから一般的な勘定科目と費用の対応表を掲載しておきます。

これを参考に、勘定科目のルールをつくって、管理しやすい帳簿にしていきましょう。

支払手数料	振込手数料、会計事務所顧問料など
車両費	車両を使う場合の車検費用、点検費用など
燃料費	ガソリン代などが大きい場合（少額の場合には車両費と一緒にしてもOK）
賃借料	レンタカーなど物品を賃借した場合の賃借料
リース料	リースでコピー機などの事務用品を賃借した場合（賃借料と一緒にしてもOK）
会議費	取引先との打ち合わせ時の食事代やお茶菓子代
新聞図書費	仕事に必要な図書の購入費、新聞雑誌の購読料
諸会費	同業者団体や町内会などの会費
長期前払費用償却	礼金・権利金などで、何年かに分けて費用にしていくものがある場合
繰延資産償却	創業費、開業費など何年かに分けて費用にしていくものがある場合
雑損失	固定資産を廃棄した場合、賠償金を支払った場合などの臨時的な費用
雑費	上記の費用のどれにも該当しないような費用があった場合
減価償却費	10万円以上の固定資産について、今年費用にできる金額
専従者給与	専従者がいる場合の給与

3　資産の部

現金	現金で入出金した場合
当座預金	当座預金で入出金した場合
普通預金	普通預金で入出金した場合
定期預金	定期預金で入出金した場合

受取手形	売上代金を手形でもらったとき
不渡手形	受取手形が不渡りになったとき
売掛金	未回収の売上代金

商品	小売業などで、年末の在庫
製品	製造業で年末に完成している在庫
仕掛品	製造業で年末に作業途中の在庫

勘定科目は自分でルールを決めよう！①

以下はあくまでも一例ですので、自分のルールで勘定科目をつくってみてください。

1　収益の部

売上高	メイン事業の商品やサービスを販売した場合
家事消費等	飲食店などで、販売商品を食べるなどして消費した場合
雑収入	パソコンなどの固定資産を売却するなど、メイン事業以外の収入
貸倒引当金戻入	前年に貸倒引当金を設定した場合、その額を戻すために使用

2　費用の部

租税公課	固定資産税、事業税、自動車税、軽自動車税など費用になる税金
荷造運賃手数料	宅配便代などの送料
水道光熱費	電気、ガス、水道代
旅費交通費	業務に使用した電車代、タクシー代など
通信費	固定電話代、携帯電話代、インターネットプロバイダ代など
広告宣伝費	名刺、パンフレットなどの印刷代、広告の雑誌掲載料など
接待交際費	取引先との接待飲食代、お中元・お歳暮など
保険料	事務所の火災保険などの損害保険料、自動車の損害保険料
修繕費	事務所や自動車などの固定資産の修繕費
消耗品費	ダンボールなどの梱包用品、廉価なパソコンなど1つあたり10万円未満の固定資産など
事務用品費	文房具などの事務に使用する消耗品（消耗品と一緒にしてもOK）
福利厚生費	従業員との慰安の食事代（打ち上げ）や従業員の残業食事代など
法定福利費	従業員が雇用保険や社会保険に加入した場合の雇用者の負担額
給料手当	従業員への給料
賞与	従業員への賞与
雑給	日雇い雇用者への手間賃など
外注費	作業を外注した場合、外注先への支払い
支払利息	資金を借りて利子を支払う場合
地代家賃	事務所、駐車場などの賃料を支払う場合
貸倒損失	売掛金、貸付金などが回収できなくなった場合、その回収不能額

4 負債の部

支払手形	仕入代金などを手形で支払った場合

買掛金	未払いの仕入代金など

短期借入金	返済期限が年末で１年未満の借入金
未払金	固定資産の購入などの買掛金以外の未払いの代金

前受金	入金済みの売上代金のうち、まだ商品の引き渡しを行っていないもの
預り金	従業員から預かった源泉所得税など

仮受金	内容が不明な入金など
預り保証金	取引保証金など、後に返金しなければならない保証金がある場合

長期借入金	返済期限が年末で１年以上の借入金

5 事業主勘定の部

事業主貸	事業用の現金や預金から事業主の生活費を引き出すなど、家事費に出金した場合
事業主借	事業主から、事業用の現金や預金へ入金があった場合（事業主のポケットマネーで事業用の消耗品を購入したり、仕事上の打ち合わせで食事した場合も同様）
元入金	昨年末の利益＋事業主借と事業主貸の差額（＝年初での事業主から拠出された資金合計額）＊入力には基本的に使いません。

勘定科目は自分でルールを決めよう！②

原材料	製造業で年末の材料の在庫

前払金	仕入代金などを前払いした場合
短期貸付金	返済期限が１年未満の貸付金
前払費用	数カ月分の費用を前払いした場合で、年末にまだ経過していない場合（１年以内の保険料や家賃は払った年の経費にできる）
未収入金	売上以外で、未回収の代金がある場合
立替金	他人の費用を立て替えて、返してもらう予定がある場合
仮払金	代金が確定していない費用などを支払った場合に、確定するまでの間使用

建物	建物を購入した場合
附属設備	建物に内装工事を行った場合など
構築物	大きめの看板やフェンスなどを設置した場合
機械装置	製造装置などの機械を購入した場合
車両運搬具	自動車、フォークリフトなどを購入した場合
工具器具備品	パソコン、家具などの工具、備品を購入した場合
土地	土地を購入した場合
建設仮勘定	建物などを建築した場合の手付金など
ソフトウェア	パソコンソフトなどを購入した場合

＊固定資産（1個あたり10万円以上の場合に限る）

出資金	信用金庫などの出資金
敷金	事務所や駐車場を賃借した場合の敷金（解約時に返金されるもの）
長期貸付金	返済期間が年末から数えて１年を超える貸付金
長期前払費用	事務所や駐車場を賃借した場合の礼金（解約時に返金されないもの）
差入保証金	取引保証金など、のちほど返金される保証金など

開業費	開業するまでにかかった費用（目安として開業前半年ぐらいの開業セミナー費用や打ち合わせ費用、電車代や消耗品など開業のために必要となった費用など）

整理10 勘定科目と決算書の関係を知っておこう

ポイント！

①帳簿を作成する最終目的は、「貸借対照表」「損益計算書」という2つの決算書を作成すること。
②勘定科目は、「収益の部」「費用の部」「資産の部」「負債の部」「資本の部」の区分ごとに、決算書のいずれかの部分に入る。
③帳簿や決算書の左側のことを「借方」、右側のことを「貸方」という。

入力前に経理書類がすっきり整理できたところで、最後に少しだけ「経理・簿記」の知識を確認しておきましょう。

●利益の金額を計算する「損益計算書」

初めに、確定申告では帳簿で「収入」と「経費」を集計し、その差額を儲けである「利益」として計算すると説明しました。この利益を計算するのが、次ページの**「損益計算書」という決算書**です。

勘定科目のうち、収益（収入）の部の勘定科目の合計を右側に集計し、費用（経費）の部の勘定科目の合計を左側に集計し、その引き算（収益－費用）で利益を計算します。

勘定科目と決算書はこんな関係になっている

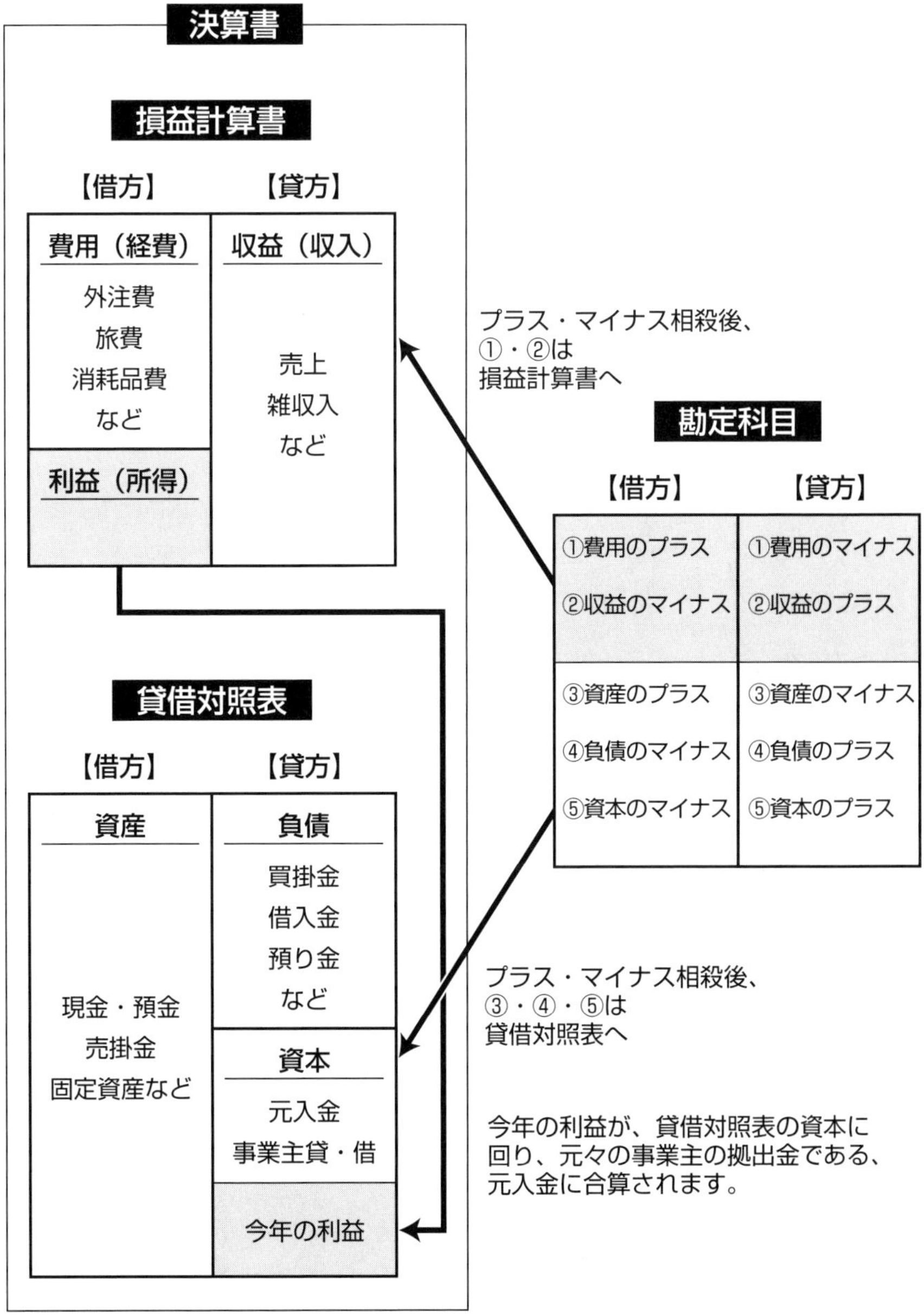

●財産の状況を計算する「貸借対照表」

「貸借対照表」は、年末時点での現金・預金、パソコンといった手元の財産や売掛金のような将来のお金になる「資産」と、買掛金や借入金といった将来お金を払わなければならない「負債」を集計して、その差額として**事業主の財産である「資本」を計算する決算書**です。

勘定科目のうち、**資産の部の勘定科目合計を左側に、負債の部の勘定科目合計と資本の部の勘定科目合計を右側に集計し、最後に損益計算書の利益を右側にもってきて計算**します。

決算書は、131ページの図のように、左と右の2列で構成されています。この決算書の左側のことを「借方」、右側のことを「貸方」といいます。

●「収益」「負債」「資本」は右側、「費用」「資産」は左側

131ページを見ると、勘定科目の「収益」「負債」「資本」は右側に、「費用」「資産」は左側にあります。これは、次のことを意味します。

- **「収益」「負債」「資本」がプラスのときは帳簿の右側、マイナスのときは左側に記載。**
- **「費用」「資産」がプラスになるときは帳簿の左側、マイナスになるときは右側に記載。**

そして、最後にプラスとマイナスを相殺して、残った「収益」「負債」「資本」のプラス金額を決算書の右側に、「費用」「資産」のプラス金額を決算書の左側に移します。

これらの作業は会計ソフトが自動的に行いますが、「**収益・負債・資本＝貸方＝右側**」「**費用・資産＝借方＝左側**」だけを覚えておけば、決算書を読むときなどに便利です。

Chapter
6

かんたん！会計ソフトは3日でマスター

ここからいよいよ、会計ソフトの入力方法について
ご説明していきます。
身構えなくても大丈夫。日常の会計ソフトの入力は、
「おこづかい帳」と「売上・仕入の管理表」が理解で
きればOKです。
コツさえつかめば、会計ソフトの入力方法は、3日
で十分マスターできます。

1

会計ソフトの初期設定は「青色申告」&「消費税免税」に！

ポイント！

①ほとんどがあとから変更可能なので、初期設定で間違えても大丈夫。
②5ステップで設定は完了。

●とりあえず初期設定を終わらせてしまおう

会計ソフトを購入してインストールをしたものの、初心者がいきなりつまずくのは「初期設定」。しかし、初期設定をしてしまわないと取引入力に進めません。「やよいの青色申告」をはじめとするほとんどの会計ソフトは、あとからでも初期設定の変更はできます。間違いをおそれず、とりあえず初期設定を終わらせてしまいましょう！

●初期設定はかんたん5ステップ！

では、順を追って解説しますので、実際にやってみましょう。

①事業所名（屋号）の入力（あとから変更可能）

個人事業の開業届出書に記載した「屋号」を、そのまま入力します。屋号がない場合には「自分の名前」を入力しましょう。

②業種の選択（**あとから変更できないので注意！**）

「個人／一般」を選択します（「個人／不動産」はアパートの大家さんなど、不動産の賃貸収入がある場合に使用）。

③申告書の選択（あとから変更可能）

60ページの期限までに「青色申告承認申請書」（60―63ページ参照）を提出・承認を受けている場合には、「青色申告」を選択します（期限に間に合わなかった場合などは、「白色申告」を選択）。

④年度情報の設定（**あとから変更できないので注意！**）

確定申告を行う対象年度（1月1日～12月31日）を設定します。

たとえば令和6年3月15日までに行う確定申告は、対象年度が令和5年1月1日～12月31日になるので、「令和5年度」と設定します。

⑤消費税設定（あとから変更可能）

新規に事業を開業した場合、消費税の対象になる売上高が1000万円を超えると、その翌々年より消費税を納める必要が生じます。

したがって、開業年から売上が1000万円を超えた年の翌年までは、消費税の納税義務がありません。これを「**免税事業者**」といいます。新規開業の場合は、**少なくとも最初の2年間は免税事業者になる**ので、こちらの設定は通常「免税」で設定します。

しかし開業の準備に多額の資金を要したり店舗の内装を行ったりなど、初期投資が多い方については、自分から「**消費税課税事業者選択届出書**」を提出して消費税の納税義務者になると、消費税の還付を受けられることがあります。この場合、こちらは「課税」を選択します（257―258ページ参照）。

なおインボイス制度が始まった令和5年以降令和11年までは、適格請求書（インボイス）発行事業者の登録申請書を提出すると、「消費税課税事業者選択届出書」を提出しなくとも、消費税の納税義務者になります（令和12年以降は適格請求書発行事業者の登録申請書と、消費税課税事業者選択届出書の両方の提出が必要）。

預金出納帳は月に1回通帳を入力するだけ！

ポイント！

預金出納帳への入力ポイントは次のとおりです。
①「預金・払済」の請求書・領収書、通帳を用意する。
②通帳の内容をひたすら入力していく。

●通帳の内容を写すだけの預金出納帳

ここからは、日々の取引を会計ソフトに入力していく方法を説明します。

①入力準備
入力する前に、次の2点を準備します。
●経費の5段のレターケースのうち「**預金・払済**」**に入っている請求書・領収書**
●対象となる期間の**銀行通帳のコピー**

②入力

預金出納帳の入力のしかた①

STEP 1

クイックナビゲータから、「取引」・「預金出納帳」を選びます。

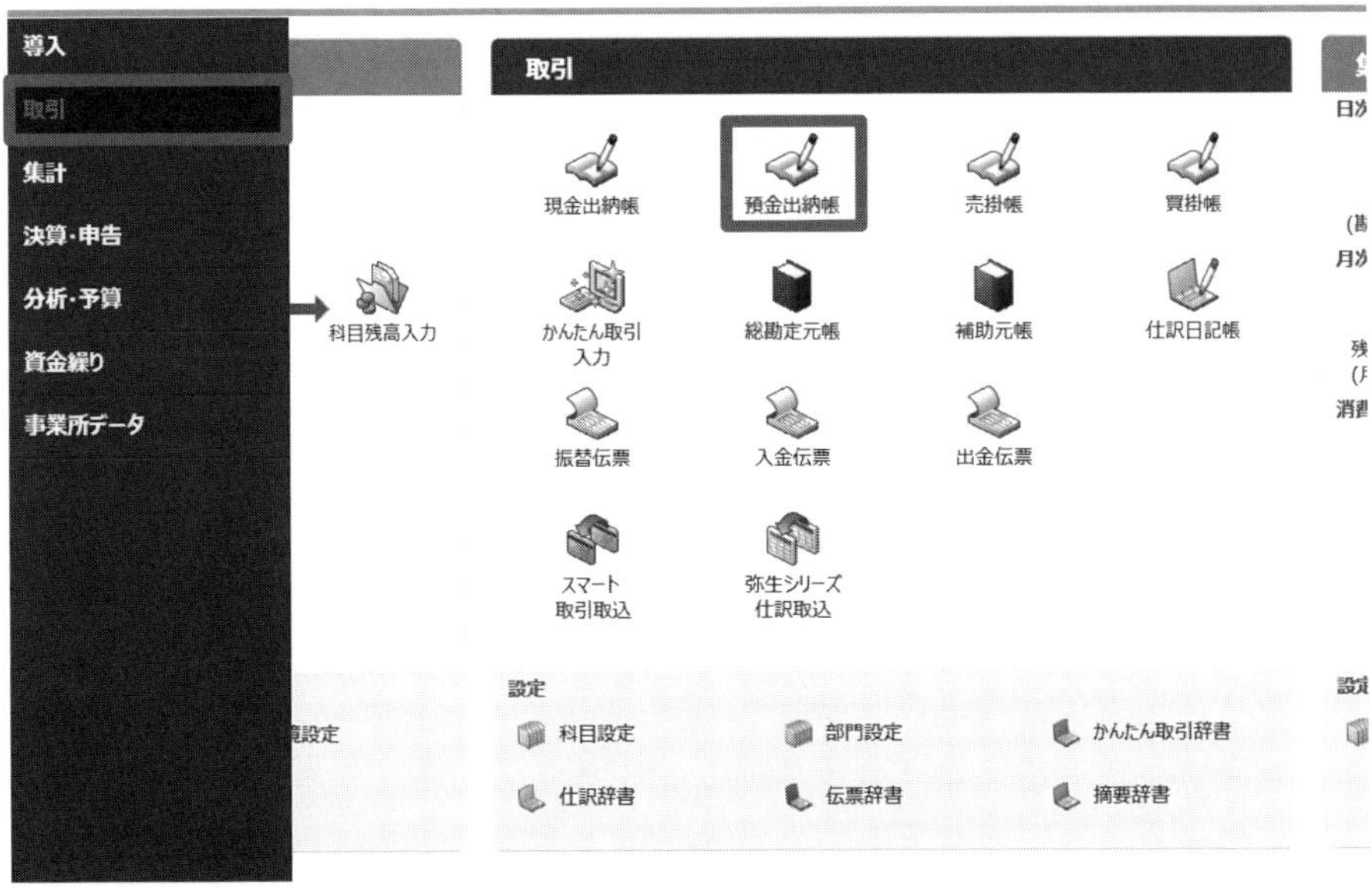

STEP 2

次の画面が開くので、「勘定科目」で「普通預金」など使う
預金種類を選びます。「補助科目」で入力する銀行を選びます。
補助科目の設定がない場合には、先に設定します。
（補助科目の設定方法は、162−163ページ参照）

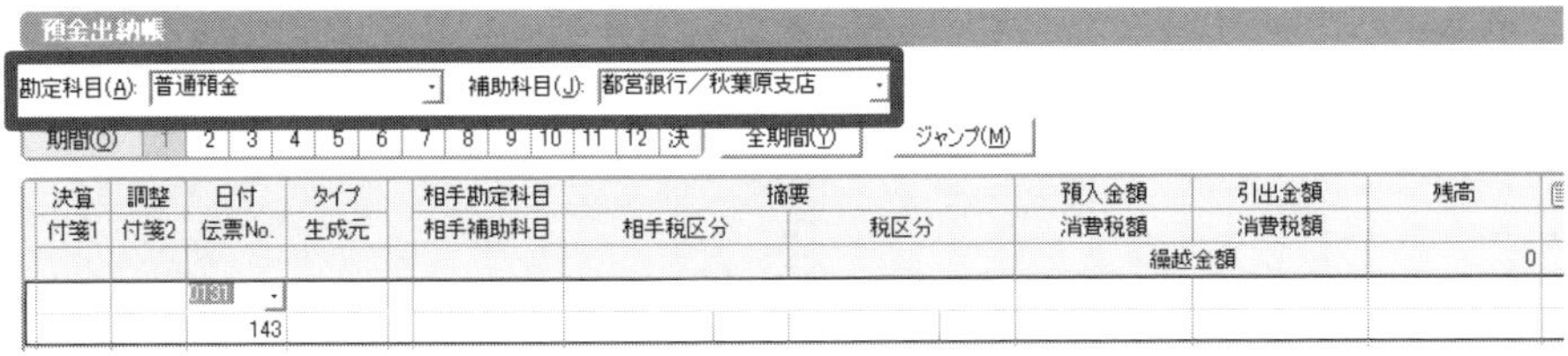

139ページのように預金出納帳を開き、預金の種類や入力する銀行口座を選びます。

通帳と請求書・領収書を確認しながら、次ページの入力例のように、通帳の内容を入力します。

入力する項目は次のとおりです。

- **日付**
- **相手勘定科目（勘定科目表を見ながら決定）**
- **摘要**（取引の内容）
- **預入金額**
- **引出金額**

入力が終わった時点で、**会計ソフトの**「**残高**」**が通帳の残高と一致している**ことを確認しましょう。

合っていれば、数値の入力に誤りがないことになります。

預金出納帳の入力のしかた②

STEP 3

通帳のとおり、会計ソフトに入力していきます。
事前に通帳のコピーに入出金の内容を記入しておくと、入力がスムーズです。

普通預金（兼お借入明細）

行数	日付	お払戻金額	お預り金額	摘要	差引残高
1	20××/4/1		500,000	ご新規　事業資金預入	500,000
2	20××/4/11	10,000		○○デンキ　パソコン備品	490,000
3	20××/4/11	220		フリコミテスウリョウ	489,780
4	20××/4/15		150,000	○○　売掛金入金	639,780
5	20××/4/15	2,199		デンワリョウキン	637,581
6	20××/4/15	35,000		△△　事務所家賃	602,581
7	20××/4/15	110		フリコミテスウリョウ	602,471
8	20××/4/17		55,000	××　売上代金	657,471
9	20××/4/17	2,530		スイドウリョウキン	654,941
10	20××/4/17	25,000		□□　仕入代金	629,941
11	20××/4/18	1,119		ガス	628,822

預金出納帳

勘定科目(A): 普通預金　補助科目(J): 都営銀行／秋葉原支店

期間(O) 1 2 3 4 5 6 7 8 9 10 11 12 決　全期間(Y)　ジャンプ(M)

決算 / 付箋1	調整 / 付箋2	日付 / 伝票No.	タイプ / 生成元	相手勘定科目 / 相手補助科目	摘要 (相手税区分)	摘要 (税区分)	預入金額 / 消費税額	引出金額 / 消費税額	残高
							繰越金額		0
		04/01 / 1		事業主借	事業資金預入		500,000		500,000
		04/11 / 2		消耗品費	パソコン備品　○○電器			10,000	490,000
		04/11 / 3		支払手数料	振込手数料			220	489,780
		04/15 / 4		売掛金 / ○○様	売掛金入金　○○様		150,000		639,780
		04/15 / 5		通信費	電話代　NTT			2,199	637,581
		04/15 / 6		地代家賃	事務所家賃　△△様			35,000	602,581
		04/15 / 7		支払手数料	振込手数料			110	602,471
		04/17 / 8		売上高	本日売上高　××様		55,000		657,471
		04/17 / 9		水道光熱費	水道代　XX市			2,530	654,941
		04/17 / 10		仕入高	本日仕入　□□様			25,000	629,941
		04/18 / 11		水道光熱費	ガス代　大ガス			1,119	628,822

入力後、預金出納帳の残高が通帳残高と一致していることを確認！！

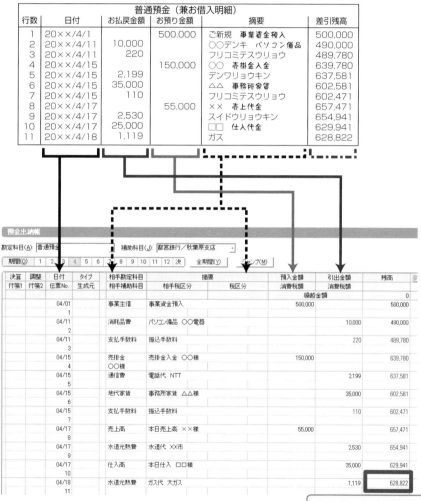

3

現金出納帳は日計表か手書きの現金出納帳を入力するだけ！

ポイント！

①「現金・払済」の請求書・領収書（あれば手書きの現金出納帳か日計表も）を用意する。
②自分が採用している方法に従って入力していく。

●現金出納帳の入力ポイント

①まず、次の2点を準備します。
●経費の5段のレターケースのうち**「現金・払済」に入っている請求書・領収書**
●**日計表**、対象となる期間の手書きの**現金出納帳**（いずれも記入している場合）

②あとは、以下の項目を順番に入力していくだけです。
●**日付**
●**相手勘定科目**（勘定科目表を見ながら決定）
●**摘要**（取引の内容）
●**金額**（収入金額・支出金額）

現金出納帳の入力方法①

STEP 1

クイックナビゲータから、「取引」・「現金出納帳」を選びます。

STEP 2

次の画面が開くので、①日付、②相手勘定科目、③摘要、④金額を入力していきます。

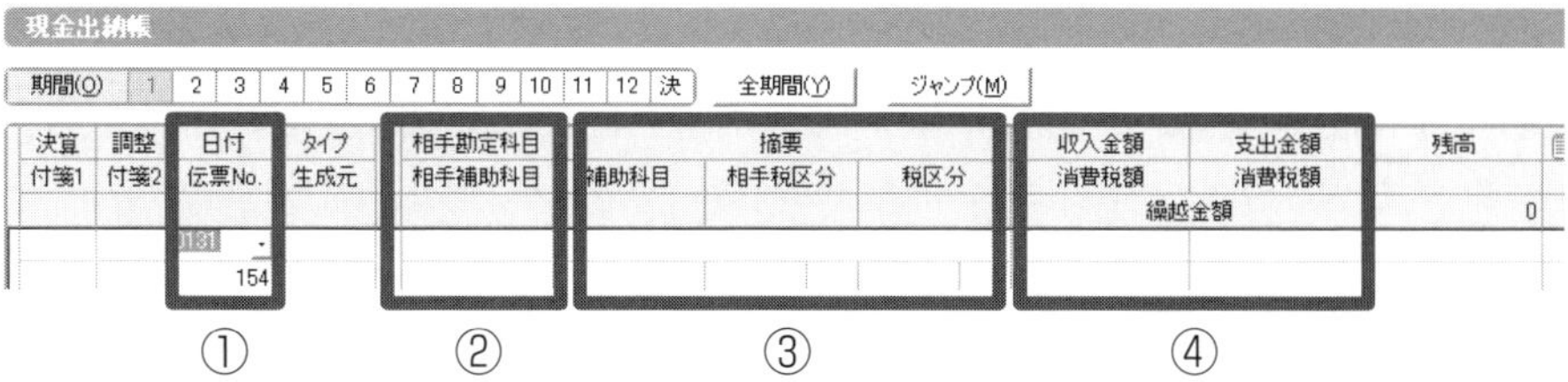

2　手書きの現金出納帳からの入力方法

No.　1

20XX　年　6月　現金出納帳

月	日	勘定科目 コード	勘定科目 科目名	摘　要	入金金額	出金金額	差引残高
6	1	1	前期繰越		85,500		85,500
6	1	9	会議費	打ち合わせ喫茶代　○○茶房		350	85,150
6	3	3	売上	売上入金　○○様	10,000		95,150
6	4	10	旅費交通費	客先訪問時　電車代　○○電鉄		840	94,310
6	5	5	消耗品費	パソコンソフト購入　○○電器		15,750	78,560
6	5	11	普通預金	預金より金庫入金	30,000		108,560

入力後、現金出納帳の残高が一致していることを確認！！

3　請求書・領収書から直接入力する方法

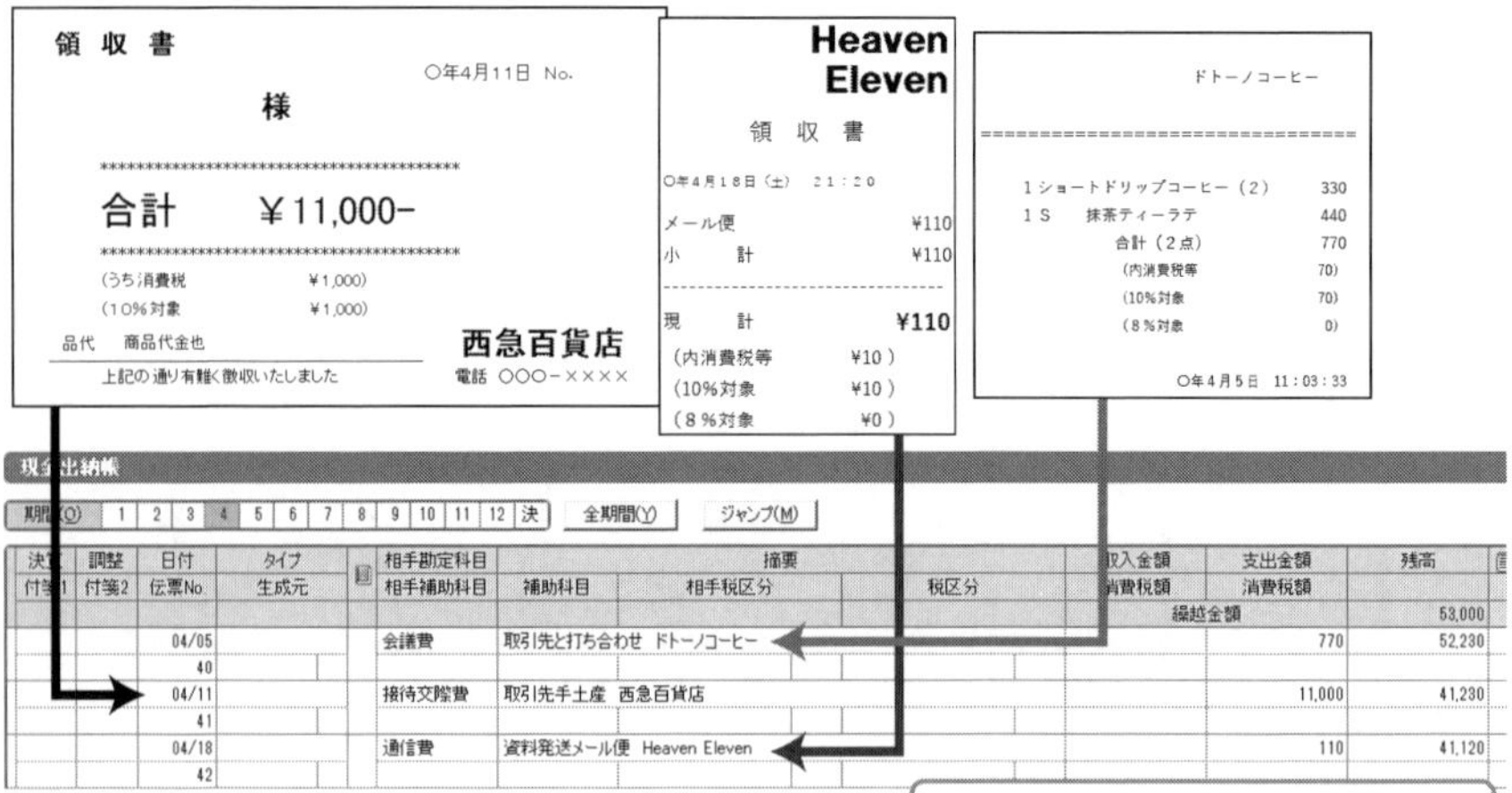

入力後、現金出納帳の残高が金庫の残高と一致していることを確認！！

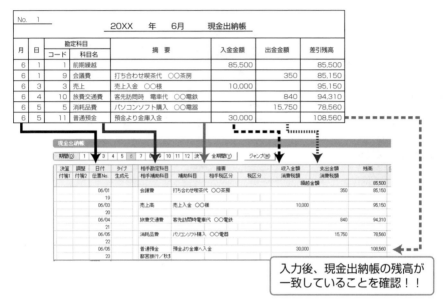

現金出納帳の入力方法②

STEP 3

1　営業日計表からの現金出納帳の入力方法

営業日計表

できるだけ毎日、仕事が終わった時点で作成してください

令和　△年 5月 22日

	繰越残高（昨日の営業日計表の「実際残高」の金額です）	53,000
入金	今日の売上（レジペーパーの合計を書いてください）	182,000
	預金よりの引き出し	52,000
	小計	234,000
出金	現金仕入れ	83,000
	消耗品の購入	13,000
	預金への預け入れ	105,000
	小計	201,000
	帳簿残高	86,000
	現金過不足など（帳簿残高と実際残高の差額です）	500
	実際残高（下で計算した金額を書いてください）	85,500

現金出納帳

期間(O)　1　2　3　4　5　6　7　8　9　10　11　12　決　全期間(Y)　ジャンプ(M)

決算	調整	日付	タイプ	相手勘定科目	摘要			収入金額	支出金額	残高
付箋1	付箋2	伝票No.	生成元	相手補助科目	補助科目	相手税区分	税区分	消費税額	消費税額	
								繰越金額		53,000
		05/22		売上高	本日売上高			182,000		235,000
		13								
		05/22		普通預金	預金より現金引き出し			52,000		287,000
		14		都営銀行／秋ｼ						
		05/22		仕入高	本日仕入高				83,000	204,000
		15								
		05/22		消耗品費	消耗品購入　○○商店				13,000	191,000
		16								
		05/22		普通預金	現金を預金へ預入				105,000	86,000
		17		都営銀行／秋ｼ						
		05/22		雑損失	現金　実際有高との差額（お釣りの渡しすぎと思わｵ				500	85,500

入力後、現金出納帳の残高が日計表の残高と一致していることを確認！！

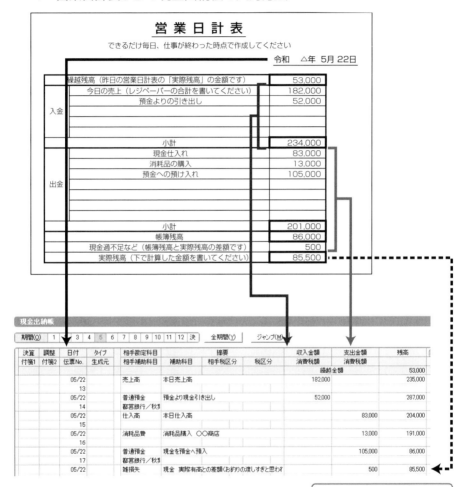

4

クレジットカードの内容を入力していこう！

ポイント！

入力後、会計ソフトの「残高」がクレジットカードの「利用明細」の支払金額と一致すればOK。

●クレジットカードの内容を買掛帳に入力

①入力準備

ここで準備するのは、次の2点です。

- **経費の5段のレターケースのうち「クレジットカード」に入っている領収書**
- **クレジットカードの利用明細**

②入力

クレジットカードの利用明細を、買掛帳の「仕入」の欄に入力していきます。

入力する項目は次のとおりです。

クレジットカードの入力方法①

STEP 1

クイックナビゲータから、「取引」・「買掛帳」を選びます。

STEP 2

次の画面が開くので、「補助科目」でクレジットカードの支払いのみを入力するための補助科目を選びます。
※初めて入力する際には、「クレジットカード」などわかりやすい名前で補助科目を先に設定します。（補助科目の設定方法は、162–163ページ参照）

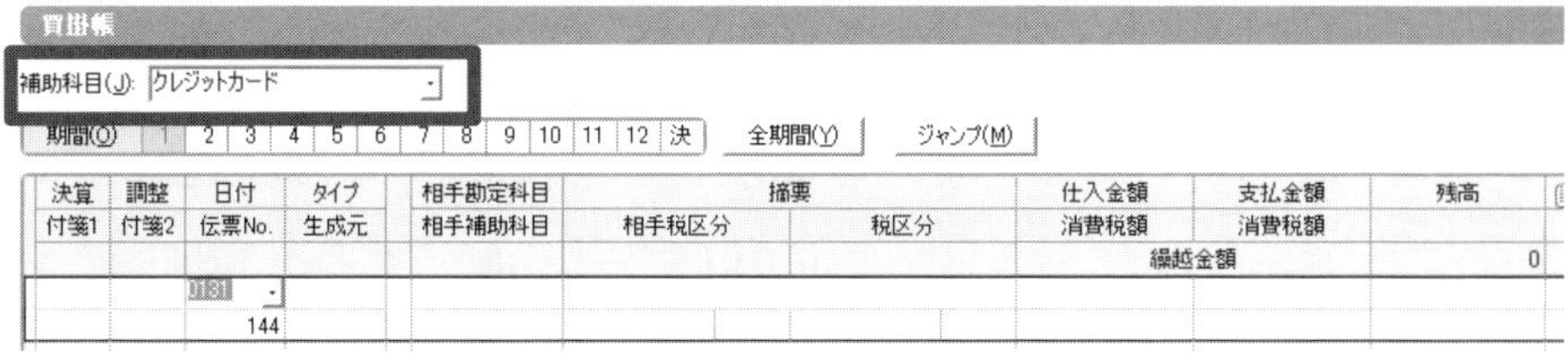

●**日付**
●**相手勘定科目**（勘定科目表を見ながら決定）
●**摘要**（取引の内容）
●**金額**（支払額）

入力が終わった時点で、会計ソフトの「残高」が「利用明細」の支払金額と一致していれば、大丈夫。入力内容は合っていることになります。

また、利用金額が引き落とされたときは、「預金出納帳」で相手勘定科目を「買掛金」、相手補助科目を「クレジットカード用の科目」で、「引出」として入力しておくと、自動的に買掛帳に反映されます。

クレジットカードの入力方法②

STEP 3

クレジットカードの利用明細を買掛帳の「仕入」欄に記入していきます。
事前に利用明細に取引の内容を書いておくと、その後の入力がスムーズです。

ご利用代金明細書

○○カード株式会社

お支払日	20XX年5月11日
お支払合計額	43,097円

ご利用年月日	ご利用店名	ご利用金額	支払回数	お支払金額	摘要
20XX/3/18	○○文具店　事務用品費	1,291	1回	1,291	
20XX/3/24	□□文具店　事務用品費	3,333	1回	3,333	
20XX/3/27	△△書店　図書費	8,578	1回	8,578	
20XX/3/28	◇◇ホテル　宿泊代	9,600	1回	9,600	
20XX/4/1	○×ネット　プロバイダ・電話料金	11,935	1回	11,935	
20XX/4/15	XX書店　図書費	3,360	1回	3,360	
20XX/4/16	○△サービス　広告費	5,000	1回	5,000	
		お支払金額合計		43,097	

買掛帳

補助科目(J): クレジットカード

期間(O) 1 2 3 4 5 6 7 8 9 10 11 12 決　全期間(Y)　ジャンプ(M)

決算 付箋1	調整 付箋2	日付 伝票No.	タイプ 生成元	相手勘定科目 相手補助科目	摘要 相手税区分	税区分	仕入金額 消費税額	支払金額 消費税額	残高
							繰越金額		32,456
		03/18 29		事務用品費	○○文具店 事務用品費		1,291		33,747
		03/24 30		事務用品費	□□文具店 事務用品費		3,333		37,080
		03/27 31		新聞図書費	△△書店 図書費		8,578		45,658
		03/28 32		旅費交通費	◇◇ホテル 宿泊代		9,600		55,258
		04/01 33		通信費	○×ネット プロバイダ・電話料金		11,935		67,193
		04/11 37		普通預金 大江戸銀行/新	○○カード 引き落とし			32,456	34,737
		04/15 34		新聞図書費	××書店 図書費				38,097
		04/16 35		広告宣伝費	○△サービス 広告費				43,097

入力後、買掛帳の残高がクレジットカードの利用明細と一致していることを確認！！

STEP 4

カード代金の引き落としは、預金出納帳の引出金額で入力します。

預金出納帳

勘定科目(A): 普通預金　補助科目(J): 大江戸銀行/新宿支店

期間(O) 1 2 3 4 5 6 7 8 9 10 11 12 決　全期間(Y)　ジャンプ(M)

決算 付箋1	調整 付箋2	日付 伝票No.	タイプ 生成元	相手勘定科目 相手補助科目	摘要 相手税区分	税区分	預入金額 消費税額	引出金額 消費税額	残高
							繰越金額		500,000
		04/11 37		買掛金 クレジットカード	○○カード 引き落とし			32,456	467,544

※預金出納帳で入力した金額は、自動的に買掛帳に反映されます。

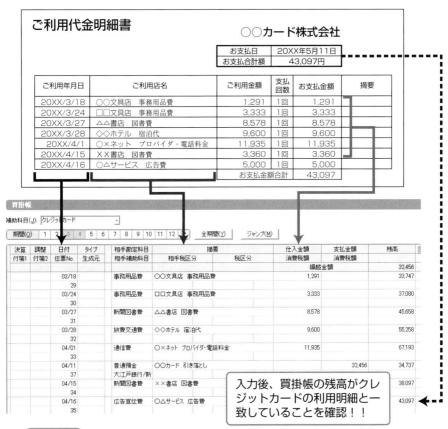

5

売上（掛売）を入力していこう！

ポイント！

入力後、「残高」が、未回収残高（請求済・未入金の請求書の金額）になっていればＯＫ。

●売掛帳に売上を入力

商売をやっていると、掛売（即金でなく、一定期間後に代金を受け取る約束で品物を売ること）で取り引きされる方も多いでしょう。

ここでは、掛売の売上の入力方法について説明していきます。

ちなみに「現金売上」「月内に預金に直接入金する売上」については、それぞれ現金出納帳と預金出納帳に入力する際に入力済になっているので、ここで入力する必要はありません。

①入力準備

入力する前に用意しておくのは、次の1点だけです。

●売上・仕入の4段のレターケースのうち**売上用の上2段に入っている請求書**（ファイルで管理して

売上の入力方法①

STEP 1

クイックナビゲータから、「取引」・「売掛帳」を選びます。

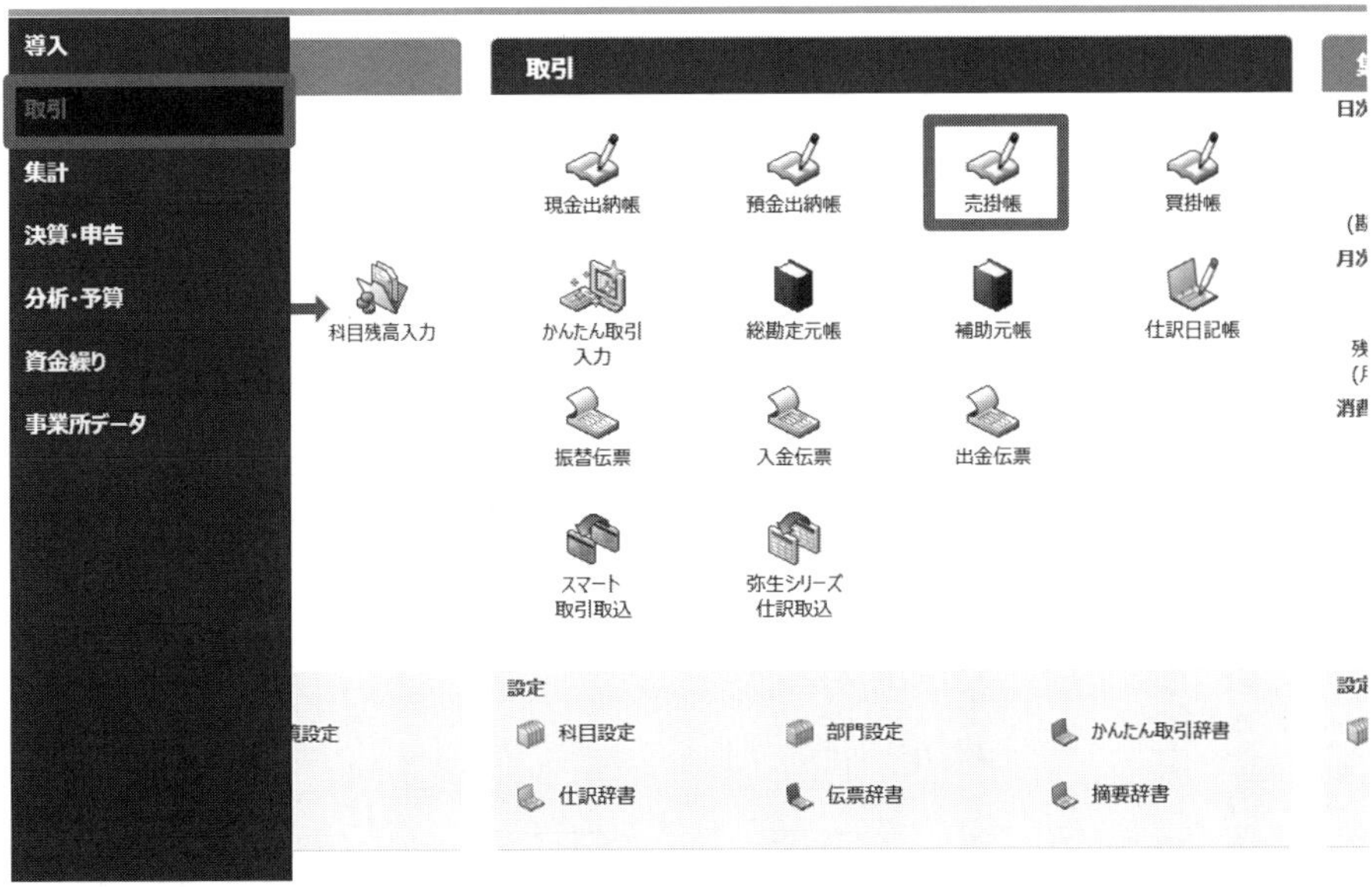

STEP 2

次の画面が開くので、「補助科目」で該当する得意先を補助科目として選びます。
初めての得意先の場合には、補助科目を先に設定します。
（補助科目の設定方法は、162−163ページ参照）

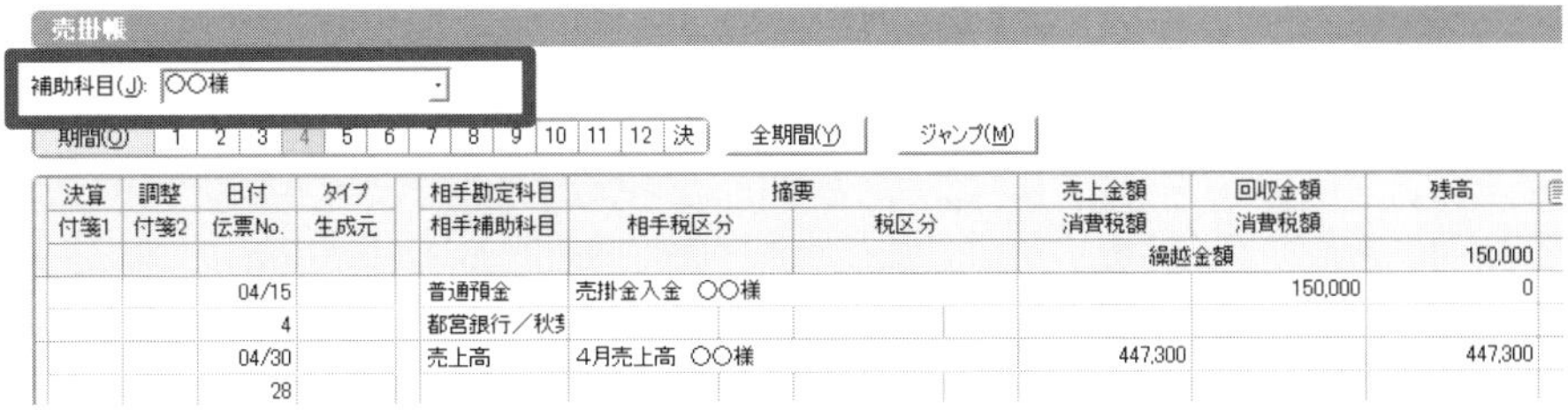

いる方は、**2冊の請求書管理ファイル**）

②順番に入力

（1）当月請求額の入力

当月に売上があった得意先を補助科目で選び、次ページの例のように入力します。

●日付：**月末などの締切日（単発の売上の場合は、売上日）**

●相手勘定科目：「**売上高**」

●摘要：**○月売上高**

●売上金額：**当月の請求金額**

（2）当月回収額の確認・追加入力

当月に入金があった得意先を補助科目で選び、請求の場合と同じ画面で内容を確認します。

●入金額については、**預金や現金の入力の際に入力済なので、合っているか確認**する。

●振込手数料が引かれている場合には、相手勘定科目を「支払手数料」で処理（208ページ参照）。

●源泉所得税が引かれている場合には振込手数料と同じ要領で、**相手勘定科目を「事業主貸」で処理**。

③入力後の確認

入力終了後、売掛帳の右端の残高を確認します。

この「**残高**」が、**未回収残高（請求済・未入金の請求書の金額）になっていればＯＫ**です。

売上の入力方法②

STEP 3

売掛帳に当月請求書の内容を入力します。

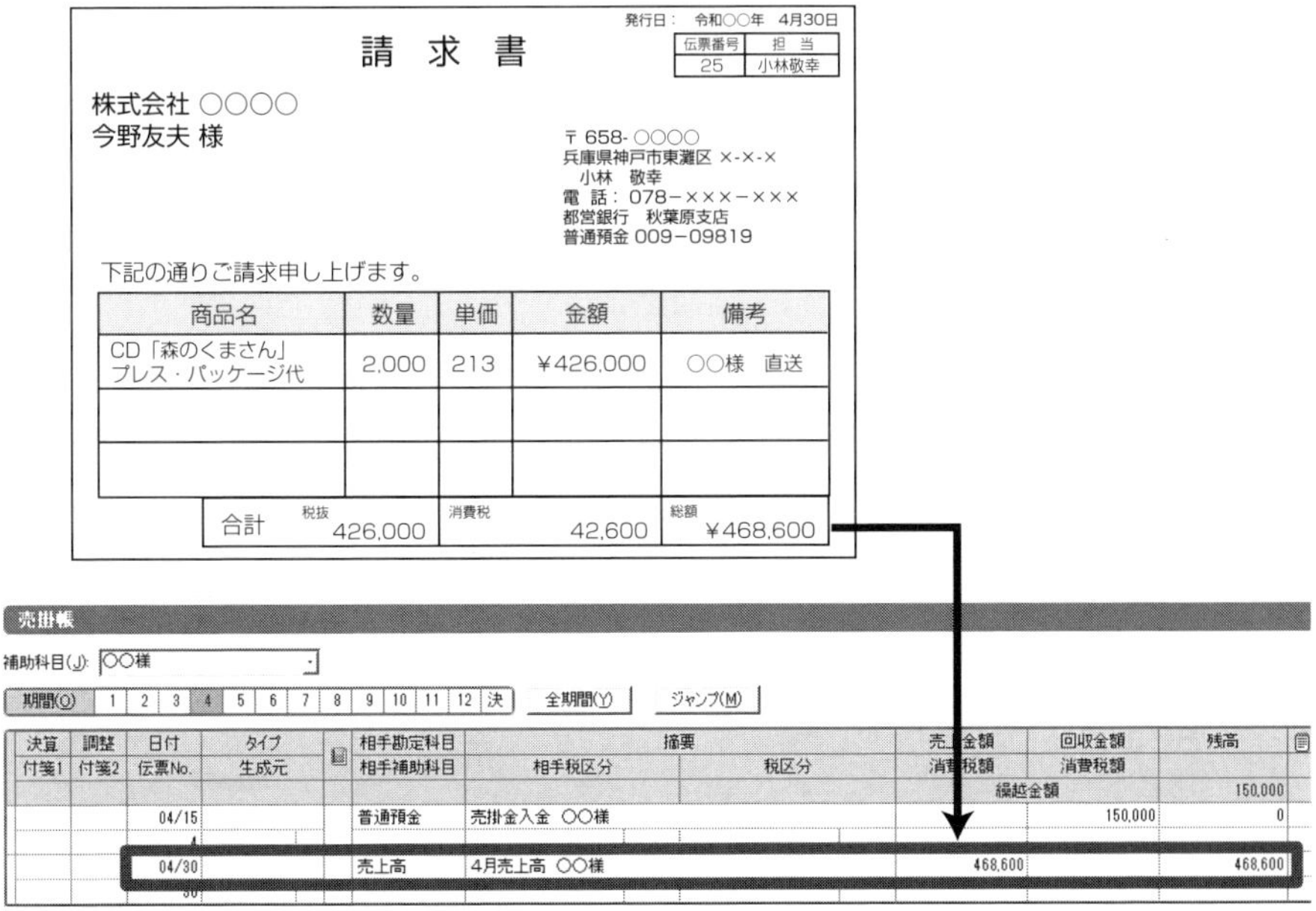

発行日：令和○○年 4月30日

請　求　書

伝票番号	担当
25	小林敬幸

株式会社 ○○○○
今野友夫 様

〒658-○○○○
兵庫県神戸市東灘区 ×-×-×
小林　敬幸
電　話：078－×××－×××
都営銀行　秋葉原支店
普通預金 009－09819

下記の通りご請求申し上げます。

商品名	数量	単価	金額	備考
CD「森のくまさん」プレス・パッケージ代	2,000	213	¥426,000	○○様　直送

合計	税抜 426,000	消費税 42,600	総額 ¥468,600

STEP 4

現金出納帳・預金出納帳で入力した金額は、自動的に売掛帳に反映されます。振込手数料が差し引かれた場合には、下記「660円」のように残高が残るので、これを「支払手数料」として回収金額に入力し、残高を0にします。

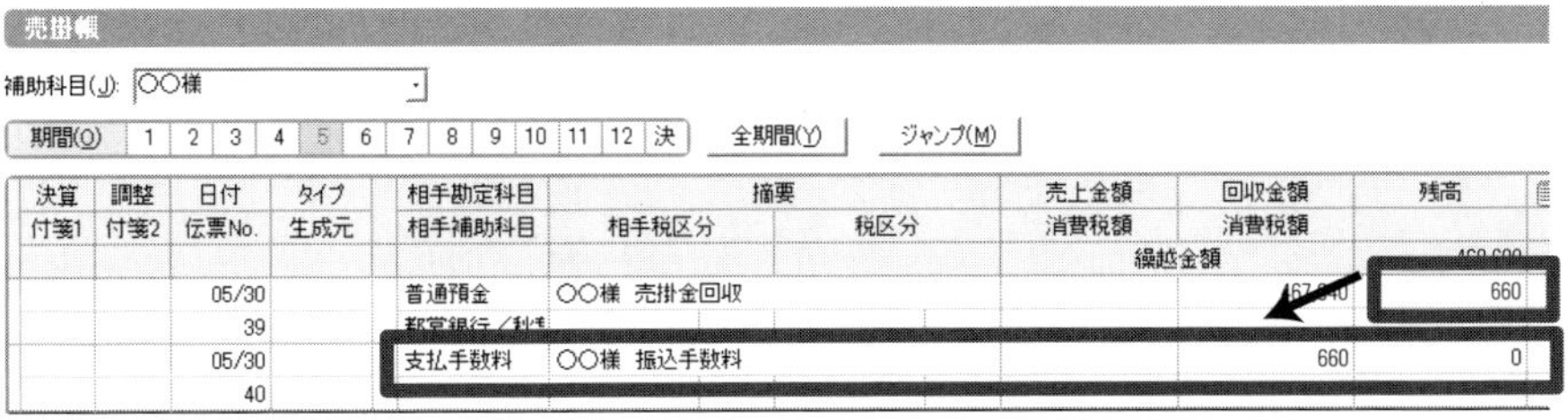

入力後、売掛帳の残高が未回収残高（請求済・未入金の請求書の金額）と一致していることを確認！！

6

仕入（掛仕入）を入力していこう！

ポイント！

入力後、買掛帳の残高が、未払残高（請求済・未払の請求書の金額）になっていればＯＫ。

●掛仕入の入力は3ステップで

ここでは、掛仕入（即金でなく、一定期間後に代金を支払う約束で品物を仕入れること）の入力方法について説明していきます。手順は売上の場合とほぼ同じです。

ちなみに「現金仕入」「預金で直接支払う仕入」については、それぞれ現金出納帳と預金出納帳に入力する際に入力済になっているので、ここで入力する必要はありません。

①入力準備

ここで準備するのは次の1点です。

●売上・仕入の4段のレターケースのうち、**仕入用の下2段に入っている請求書**

仕入の入力方法①

STEP 1

クイックナビゲータから、「取引」・「買掛帳」を選びます。

STEP 2

次の画面が開くので、「補助科目」で該当する得意先を補助科目として選びます。初めての得意先の場合には、補助科目を先に設定します（162−163ページ参照）。

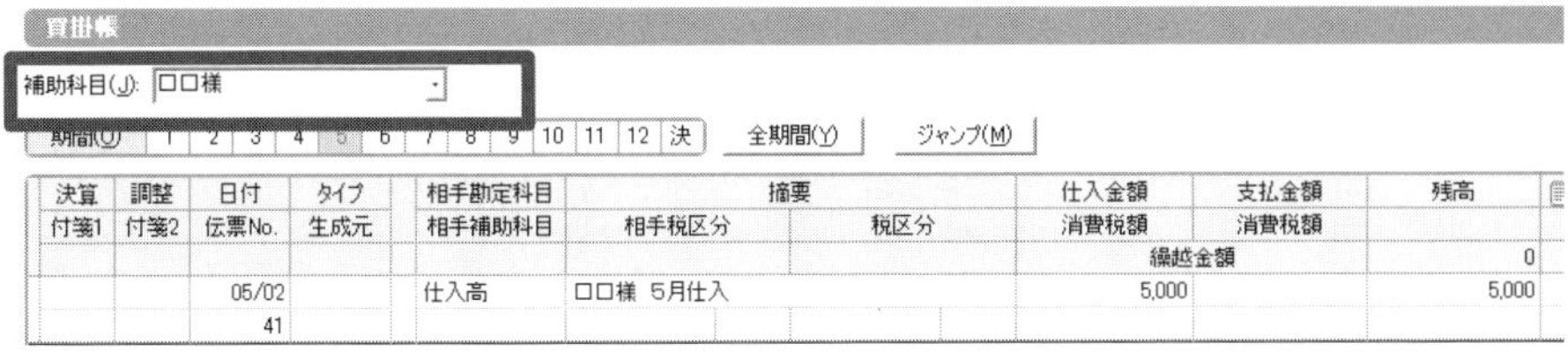

②順番に入力

（1）当月請求額の入力

当月に仕入があった得意先を補助科目で選び、次ページの例のように入力します。

●日付：**月末などの締切日（単発の仕入の場合は、仕入日）**
●相手勘定科目：「**仕入高**」
●摘要：**○月仕入高**
●仕入金額：**当月の請求金額**

（2）当月支払額の確認・追加入力

当月に支払いがあった得意先を補助科目で選び、請求の場合と同じ画面で内容を確認します。
●支払額については、**預金や現金の入力の際に入力済みなので、合っているかを確認**します。
●振込手数料を差し引いた場合には、次ページのように、**相手勘定科目を「支払手数料」で処理**します。

③入力後の確認

入力終了後、買掛帳の右端の残高を確認します。

この「**当月残高**」が、**未払残高（請求済・未払いの請求書の金額）になっていればＯＫ**です。

仕入の入力方法②

STEP 3

当月請求額を入力します。

株式会社　□□

郵便番号　336-0000
埼玉県さいたま市浦和区大谷場×-×-×

電話番号：045 (111) 0000
FAX番号：045 (222) 0000
電子メール：someone@example.com

請求明細書

明細書番号：　15
日付：20XX年7月24日
顧客 ID：　3

請求先：
ホワイトクラウド
郵便番号658-0000
兵庫県神戸市東灘区御影X-X-X

日付	種類	伝票番号	内容	総額	支払済み額	残金
20XX/5/2	食器	1	ティーカップ TR00　5 個	¥　5,000		¥　5,000
					合計	¥　5,000

お願い：お支払いの際には、本明細書番号を明記してください。
期限：残金を30日以内にお支払いください。

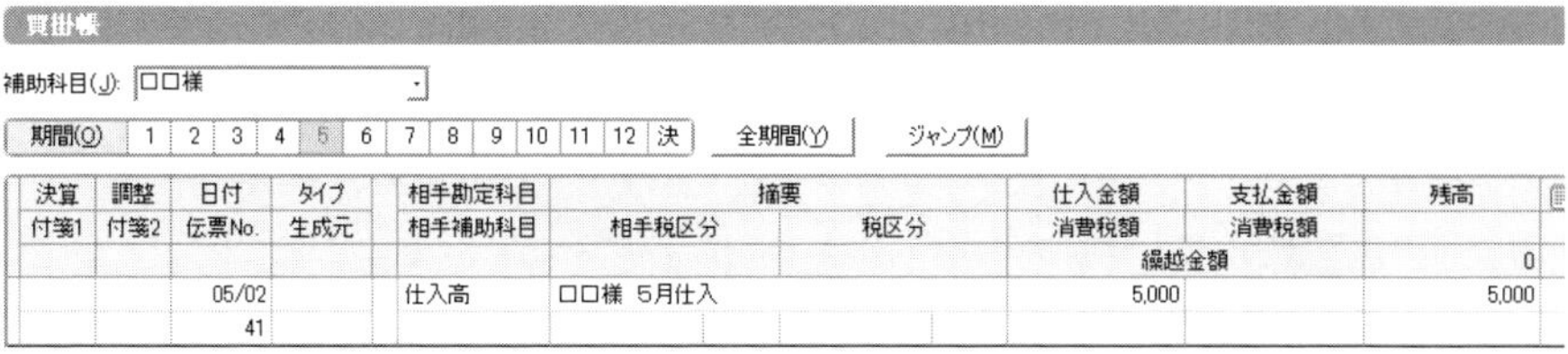

STEP 4

現金出納帳・預金出納帳で入力した金額は、自動的に買掛帳に反映されます。振込手数料が差し引かれた場合には、上記「110円」のように残高が残るので、これを「支払手数料」として支払金額に入力し、残高を0にします。

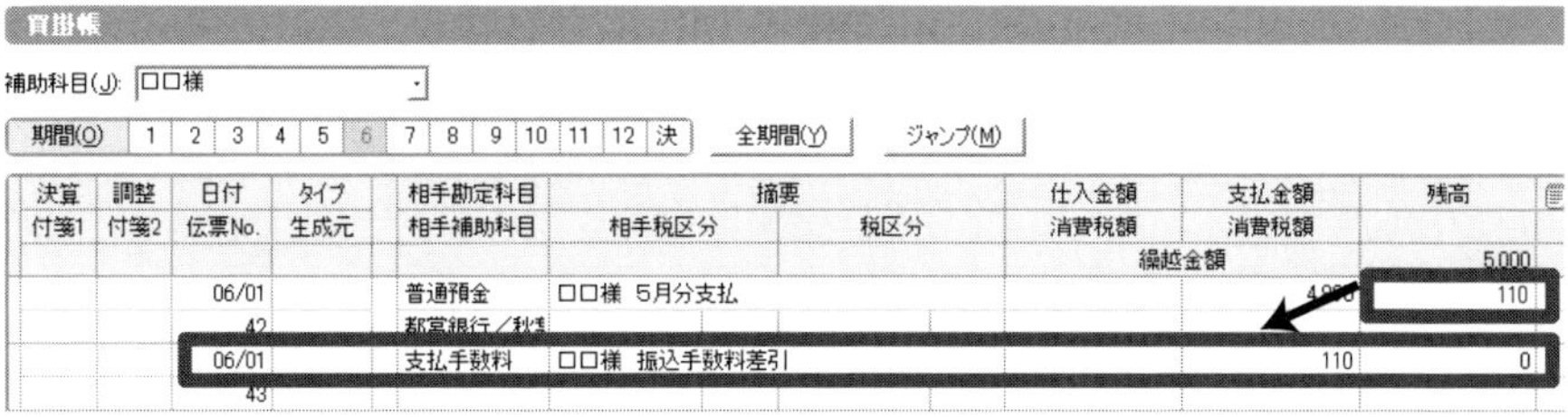

事業主勘定は個人の財布のこと

ポイント！

①「事業の財布」と「個人の財布」でお金のやりとりがあった場合、「事業主勘定」を使う。
②「事業の財布」から「個人の財布」にお金が動いた場合には、「事業主貸」勘定。
③「個人の財布」から「事業の財布」にお金が動いた場合には、「事業主借」勘定。
④「事業の経費」を「個人の財布」で立て替えた場合は、仕訳日記帳で「事業主借」勘定。

●個人の財布と事業の財布

ある程度帳簿作成がわかってきた初心者の方によく聞かれることがあります。

「『事業主貸』や『事業主借』の『事業主勘定』とは、どういうものでしょうか？」

この「**事業主勘定**」**は、わかりやすくいうと「個人の財布」を表す勘定**になります。

事業をはじめると帳簿のうえでは、次のようにお金を2つに分けることになります。

●**仕事に使う現金や預金などの、帳簿に記録する「事業の財布」**
●**仕事以外のプライベートな生活費用の現金・預金などの「個人の財布」**

●「事業主貸」と「事業主借」は財布同士のお金の移動

たとえば、プライベートで「手持ちのお金じゃ足りない」とき、事業用のお金から「ちょっと借りる」こともありますよね。その逆だってありえます。

そんなふうに「事業の財布」と「個人の財布」との間でお金をやりとりした場合に、この「事業主勘定」を使用します。

●**「事業の財布」から「個人の財布」へお金が移動した場合は、「事業主貸」勘定**を使用（事業用のお金から、事業主個人へお金を貸したと考える）。
●**「個人の財布」から「事業の財布」にお金が移動した場合は、「事業主借」勘定**を使用（事業主個人から、事業用のお金を借りたと考える）。
●**事業用の経費を個人の財布から立て替えた場合、仕訳日記帳で「左側＝経費」「右側＝事業主借」勘定**を使用（事業主個人から、事業用のお金を借りたと考える）。

よくある例を次ページに挙げてみました。どうやって使うか確認してみましょう。

事業主勘定の考え方

1　預金出納帳の例

①個人の銀行口座から、事業用の銀行口座に10万円振り込んだ。

➡個人の財布から事業の財布にお金が移動したので、次のように入力します。

決算	調整	日付	タイプ	相手勘定科目	摘要		預入金額	引出金額	残高
付箋1	付箋2	伝票No.	生成元	相手補助科目	相手税区分	税区分	消費税額	消費税額	
									467,544
		05/01		事業主借	事業用資金　個人口座より入金		100,000		567,544
		44							

②事業用の銀行口座から、生活費として個人の銀行口座に30万円振り込んだ。

➡事業の財布から個人の財布にお金が移動したので、次のように入力します。

決算	調整	日付	タイプ	相手勘定科目	摘要		預入金額	引出金額	残高
付箋1	付箋2	伝票No.	生成元	相手補助科目	相手税区分	税区分	消費税額	消費税額	
									567,544
		06/01		事業主貸	生活費　個人口座へ振込			300,000	267,544
		45							

2　現金出納帳の例

①事業用の現金から、1万円分のプライベートな買い物をした。

➡事業の財布から個人の財布にお金を移して買い物したと考えるので、次のように入力します。

決算	調整	日付	タイプ	相手勘定科目	摘要			収入金額	支出金額	残高
付箋1	付箋2	伝票No.	生成元	相手補助科目	補助科目	相手税区分	税区分	消費税額	消費税額	
										108,560
		07/01		事業主貸	事業主　個人の買物のため支出				10,000	98,560
		46								

②現金売上のお金5万円をレジスターに入れず、個人の財布に入れた。

➡いったんレジにお金を入れたのち、レジから個人の財布にお金を移したと考えるので、事業の財布から個人の財布にお金が移動したことになり、次のように入力します。

決算	調整	日付	タイプ	相手勘定科目	摘要			収入金額	支出金額	残高
付箋1	付箋2	伝票No.	生成元	相手補助科目	補助科目	相手税区分	税区分	消費税額	消費税額	
										98,560
		08/01		売上高	当日現金売上高			50,000		148,560
		47								
		08/01		事業主貸	売上の現金を事業主に渡す				50,000	98,560
		48								

3　仕訳日記帳の例

①プライベートな財布から、事業用の経費を以下のように支出した。

接待交際費　　2万5,000円

消耗品費　　5,000円

➡事業用のお金を個人の財布から借りたと考えるので、仕訳日記帳を使って次のように入力します。

決算	調整	日付	タイプ	借方勘定科目	借方金額	貸方勘定科目	貸方金額	摘要	
付箋1	付箋2	伝票No.	生成元					借方税区分	貸方税区分
		09/01		接待交際費	25,000	事業主借	25,000	待時飲食代　バー○○	
		49							
		09/02		消耗品費	5,000	事業主借	5,000	鹸など　ロロ薬局	
		50							

得意先・支払先ごとに補助科目を設定しよう！

ポイント！

得意先・支払先ごとに補助科目を設定しておくと、各手続きの際に役立ちます。

●手間を惜しまず、補助科目を設定しよう

ここでは、「銀行別の預金口座や売掛金、買掛金」について、口座や得意先ごとの区分（＝**補助科目**）の設定方法を説明します。

●**売掛金については、得意先ごとに補助科目を作成し、得意先ごとの未回収の残高を確認する**ことが、回収状況の把握や督促手続きの際に役立ちます。

●**買掛金については、支払先ごとに補助科目を作成し、支払先別の未払いの残高を確認する**ことが、支払遅延等の事故を防ぐことに役立ちます。

登録の手間は最初だけですので、新規の得意先ができるたびに登録しておきましょう。

補助科目を設定しよう！

STEP 1

クイックナビゲータから、「導入」・「科目設定」を選びます。

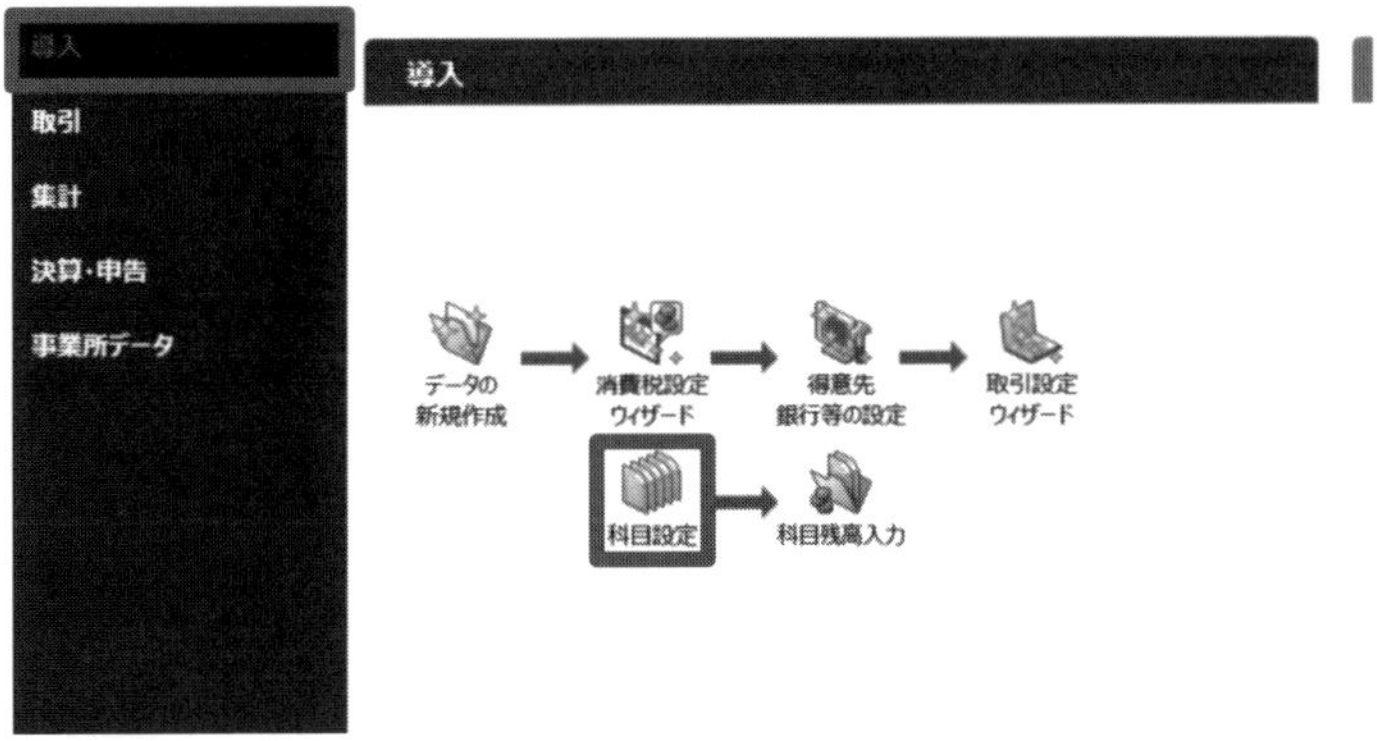

STEP 2

次の画面が開くので、
①補助科目を設定したい勘定科目を選びます。（例：普通預金）
②上のメニューの「補助作成」を押します。
③新規登録のウインドウが出るので、「補助科目名」と任意でサーチキー＊を入力します。
④登録すると下の補助科目一覧に、登録科目が追加されます。

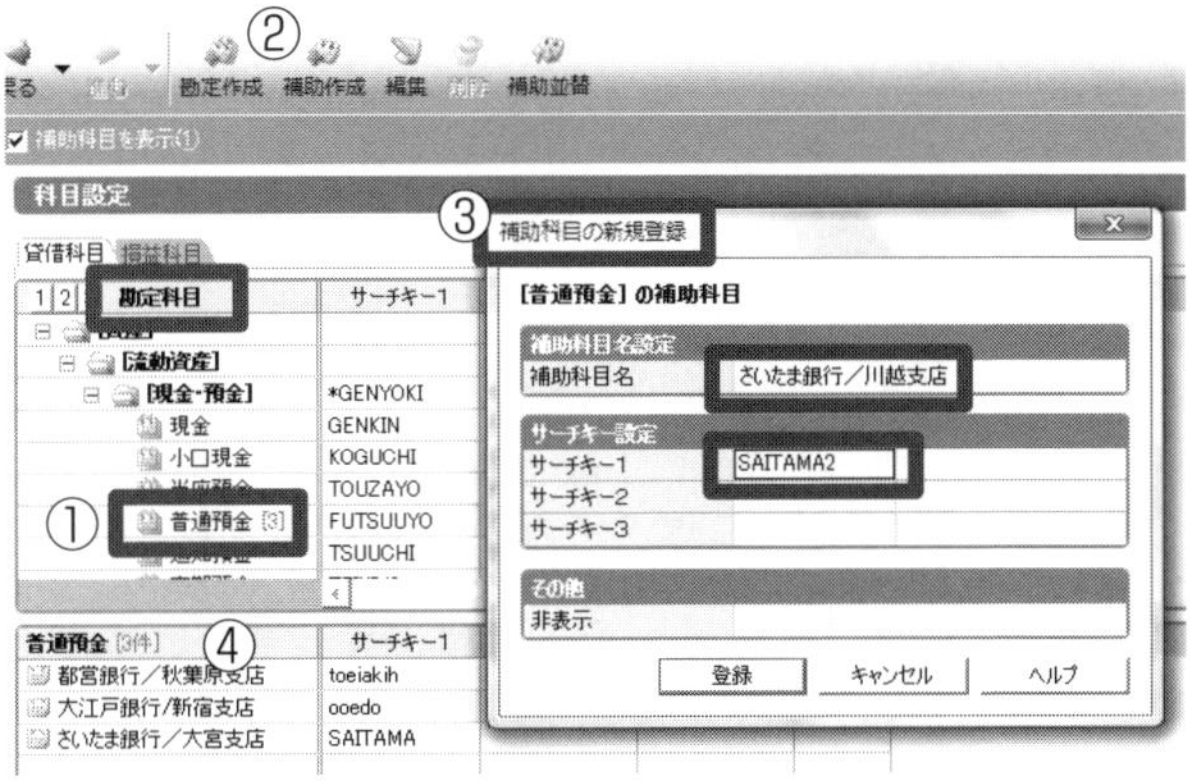

＊サーチキーとは、日々の取引を伝票から入力したり、総勘定元帳で勘定科目を表示したりする際に、たくさんある勘定科目の中から、該当する勘定科目をすばやく選択することができる機能。
サーチキー1は「ローマ字」、サーチキー2は「かな入力」、サーチキー3は「数字入力」と、いずれか選択ができます。なお、初期設定はサーチキー1（ローマ字）になっています。

サーチキーの設定は、クイックナビゲータの【事業所データ】タブ→左のほうにある【環境設定】→【選択の設定】タブの中にあります。

9 入力前に固定資産のことを知っておこう！

ポイント！

固定資産は購入価格により、一度に経費にできないことがあります。

①1つ当たり30万円以上の固定資産は、買った年に全額経費にできない。固定資産台帳に登録し、減価償却により、数年に分けて経費にしていく。

②1つ当たり10万円以上30万円未満の固定資産は300万円までは、買った年に全額経費にできるが、固定資産台帳への登録が必要。

●30万円以上の固定資産は一度に経費にできない！

1つ当たり30万円を超える固定資産は、**固定資産ごとに法律で決められた年数で割って、経費にしていきます。**

これを会計用語で「**減価償却**」ということは、すでにご説明しました。

「固定資産とは何か？」ということを、念のために確認しておきましょう。

●家や倉庫など……「**建物**」
●建物の内装設備など……「**建物付属設備**」
●屋上看板や塀など……「**構築物**」
●乗用車やトラックなど……「**車両**」
●製造業の製造設備など……「**機械装置**」
●パソコンやキャビネットなど……「**工具器具備品**」

このうち1つ当たり30万円以上のものが、減価償却の対象となる**固定資産**となります。

●減価償却方法は2種類から選べる

減価償却方法には、次の2種類があります。

●**定額法**……毎年一定の金額を費用として計上する。
●**定率法**……最初に大きな金額を費用にして、年々少しずつ減らした金額を費用にする。

2つのうち、届け出が不要で、費用の予測もしやすい「**定額法**」がおすすめです（一般的には、定額法により償却します）。もし定率法を選択する場合には、**選択する年の翌年3月15日までに**、**税務署に届出が必要**となります。届出書は国税庁のホームページから、PDF形式でダウンロードできます。

この減価償却費の計算ですが、会計ソフトの固定資産台帳に必要情報を登録すれば、自動的に計算してくれます。必要情報の入力だけは間違えないようにしましょう。

青色申告の場合には、**1つ当たり10万円以上30万円未満の固定資産は、年間300万円を上限として、買った年に全額を経費にできます**。ただ、この場合においても明細を別途記録しておく必要がありますので、固定資産台帳へ必要な情報を登録しておきます。

1つ当たり10万円未満の固定資産は、固定資産台帳に登録する必要がありません。

●耐用年数は固定資産の種類ごとに決まっている

減価償却は固定資産の購入金額を、「固定資産ごとに法律で決められた年数で割って、毎年少しずつ経費にすること」と説明しました。この「**法律で決められた年数**」**を耐用年数**といいます（法律で決まっているので、「**法定耐用年数**」ともいう）。

会計ソフトは、この耐用年数を基礎として減価償却費を自動的に計算します。したがって耐用年数を間違ってしまうと、減価償却費の計算も誤ったものになります。

くれぐれも間違えないようにしましょう。

なお、おもな固定資産の耐用年数は、次ページの表のとおりです。

おもな固定資産の耐用年数

	構造・用途	細　目	耐用年数
建物	鉄骨鉄筋・コンクリート造・鉄筋コンクリート造	事務所用	50年
		店舗用	39年
		住宅用	47年
		工場・倉庫用	38年
	木骨モルタル造	事務所用	22年
		店舗用	20年
		住宅用	20年
		工場・倉庫用	14年
建物付属設備	電気設備	その他のもの	15年
	給排水・衛生・ガス設備	―	15年
	その他	その他のもの	10年
車両	自動車	軽自動車	4年
		貨物自動車（ダンプ）	4年
		貨物自動車（その他）	5年
		その他（乗用車など）	6年
	運送業等自動車	小型車	3年
		大型乗用車	5年
		その他	4年
		乗合自動車	5年
器具・備品	家具・電気機器・ガス機器・家庭用品	事務机・椅子・キャビネット（金属製）	15年
		事務机・椅子・キャビネット（その他）	8年
		応接セット（接客業用）	5年
		応接セット（その他）	8年
		陳列棚（冷凍・冷蔵機付）	6年
		陳列棚（その他）	8年
		冷房・暖房機器	6年
		電気冷蔵庫・電気洗濯機	6年
	事務・通信機器	パソコン（サーバ以外）	4年
		その他のコンピュータ等	5年
		コピー機	5年
		ファクシミリ	5年
		デジタルボタン電話設備	6年

! 上記以外の資産についての耐用年数について確認する場合には、電子政府・総合窓口の「法令データ検索システム」で確認してください。

10万円以上の固定資産は固定資産台帳に登録しよう!

ポイント!

10万円以上の固定資産は固定資産台帳へ登録しなければならない。

●固定資産台帳への登録方法

前項では、「固定資産とは何か?」と「耐用年数」について述べました。次はいよいよ登録作業です。169—172ページを参考に、順を追って入力していきましょう。

①減価償却資産の名称等……その固定資産の内容がわかるような名前を入力。
②勘定科目……前掲した表（126—129ページ参照）などを参考に、その固定資産の該当する勘定科目を選択。
③数量……通常は1台。
④取得年月日……その固定資産を購入した年月日を入力。

固定資産台帳の登録方法①

STEP 1

クイックナビゲータから、「決算・申告」・「減価償却資産の登録」を選びます。

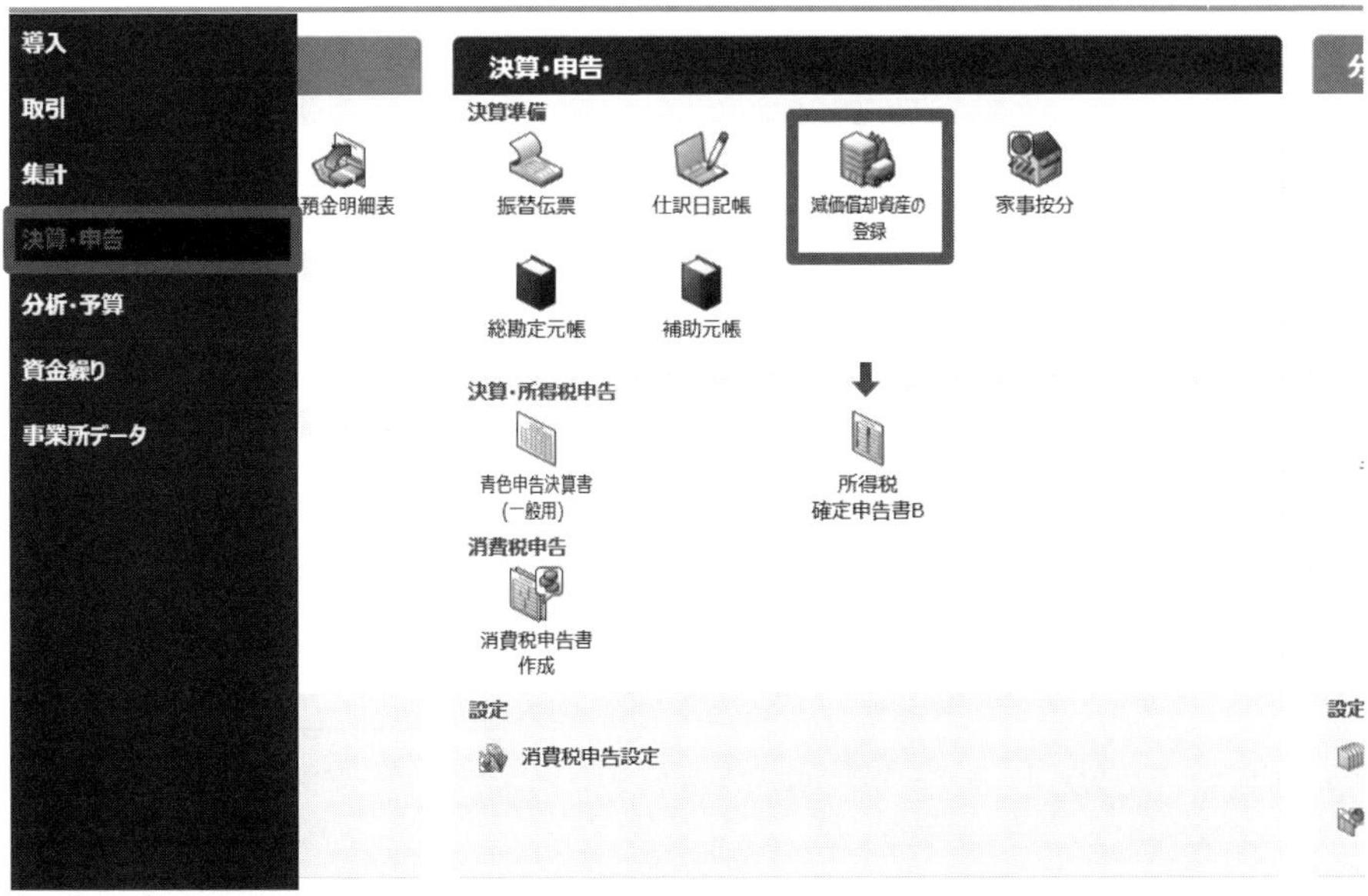

STEP 2

次の画面が開くので、上段のメニューの「新規作成」を選びます。

勘定科目	資産名	数量	単位	取得年月日	償却方法	耐用年数	償却月数	償却率
車両運搬具	事業用乗用車	1.00	台	R.△/09/01	定額法	6	4/12	0.167
工具器具備品	事業用パソコン	1.00	台	R.△/10/01	即時償却		3/12	
長期前払費用	事務所礼金	1.00	件	R.△/03/01	均等償却	2	10/12	
車両運搬具	車両〇〇	1.00	台	R.×/09/20	定額法	5	4/12	0.200
車両運搬具	ホンダ アスコット	1.00	台	R.〇/05/01	定額法	6	7/12	0.167

10万円以上30万円未満の固定資産

例◆1台20万円のパソコンを購入し、現金で支払った場合

1　現金出納帳の入力

決算	調整	日付	タイプ	相手勘定科目	摘要			収入金額	支出金額	残高
付箋1	付箋2	伝票No.	生成元	相手補助科目	補助科目	相手税区分	税区分	消費税額	消費税額	
									繰越金額	503,560
		10/01		工具器具備品	パソコンの購入				200,000	303,560
		62								

2　固定資産台帳の入力

	青色申告決算書の「減価償却費の計算」で必要な項目		
①	減価償却資産の名称等		事業用パソコン
②	勘定科目		工具器具備品
③	面積又は数量		1.00 台
④	取得年月日		R △/10/01
⑤	取得価額		200,000 円
	前年度の未償却残高(期末残高)		円
	償却の基礎になる金額		200,000 円
⑥	償却方法		即時償却
	耐用年数		年
	償却率		
	本年中の償却期間		3 ／ 12 月
	減少年月日(廃棄/売却した日)		
	減少事由		未設定
	本年分の普通償却費		200,000 円
	割増(特別)償却費	増加償却額	0 円
		割増償却額	0 円
		特別償却額	0 円
	本年分の償却費合計		200,000 円
⑧	事業専用割合		100.00 %
	本年分の必要経費算入額		200,000 円
	経費の割合	一般経費	100.00
	未償却残高(期末残高)		0 円

「即時償却」を選択

摘要(T):
措法28の2

※青色申告決算書
(半角24文字)か

「措法28の2」と記入

10万未満の固定資産

「消耗品費」で計上し、
固定資産台帳には計上しない

例◆1セット8万円の応接セットを購入し、現金で支払った場合

決算	調整	日付	タイプ	相手勘定科目	摘要			収入金額	支出金額	残高
付箋1	付箋2	伝票No.	生成元	相手補助科目	補助科目	相手税区分	税区分	消費税額	消費税額	
									繰越金額	303,560
		11/01		消耗品費	応接セットの購入				80,000	223,560
		64								

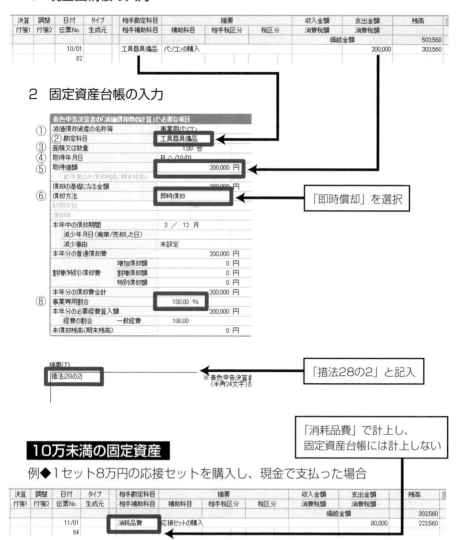

固定資産台帳の登録方法②

STEP 3

通常の固定資産

例◆1台200万円の乗用車を購入し、預金で支払った場合

1　預金出納帳の入力

決算 付箋1	調整 付箋2	日付 伝票No.	タイプ 生成元	相手勘定科目 相手補助科目	摘要 相手税区分	 税区分	預入金額 消費税額	引出金額 消費税額	残高
								繰越金額	2,767,544
		09/01 60		車両運搬具	事業用乗用車の購入			2,000,000	767,544

2　固定資産台帳の入力

	青色申告決算書の「減価償却費の計算」で必要な項目		
①	減価償却資産の名称等		事業用乗用車
②	勘定科目		車両運搬具
③	面積又は数量		1.00 台
④	取得年月日		R.△/09/01
⑤	取得価額		2,000,000 円
	前年度の未償却残高（期末残高）		円
	償却の基礎になる金額		2,000,000 円
⑥	償却方法		定額法
⑦	耐用年数		6 年
	償却率		0.167
	本年中の償却期間		4 ／ 12 月
	減少年月日（廃棄/売却した日）		
	減少事由		未設定
	本年分の普通償却費		111,334 円
	割増（特別）償却費	増加償却額	0 円
		割増償却額	0 円
		特別償却額	0 円
	本年分の償却費合計		111,334 円
⑧	事業専用割合		100.00 %
	本年分の必要経費算入額		111,334 円
	経費の割合	一般経費	100.00
	未償却残高（期末残高）		1,888,666 円

通常は「定額法」（165ページ）

耐用年数表（167ページ）から決定

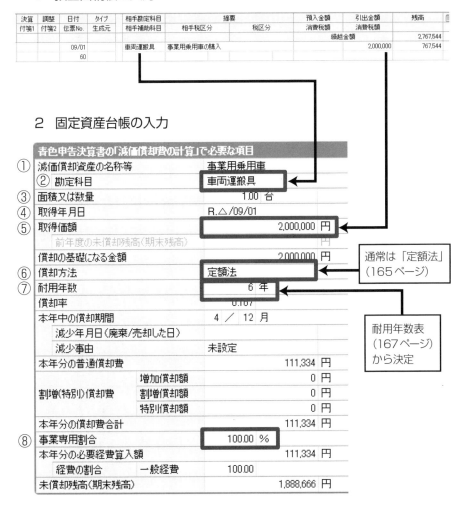

⑤取得価額……**購入した金額**を入力（据付費用や運送費などの付随費用も含む）。
⑥償却方法
通常は「**定額法**」（税務署に届出を行った場合には、「定率法」が使用できる）。
また1つ当たり30万円未満の固定資産については、ここに登録する際には「**即時償却**」を選択（即時償却を選んだ場合、摘要欄に「措法28の2」と記入。租税特別措置法28条の2の適用を受けるという意味）。他の償却方法は通常使用しない。
⑦耐用年数……167ページの表を参考に、**該当する耐用年数**を入力。
⑧事業専用割合
自宅兼用事務所などの場合、その固定資産の事業の使用割合を入力。

170―171ページでは、「1台200万円の乗用車を預金で購入した場合」「1台20万円のパソコンを現金で購入した場合」と、固定資産の入力でよくある例を2つ紹介しています。実際の入力時、参考にしてみてください。

11

20万円以上の繰延資産《くりのべしさん》も固定資産台帳に登録しよう！

ポイント！

①「礼金・権利金」「フランチャイズ加盟金」「信用保証料」など、支払ったお金の効果が数年に及ぶものは「繰延資産」といい、払った年に全額経費にできないため、償却により数年で経費にしていく。

②固定資産と同様、固定資産台帳に登録しておくと会計ソフトが自動で償却費を計上する。

●繰延資産は「均等償却」で経費にする

事務所を借りた場合に払う「**礼金や権利金**（立ち退き時に返ってこないお金）」や「**フランチャイズの加盟金**」、保証協会に保証を受けた場合の「**信用保証料**（繰上返済した場合に返金されるものを除く）」は、払った年だけではなく、事務所の立ち退き時やフランチャイズ契約終了時、保証終了時にまで効果が及びます。

こういった費用のことを「**繰延資産**」といいます。

繰延資産は、固定資産と同様に**1年では費用にできないため、数年で経費**にしていきます。

償却の方法は、**支出額を償却期間（≒耐用年数）で割った金額を月割で計算する「均等償却」**という方法になります。

償却費を計算する際も、固定資産と同様、会計ソフトの固定資産台帳に必要情報を入力すれば、自動的に計算してくれます。必要情報の入力だけ間違えないようにしましょう。

ちなみに**1件当たりの支払額が20万円未満の繰延資産は、支払った年に経費にすることができる**ので、固定資産台帳に計上する必要はありません（預金出納帳などで「支払手数料」で入力）。

次ページの入力例で確認しましょう。

繰延資産の入力方法

繰延資産

例◆事務所を賃借し、50万円の礼金を預金で支払った場合
（賃借期間2年、更新料支払いあり）

STEP 1 預金出納帳を入力します。

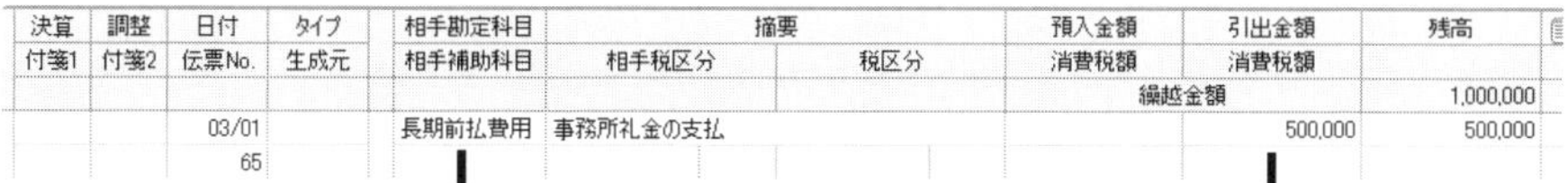

決算 / 付箋1	調整 / 付箋2	日付 / 伝票No.	タイプ / 生成元	相手勘定科目 / 相手補助科目	摘要 / 相手税区分	税区分	預入金額 / 消費税額	引出金額 / 消費税額	残高
								繰越金額	1,000,000
		03/01		長期前払費用	事務所礼金の支払			500,000	500,000
		65							

STEP 2 固定資産台帳を入力します。

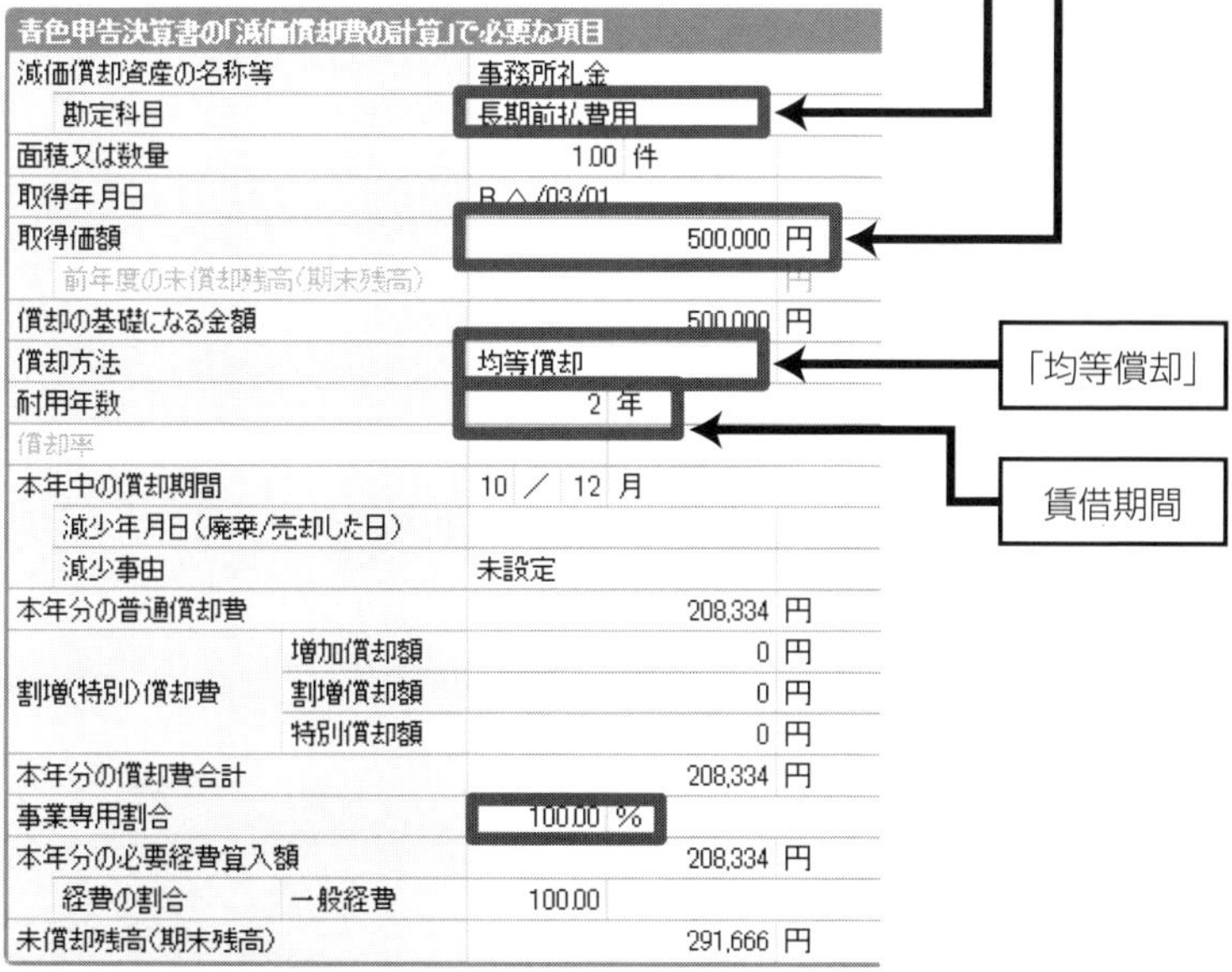

青色申告決算書の「減価償却費の計算」で必要な項目		
減価償却資産の名称等		事務所礼金
勘定科目		長期前払費用
面積又は数量		1.00 件
取得年月日		R△/03/01
取得価額		500,000 円
前年度の未償却残高（期末残高）		円
償却の基礎になる金額		500,000 円
償却方法		均等償却
耐用年数		2 年
償却率		
本年中の償却期間		10 ／ 12 月
減少年月日（廃棄/売却した日）		
減少事由		未設定
本年分の普通償却費		208,334 円
割増（特別）償却費	増加償却額	0 円
	割増償却額	0 円
	特別償却額	0 円
本年分の償却費合計		208,334 円
事業専用割合		100.00 %
本年分の必要経費算入額		208,334 円
経費の割合	一般経費	100.00
未償却残高（期末残高）		291,666 円

繰延資産の償却期間

なお代表的な繰延資産の償却期間は次のとおりです。

		償却期間
礼金・権利金	賃借期間が５年未満で、更新時に再び礼金を払う場合	賃借期間
	それ以外	５年
フランチャイズの加盟金	有効期間が５年未満で、更新時に再びお金を払う場合	有効期間
	それ以外	５年
信用保証料		保証期間

Column 4

「雑費」の使いすぎは疑惑を招く？

勘定科目の表のうち、「雑費」の勘定科目は「上記の費用のどれにも該当しないような費用があった場合」に使用するのでしたね。つまり、「雑費」はその他のものがすべてごちゃごちゃに入った、いわば「ごった煮」のような勘定科目。そのため、

●毎月発生するような費用
●単発でも金額の大きな費用

は、あとから見てもすぐにわかるよう、雑費以外の科目に割り振ることをおすすめします。

決算書は確定申告の際、申告書と一緒に税務署へ提出しますが、この「雑費」の金額が大きくなってくると「何かやましい支出で、わざと雑費にしているんじゃないか？」と余計な疑惑を招く可能性も。

また、頻繁に出てくる費用を「雑費」で処理してしまうと、ほかの費用に埋もれてしまって探しにくくなります。自分で管理するうえでもデメリットが多くなりますので、すぐにわかるよう、独立した別の科目を使うほうがよいでしょう。

Chapter
7

決算書だって、らくらく作成！

1月から12月まで入力してきた帳簿は、年に一度の決算時、
1年分を合計して「決算書」という書類にまとめます。
会計ソフトを使えば、この決算書も自動的につくってくれます。
ここでは、たな卸資産や固定資産など決算書作成に必要な知
識と決算書入力の手続きについてご説明します。

帳《ちょう》端《は》売上・帳端仕入の計上を忘れずに

ポイント！

①年末までに確定した売上・仕入は、年内に請求書がなくても計上する必要がある。
②帳端処理の誤りは、税務調査で指摘されることがもっとも多い箇所の1つ。

●青色申告は「発生主義」で計上する

ここからは年1回、年末に行う決算処理について説明していきます。

最初に説明するのは「帳端売上・帳端仕入の計上」についてです。

まずはこの「**帳端**」について説明します。帳端というのは「帳簿の端」という意味で、具体的には「**締日から年末までの売上または仕入**」のことをいいます。


売上・仕入・経費の計上基準には、次の2つがあります。

- **お金が入ってきたとき、払ったときに計上する「現金主義」**
- **お金がもらえること、支払うことが確定したときに計上する「発生主義」**

そして本書で解説している「65万円控除の青色申告」を行う場合には、「発生主義」により売上・仕入・経費計上をしなければなりません。

具体的には次のようなものを、計上する必要があります。

- **年末時点で請求していなくても、年末までに商品を引き渡すなどサービスの提供が完了した売上**
- **年末時点で請求書は届いていないが、年末までに商品やサービスを受けた仕入や経費**

確定申告は1月~12月の1年で行うので、年内の取引については請求書の発行や到着のタイミングで計上を行っても、特に問題がありません。しかし、年末の取引の計上については、ほかの月と違って特に注意する必要があります。

月末締の得意先については、年内の方法と変わりませんが、月中に締日がある得意先については、締日以後12月31日までの納品分について、翌月の請求書からピックアップして前倒しで計上しておく必要があります。

●帳端処理の見落としは起こりやすいミス

仕入や経費についても同じ考え方になります。請求書が翌年の1月に到着しても、納品やサービスの提供が12月中に終わっていれば、その費用は当年の費用として計上することができます。

逆に、先に仕入費用などを12月中に支払っていても、実際の納品等が翌年になっていればそれは当年の費用とすることができません。

帳端売上・帳端仕入も、「売上（掛売上）」（150―153ページ参照）、「仕入（掛仕入）」（154―157ページ参照）の場合と同じように売掛帳・買掛帳で計上します。

計上後の**売掛金、買掛金の残高が「請求済・未入金（未払）の残高＋帳端金額」になっていればＯＫ**です。

この年末の帳端売上・帳端仕入の処理は、税務調査の際、調査官が真っ先にチェックするポイントです。普段のように請求書ベースで処理をしていると、どうしても「うっかりミス」してしまうところですので、調査官にとっては間違いを発見しやすい絶好のポイントになるところです。

「お金をもらってないから」「請求書をまだ発行していないから」「締日前だから」「お金を先に払っているから」という話は通用しませんので、納品日をしっかり確認して鉄壁のガードをつくっておきましょう。

次のページ以降に、少しわかりにくい帳端売上・仕入の計上例を挙げてみました。参考にしてみてください。

帳端売上の入力例

この請求書は、1月10日締切分として1月に発行していますが、12月15日に直送している色つきの部分の売上［426,000円×1.10＝468,600円（税込）］は、12月の売上に計上しなければなりません。

発行日： 令和△年 1月10日

請 求 書

伝票番号	担 当
25	小林敬幸

株式会社 ○○○○
今野友夫 様

〒658-○○○○
兵庫県神戸市東灘区 ×-×-×
小林 敬幸
電 話： 078−×××−×××
都営銀行 秋葉原支店
普通預金 009−09819

下記の通りご請求申し上げます。

商品名	数量	単価	金額	備考
CD「でんでん虫」プレス代	2,000	213	¥426,000	×年12月15日 ○○様 直送
CD「三匹のこぶた」プレス代	1,000	250	¥250,000	△年1月5日 □□様 直送

合計	税抜 676,000	消費税 67,600	総額 ¥743,600

売掛帳

補助科目(J): ○○様

期間(O) 1 2 3 4 5 6 7 8 9 10 11 12 決 全期間(Y) ジャンプ(M)

決算	調整	日付	タイプ	相手勘定科目	摘要		売上金額	回収金額	残高
付箋1	付箋2	伝票No.	生成元	相手補助科目	相手税区分	税区分	消費税額	消費税額	
							繰越金額		0
		12/10		売上高	○○様 12月売上高		205,250		205,250
		12/31		売上高	○○様 1月〆分のうち12月帳端売上計上		468,600		673,850

売掛帳で帳端分を計上すればOK！

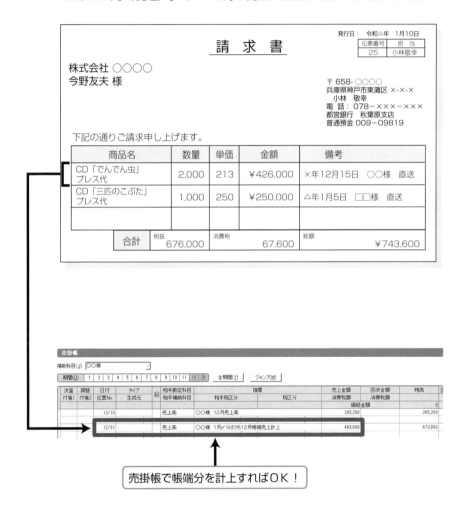

帳端仕入の入力例

この利用明細は2月10日引き落としですが、色のついている部分の経費は前年中に使っているので、12月の経費にできます。

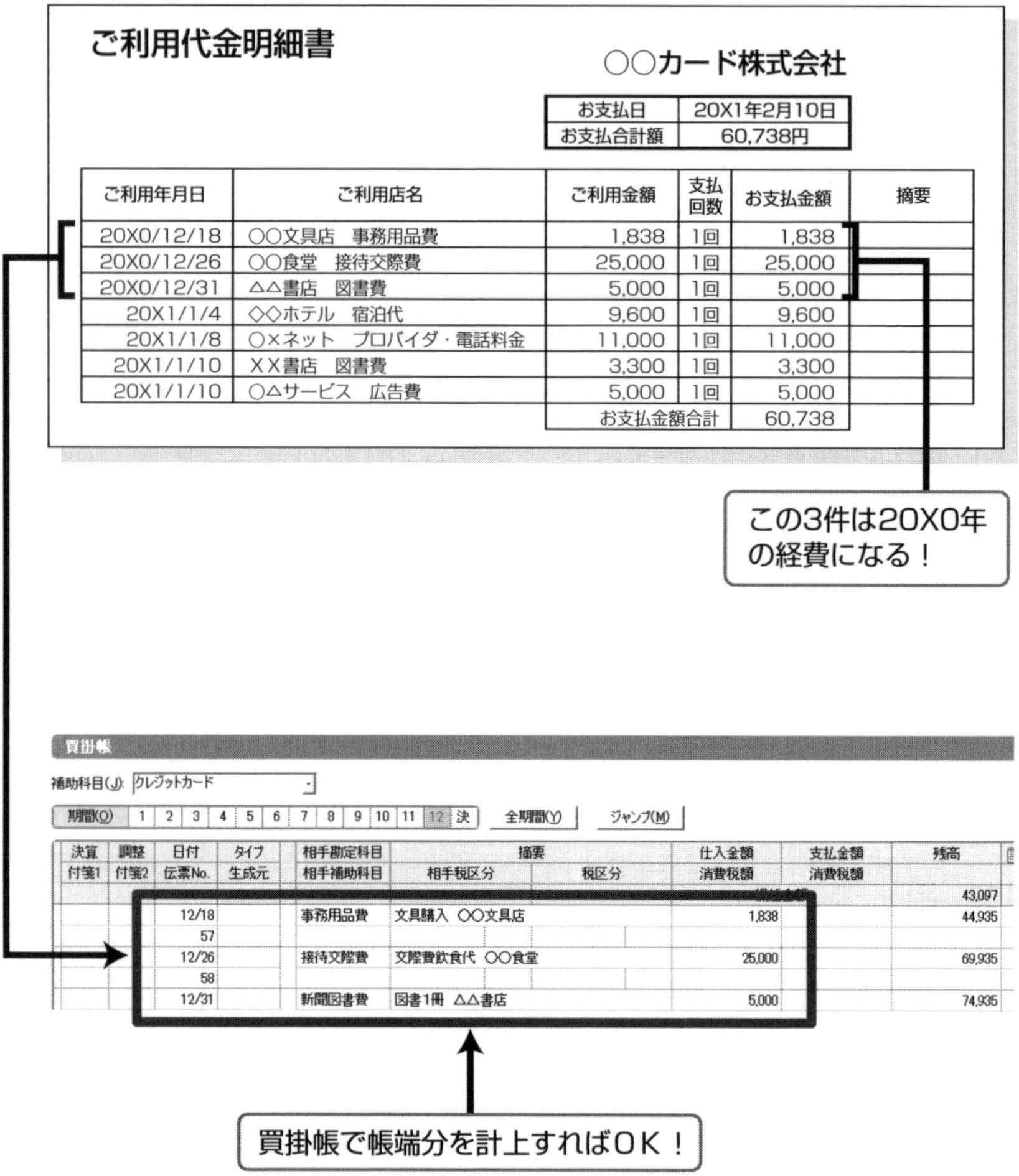

ご利用代金明細書

○○カード株式会社

お支払日	20X1年2月10日
お支払合計額	60,738円

ご利用年月日	ご利用店名	ご利用金額	支払回数	お支払金額	摘要
20X0/12/18	○○文具店　事務用品費	1,838	1回	1,838	
20X0/12/26	○○食堂　接待交際費	25,000	1回	25,000	
20X0/12/31	△△書店　図書費	5,000	1回	5,000	
20X1/1/4	◇◇ホテル　宿泊代	9,600	1回	9,600	
20X1/1/8	○×ネット　プロバイダ・電話料金	11,000	1回	11,000	
20X1/1/10	XX書店　図書費	3,300	1回	3,300	
20X1/1/10	○△サービス　広告費	5,000	1回	5,000	
		お支払金額合計		60,738	

買掛帳

補助科目(J): クレジットカード

期間(O) 1 2 3 4 5 6 7 8 9 10 11 12 決　全期間(Y)　ジャンプ(M)

決算/付箋1	調整/付箋2	日付/伝票No.	タイプ/生成元	相手勘定科目/相手補助科目	摘要/相手税区分	税区分	仕入金額/消費税額	支払金額/消費税額	残高
									43,097
		12/18		事務用品費	文具購入 ○○文具店		1,838		44,935
		57							
		12/26		接待交際費	交際費飲食代 ○○食堂		25,000		69,935
		58							
		12/31		新聞図書費	図書1冊 △△書店		5,000		74,935

この3件は20X0年の経費になる！
買掛帳で帳端分を計上すればOK！

在庫のたな卸《おろし》を行おう

ポイント！

①年中の仕入のうち、期末の在庫は今年の経費にできないので、たな卸によりその金額を確定する必要がある。
②たな卸の計上もれも、税務調査で指摘されることがもっとも多い箇所の1つ。

物品の在庫分は経費にできない

ここの項目では、「小売業」「卸売業」「製造業」といった、物品を販売する業種で、在庫が存在する方の決算処理についてご説明します。

物品を販売する業種の場合、その物品や材料を他の業者から仕入れることになります。その際の仕入金額は経費になりますが、年末に在庫が残っている場合、その在庫分は当年の経費にすることができません。このように、年末の在庫の金額を確定し、経費から除く作業を「**たな卸**」といいます。

図にすると185ページのようになります。

なぜ経費にできないかというと、税金の計算は、「**収入－必要経費（＝利益）**」を基礎にして行うためです。

そのため、まだ販売していない仕入を経費としてしまうと、売上に対応する以上の経費が計上されてしまうので、結果として利益が過少になってしまい、税金も少なくなってしまいます。この「**たな卸資産の計上もれ**」も、**税務調査で目をつけられやすいポイント**ですので注意しましょう。

●たな卸表をつくろう

さて、「在庫のたな卸」というのは、「**年末の在庫**」**の金額を確定させる作業**ですが、具体的には187ページのSTEP1のような「たな卸表」をつくって行います。

なお、たな卸を行う時期ですが、原則は年末時点での在庫を確認するため「12月31日」に行います。しかし年末が忙しい場合などは、12月31日から多少前後した日に行うこともできます。その場合には、「実際にたな卸を行った日」と「12月31日」との間に仕入れた商品数と販売した商品数を加減して在庫数を計算します。たな卸の手順は次のとおりです。

①実際の在庫の数を商品ごとに数え、その数を「たな卸表」に記載する。

在庫を数える際には、次の2点に注意しましょう。

●二重に計上しないように、一度数えた在庫には「カウント済」の印をつける。

在庫のたな卸をしよう！

たな卸資産の考え方

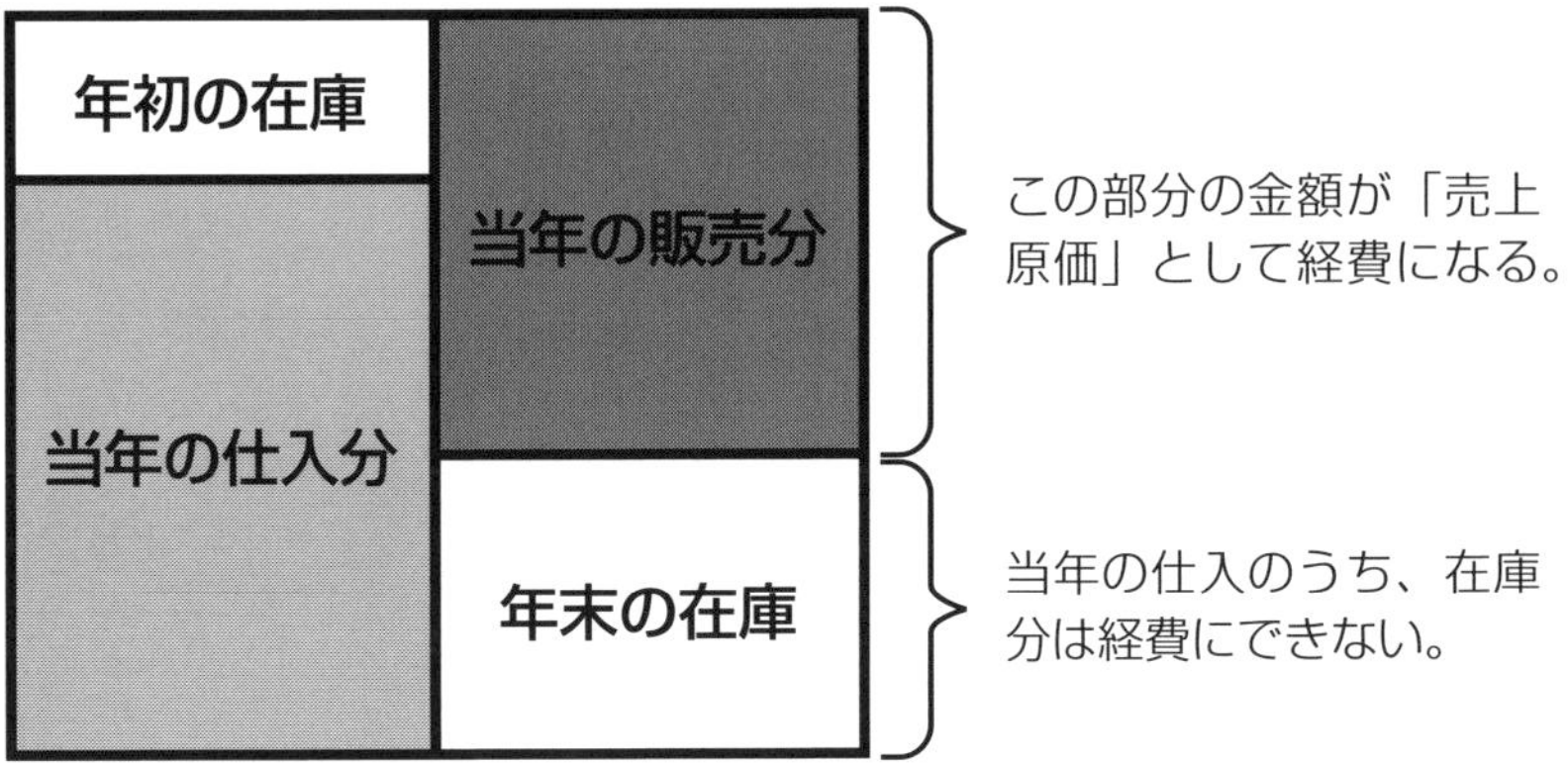
年初の在庫
当年の販売分
当年の仕入分
年末の在庫
この部分の金額が「売上原価」として経費になる。
当年の仕入のうち、在庫分は経費にできない。

❗在庫の計上もれがあると、売上原価として経費となる金額が多くなり、税金が減るため、税務調査のときには念入りに調査されますので注意しましょう。

ふーっ

●委託販売して手元にない商品や輸送中の商品は、搬入されていませんが、在庫として数える。
②カウント後、商品ごとの「最終仕入時の単価」を確認し、記載。
③「単価×在庫数」で在庫金額を出し、その合計額を計算。
④在庫金額を会計ソフトに入力。
⑤計上もれがないか再チェック。
最後に必ずたな卸表と12月の仕入の請求書を突き合わせ、計上もれがないか再チェックしましょう。特に年末に仕入れた商品は、通常在庫に入ってきます。入っていない場合には、販売の事実が説明できる資料をきっちり用意しておきましょう。

●たな卸資産の単価の計算方法

たな卸で把握した在庫数にかける単価として「最終仕入時の単価」と説明しましたが、これ以外の単価も税務署に届出すれば採用できます。

この単価の算出方法ですが、大きく分けて「**原価法**」と「**低価法**」の2つがあります。

「原価法」とは、商品を仕入れた際の仕入値（＝原価）に基づいて、単価を算出する方法であり、さらに「最終仕入原価法」「個別法」「先入先出法」「総平均法」「移動平均法」「売価還元法」の6種類の計算方法に分かれます。

「低価法」とは青色申告の場合だけ選択できる制度ですが、年末の商品の時価と原価法で計算した金

在庫の入力方法

STEP 1

たな卸表を作成して、在庫金額の合計を計算します。

商品 ID	商品名	最終仕入単価	在庫数	在庫金額
1	商品A	105	500	52,500
2	商品B	126	250	31,500
3	商品C	525	300	157,500
	合計			241,500

STEP 2

在庫金額の合計を仕訳日記帳で下記のように入力します。

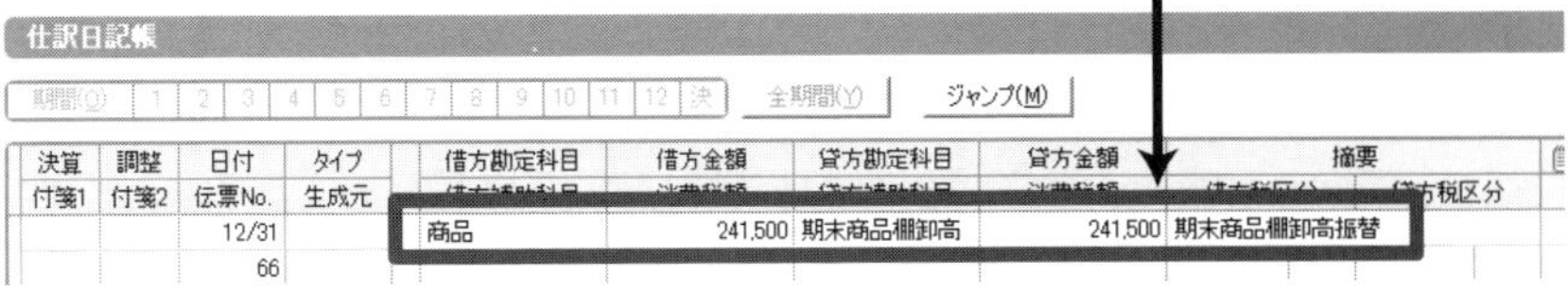

額と比べて、いずれか低いほうの金額を単価として算出する方法です。

いずれの方法も任意で選択することができますが、税務署に何も届出をしない場合には「最終仕入時の単価」で計算する「**最終仕入原価法**」**により算出**することになります。

前項で説明したように、期末の在庫の金額が少ないほうが、経費である売上原価の金額が大きくなります。その結果税金も少なくなるので、単価が低い方法を選択するほうが税金の計算上は有利になるのです。

ただし採用した方法によっては、単価の計算が非常に複雑になる場合もありますので、次ページの説明を見ながら検討してみてください。

おすすめは、最後の仕入単価をそのまま使えて計算がかんたんな「最終仕入原価法」です。

変更する場合には「所得税のたな卸資産の評価方法・減価償却資産の償却方法の届出書」を提出します。提出期限は、確定申告期限である翌年の3月15日ですので、提出する場合は確定申告書と一緒に提出することになります。

ちなみに、一度採用した方法は、**合理的な理由がないかぎり3年は変更できません**。もし変更する場合は、慎重に選択してください。

たな卸資産の単価の計算方法

たな卸資産の評価方法

最後の仕入の単価を採用する「最終仕入原価法」が、計算はもっともかんたんです。

評価方法の種類	計算の方法	評価額
最終仕入原価法	最後に仕入れた商品の仕入原価を単価として計算する方法	110円×200個＝22,000円
個別法	仕入商品の個々の仕入原価を、単価として計算する方法	120円×100個＋110円×100個＝23,000円
先入先出法	先に仕入れたものから販売して、在庫は最後に仕入れたものが残っているとして単価を計算する方法	120円×100個＋110円×100個＝23,000円
総平均法	年初の在庫と年中に仕入れた商品の金額の合計を、年初の在庫数と年中に仕入れた商品の数で割って、単価を計算する方法	(100円×100個+105円×100個＋120円×150個＋110円×100個)÷(100個＋100個＋150個＋100個)×200個＝22,000円
移動平均法	商品を仕入れるたび、その直前の在庫と仕入れた商品の金額の合計を、直前の在庫数と仕入れた商品の数で割って、単価を計算する方法	111.5円(計算過程省略)×200個＝22,300円
売価還元法	年末の在庫の売価に、その年の原価率をかけて原価に戻し、単価を計算する方法	①(100円×100個＋105円×100個＋120円×150個＋110円×100個)÷(20,000円+30,000円+40,000円)＝55% ②40,000円×55%＝22,000円

最終仕入原価法以外での計算

次のような「在庫の入出庫表」をつくっていないと、最終仕入原価法しか採用できません。

年 月	日	摘　　要	単価	数量 入	数量 出	残　数		
		繰越金額	100			100		
1	1	仕入	105	100		200		
3	1	販売			100	100		※ 販売額2万円
5	1	仕入	120	150		250		
7	1	販売			150	100		※ 販売額3万円
9	1	仕入	110	100		200		
		繰越金額				200		← 内訳

内訳
5月1日仕入分：100個
9月1日仕入分：100個
販売予定額：4万円

物品の在庫がないのに、たな卸が必要なこともある

ポイント！

システム開発業や建設業の場合、物品の在庫がなくても計算上の在庫のたな卸が必要。

●「仕掛品」という名目で在庫のたな卸が必要に

前項では小売業や卸売業、製造業といった「物品の在庫」がある業種について、たな卸の作業が必要なことを説明しました。では、物品の在庫がない場合、たな卸の作業は必要ないのでしょうか。

先に外注費などの経費を支払って、それに対応する売上があとから計上される業種については、物品の在庫がない場合でも、**「仕掛品（＝作業中の商品）」という在庫を、自分で計算してたな卸をする必要があります**。たとえば、システム開発業や建設業といった「プロジェクト別」「現場別」に経費と売上が発生する業種が、これに該当します。次ページの例を見てみましょう。

今年の経費にできない理由は物品のたな卸資産と同じで、売上が上がっていないのにそれに対応する経費を先に計上すると、税金の額が減ってしまうためです。

仕掛品はこうやって計算しよう

仕掛品の計算の例

STEP 1

システム設計をしているある業者では、A、B、Cのプロジェクトが進んでいます。
その業者が、それぞれのプロジェクトで外部のＳＥに外注した費用を計算します。

プロジェクト名	完成・売上計上	外部SEの12月の作業時間	12月に払った外注費
A	20X1年12月	80時間	120万円
B	20X2年1月	50時間	
C	20X2年2月	20時間	
	合　計	150時間	120万円

プロジェクトAの外注費：120万円×80時間÷150時間＝64万円
プロジェクトBの外注費：120万円×50時間÷150時間＝40万円
プロジェクトCの外注費：120万円×20時間÷150時間＝16万円

20X1年の経費にできる！

B、Cの合計56万円は来年の経費に

STEP 2

12月に払った外注費のうち、20X1年の経費にできるのは今年に完成し、売上計上した「A」の64万円のみです。

残りの「B」、「C」の56万円は、仕掛品として計上し、来年の経費になります。

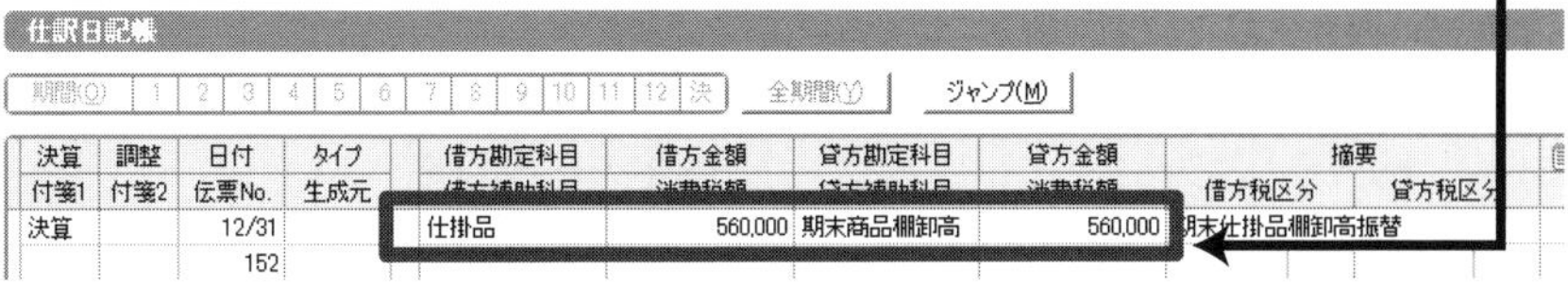

貸倒引当金の計上を検討しよう

ポイント！

①貸倒引当金には「一括貸倒引当金」と「個別貸倒引当金」の2種類がある。
②一括貸倒引当金は、期末の売掛金の残高の5・5％を経費として計上できる。
③個別貸倒引当金は得意先が倒産寸前で回収の見込みがない場合に、売掛金の50％または取立不能額を経費として計上できる。
④貸倒引当金の計上は任意。赤字の場合などはあえて計上する必要はない。

●書類上の計算で経費にできる

予想していたよりも利益が上がれば、経営者にとってはうれしいものですが、一方で税金も増えてしまいます。

そういった場合には、貸倒引当金の計上を検討してみましょう。

期末に売掛金などの債権がある場合、回収不能になる金額を見込みで「貸倒引当金」として計上し、経費にできることは、すでに49—51ページで説明しました。

ただし、個別貸倒引当金の対象とした売掛金などを除きます。

●得意先が倒産寸前の場合には「個別貸倒引当金」

得意先が会社更生法の申し立てなどを行い、倒産寸前だとします。もし期末の売掛金がその得意先のものだったら、**個別貸倒引当金**を計上することができます。

計上できる金額は、以下のようにケースごとに異なります。

- 法令による整理開始手続きの申し立てがあった場合……**売掛金の50%**
- 手形交換所の取引停止処分があった場合……**売掛金の50%**
- 法令による整理開始手続き決定で弁済が長期棚上になる場合……**5年以内に弁済されない金額**
- その他、事実上取立不能になった場合……**取立不能になった金額**

貸倒引当金の入力方法

貸倒引当金の計上

期末の売掛金の残高が200万円ある場合

①一括貸倒引当金の金額は、
　200万円×5.5%＝11万円　です。

②会計ソフトへは、仕訳日記帳を使い、下記のように入力します。

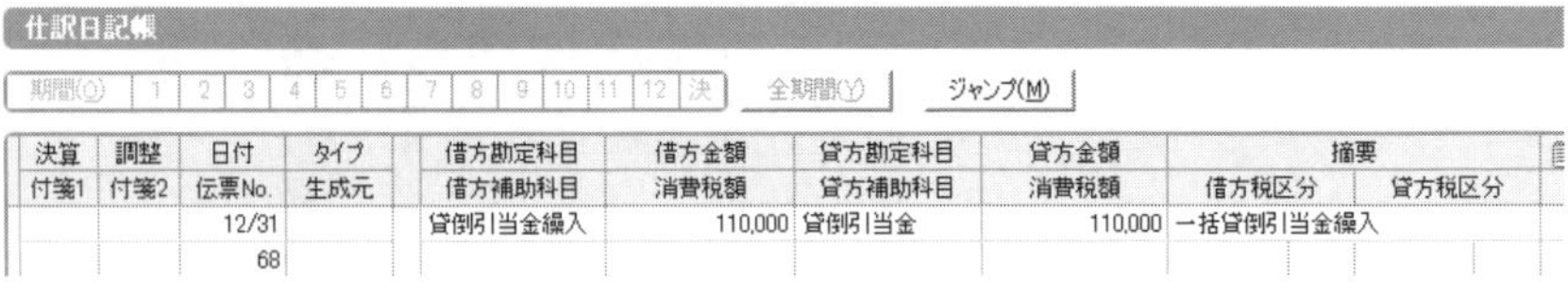
仕訳日記帳

期間(O) | 1 | 2 | 3 | 4 | 5 | 6 | 7 | 8 | 9 | 10 | 11 | 12 | 決　全期間(Y)　ジャンプ(M)

決算	調整	日付	タイプ	借方勘定科目	借方金額	貸方勘定科目	貸方金額	摘要	
付箋1	付箋2	伝票No.	生成元	借方補助科目	消費税額	貸方補助科目	消費税額	借方税区分	貸方税区分
		12/31		貸倒引当金繰入	110,000	貸倒引当金	110,000	一括貸倒引当金繰入	
		68							

固定資産の減価償却費を計上しよう

ポイント！

「固定資産台帳」に固定資産の登録が終わっていれば、会計ソフトが自動で減価償却費を計上。

●固定資産台帳に登録済みなら、会計ソフトが自動計上！

固定資産の減価償却費を計上する場合、すでに固定資産台帳に固定資産の登録が終わっていれば、会計ソフトが自動で計上してくれます。まだ、固定資産の登録が終わっていない方は、１６８―１７２ページを参考にしながら、入力してください。

いずれも、「勘定科目」「取得年月日」「取得価額」「償却方法」「耐用年数」「事業専用割合」が間違っていないか再確認しましょう。これらが間違っていると、自動計上の結果も間違ってきます。

なお「やよいの青色申告」では、計上した減価償却費を訂正する場合、最初に自動計上したものを削除する必要があります。削除せずに再度自動計上してしまうと、減価償却費が二重に計上されるので、注意してください。この償却費の計上ですが、次ページの画面の手順で行います。

STEP 3

次の画面が開くので「登録」を選んで登録し、完了です。

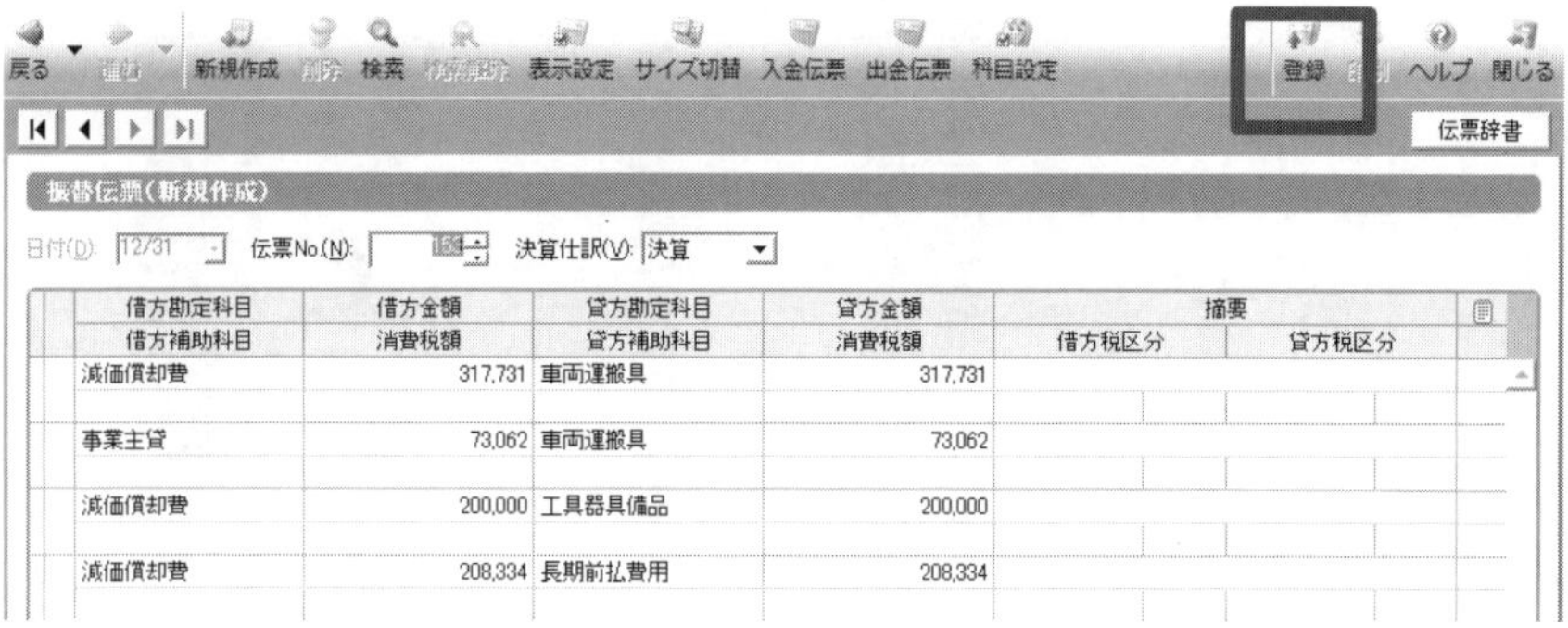

固定資産の減価償却費を計上しよう

STEP 1

クイックナビゲータの「決算・申告」・「減価償却資産の登録」を選びます。

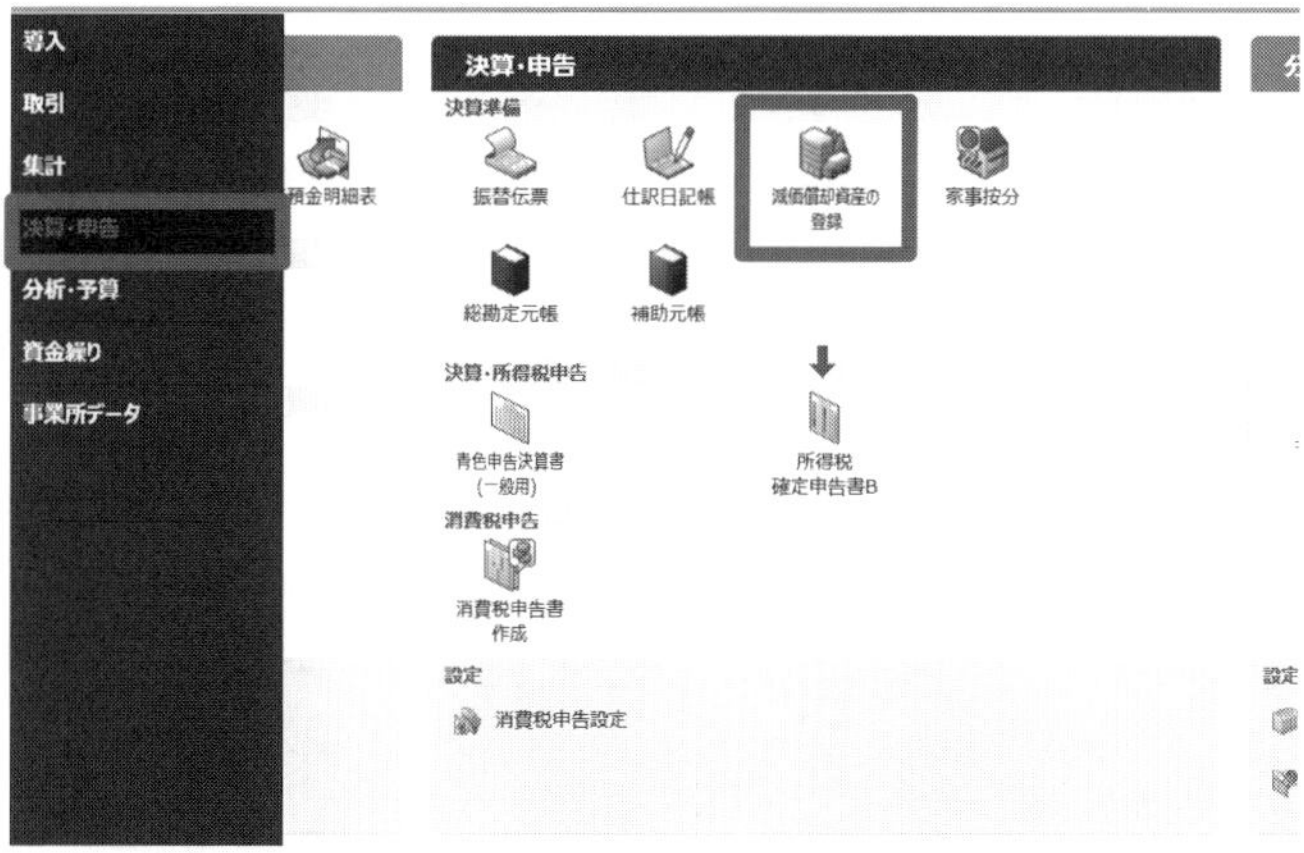

STEP 2

「仕訳書出」を選び、次の画面で１年分の償却費を計上する「本決算仕訳として書き出す」を選択します。

ちなみに「上半期、下半期で償却する」は半年分の償却費を計上し、「月次で償却する」は月割りの償却費を計上することです。慣れてくると「月次で償却する」で毎月償却費を計上するほうが、管理上望ましいといえます。

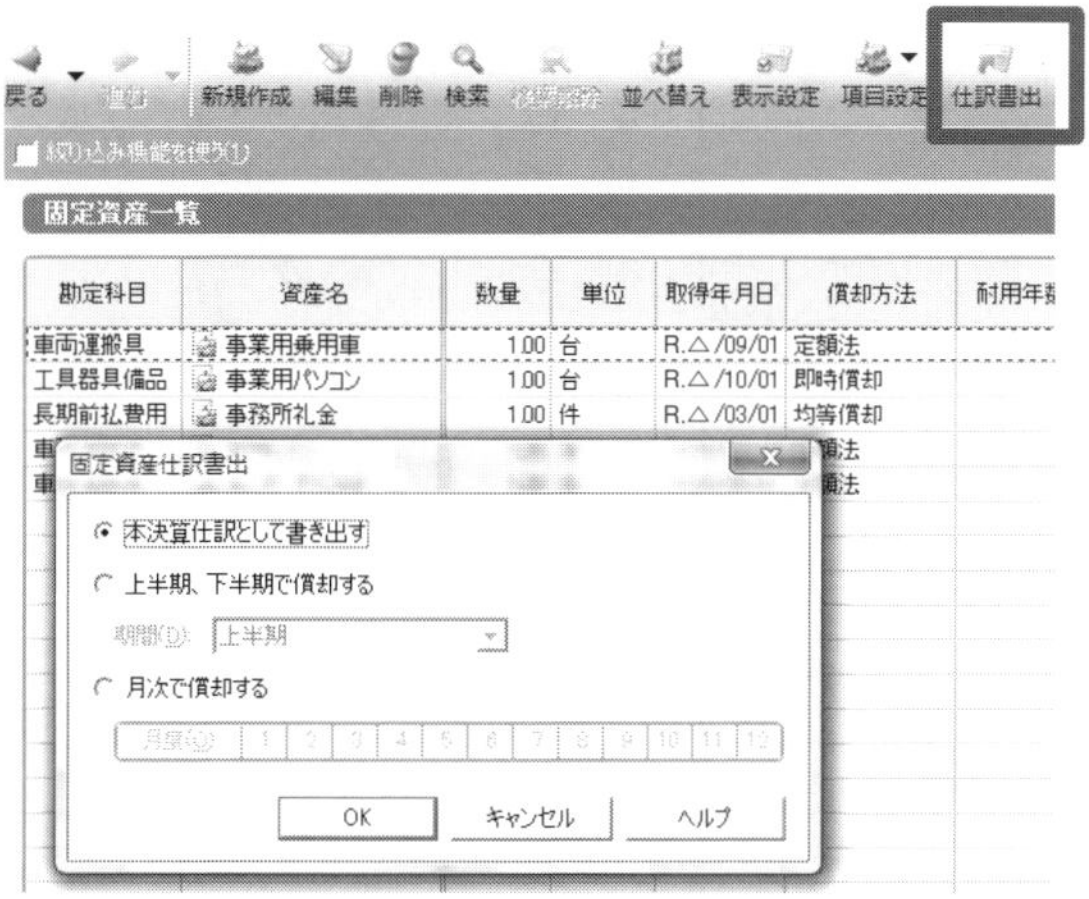

残高試算表で、最後の金額のチェック

ポイント!

①貸借対照表と損益計算書の決算書を打ち出す前に、残高試算表で金額のチェックを。
②試算表の数字が決算書の数字になるので、最終チェックのつもりで念入りに!

●最後の仕上げとして残高試算表の数字を再チェック

残高試算表の確認方法は200ページの手順で「残高試算表」の画面を出し、右端の「当期残高」の金額を確認していきます。内訳を確認する場合には、確認したい勘定科目の行をダブルクリックすると、明細の画面が出てきます。

再チェックというと「ちょっと面倒だなあ」と思う人もいるかもしれません。しかし、この試算表の数字がそのまま決算書の数字になることを考えて、慎重にいきましょう。

これが終われば、あとは印刷作業だけですから、もうひとがんばりです!

残高試算表で、最後の金額チェックをしよう！

残高を確認するおもなポイントは、次のとおりです。

1　貸借対照表

チェックする項目	チェックポイント
現金	年末時点の日計表または金庫の残高と一致しているか？
預金	通帳の年末の残高と一致しているか？
売掛金	帳端売上も含めた、得意先ごとの売掛金をもれなく計上しているか？
商品・仕掛品	作成した「たな卸表」「仕掛品計算書」と金額は一致しているか？
固定資産	固定資産台帳（固定資産管理の「固定資産一覧」）の「期末帳簿価額」と一致しているか？
買掛金	帳端仕入も含めた、得意先ごとの買掛金をもれなく計上しているか？
預り金	給与や報酬の源泉所得税がある場合、1月に納付すべき金額と一致しているか？

2　損益計算書

チェックする項目	チェックポイント
水道光熱費・通信費・地代家賃などの毎月発生する費用	毎月計上されているか？　特に「事業主借」勘定で処理している場合には、計上もれが発生しやすいので注意！
自宅兼用事務所の場合、家事部分の費用	水道光熱費、通信費、地代家賃などは、家事部分の金額を「事業主貸」勘定へ振り替えているか？
家事消費等	店の食品を食べたり商品を自分で使ったりした場合、「家事消費等」として収入に計上しているか？

3　貸借対照表・損益計算書共通

チェックする項目	チェックポイント
マイナスの残高	マイナスになっている科目があれば、入力間違いなので確認を。
異常に多いまたは少ない残高	入力ミスの可能性があるので、もう一度確認を。

残高試算表の確認のしかた

残高試算表で最終チェック

STEP 1

クイックナビゲータの「集計」・「残高試算表（月次・期間）」を選びます。

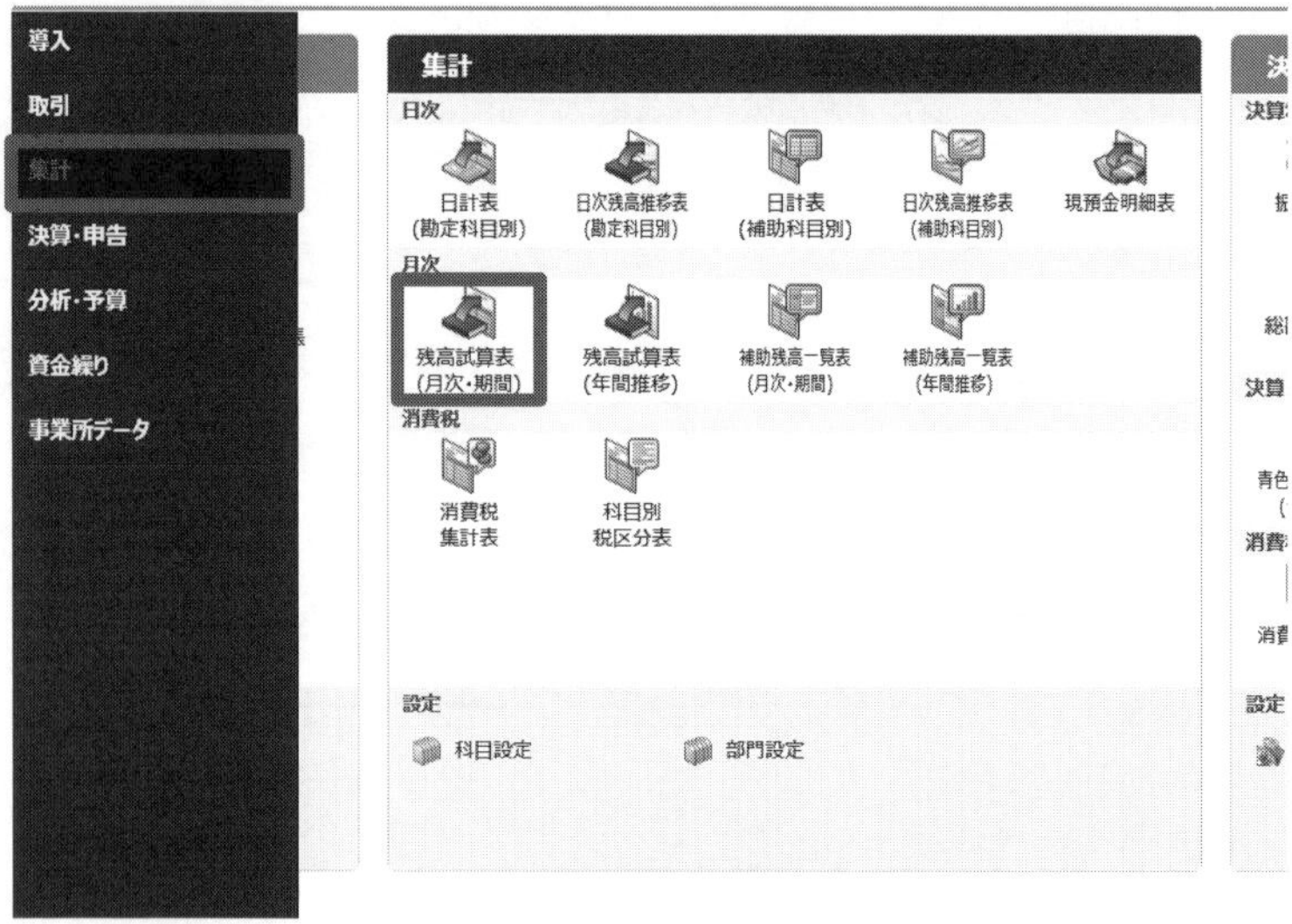

STEP 2

次の画面が開くので、①「補助科目を表示」にチェックを入れ、②「期間」は「1」～「決」までの全期間を選択します。その下のタブで、③「貸借対照表」と「損益計算書」が切り替わるので、順番にチェックしていきます。

さあ決算書を印刷しよう！

ポイント！

① 決算書のほとんどは会計ソフトが自動作成するので、必要に応じ不足部分を追加入力。

② 「やよいの青色申告」で「A4／横／モノクロ」で白紙に印刷したもの、または「A4／OCR」で税務署配布用紙に印刷したものは、そのまま税務署に提出できる。

●決算作業はこれで終わり

いよいよ決算作業も大詰め、次は決算書の印刷です。決算書は4ページで構成されています。今までの作業でほとんどの部分は完成しているので、「住所や名前」を追加入力したあと、「給与や専従者給与額」「貸倒引当金の計上額」「地代家賃の金額」「税理士等の報酬額」「金融機関以外の利息割引料の額」のうち、自分が支払っているものの内訳を追加入力します。

また**印刷の際、「A4／横／モノクロ」で白紙に印刷したもの、または「A4／OCR」で税務署配布用紙に印刷したものは、そのまま税務署に提出できます**。また確定申告書は「正」と「控」の2部提出するので、決算書も2部印刷しておきます。

e-Taxで申告する場合は、この決算書の内容をe-Taxの決算書入力画面に転記します。

STEP 2

損益計算書の内訳（2ページめ）を入力します。

下の用紙では、②「給料賃金の内訳」、③「専従者給与の内訳」、④「貸倒引当金繰入額の計算」（アミの枠部分）に、追加入力が必要です。

「2ページ」タブを選ぶと次の入力画面がでるので、必要事項を入力すればＯＫです。

それぞれ合計額や繰入額が、損益計算書の金額と一致するようにします。

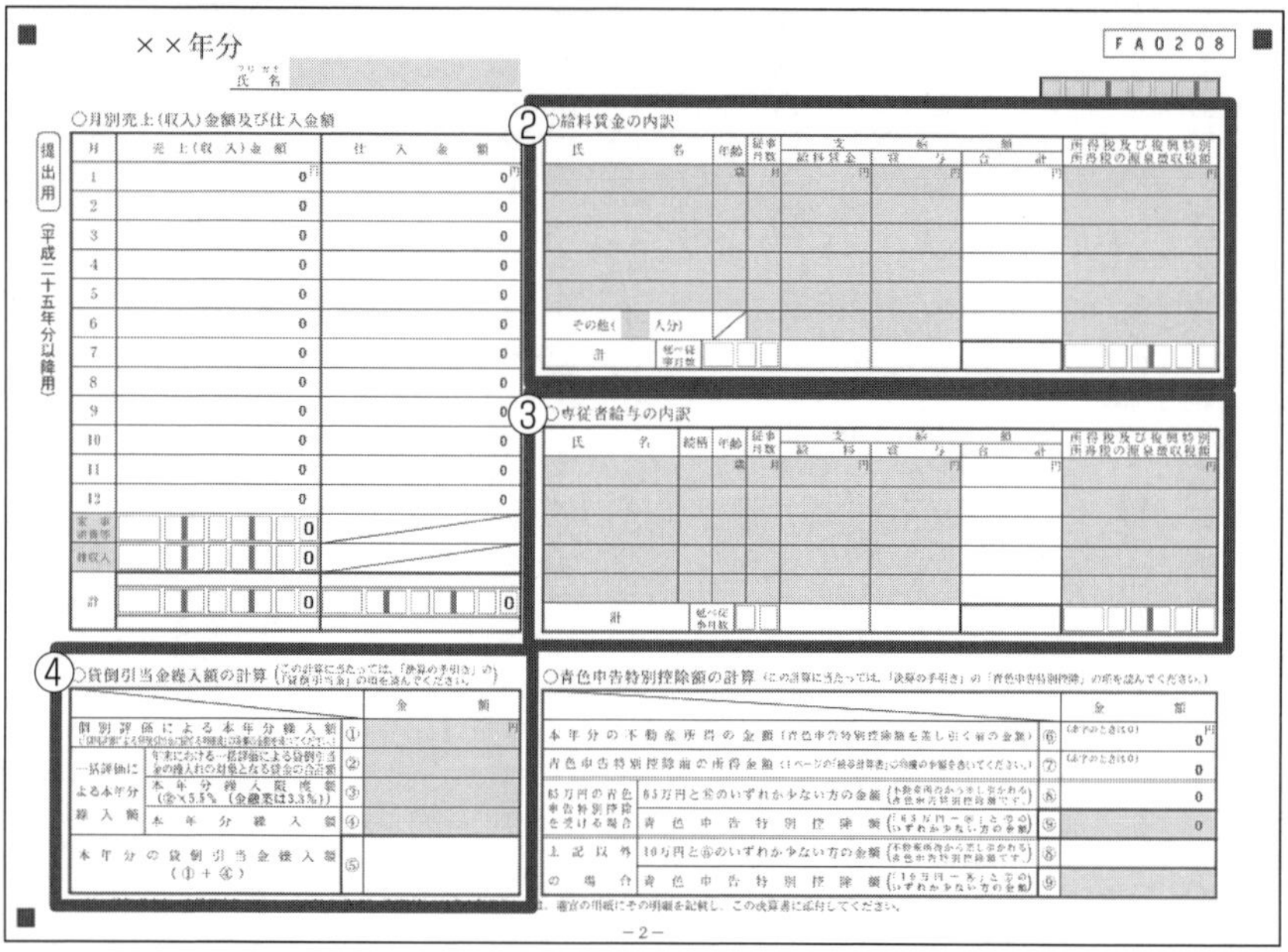

××年分　氏名

FA0208

提出用　（平成二十五年分以降用）

○月別売上（収入）金額及び仕入金額

月	売上（収入）金額	仕入金額
1	0円	0円
2	0	0
3	0	0
4	0	0
5	0	0
6	0	0
7	0	0
8	0	0
9	0	0
10	0	0
11	0	0
12	0	0
家事消費等	0	
雑収入	0	
計	0	0

②○給料賃金の内訳

氏名	年齢	従事月数	支給額 給料賃金	支給額 賞与	支給額 合計	所得税及び復興特別所得税の源泉徴収税額
	歳	月	円	円	円	円
その他（　人分）						
計	延べ従事月数					

③○専従者給与の内訳

氏名	続柄	年齢	従事月数	支給額 給料	支給額 賞与	支給額 合計	所得税及び復興特別所得税の源泉徴収税額
		歳	月	円	円	円	円
計		延べ従事月数					

④○貸倒引当金繰入額の計算

			金額
個別評価による本年分繰入額		①	円
一括評価による本年分繰入額	年末における一括評価による貸倒引当金の繰入れの対象となる貸金の合計額	②	
	本年分繰入限度額（②×5.5%（金融業は3.3%））	③	
	本年分繰入額	④	
本年分の貸倒引当金繰入額（①＋④）		⑤	

○青色申告特別控除額の計算

			金額
本年分の不動産所得の金額（青色申告特別控除額を差し引く前の金額）		⑥	0円
青色申告特別控除前の所得金額		⑦	0
65万円の青色申告特別控除を受ける場合	65万円と⑥のいずれか少ない方の金額	⑧	0
	青色申告特別控除額	⑨	0
上記以外の場合	10万円と⑥のいずれか少ない方の金額	⑧	
	青色申告特別控除額	⑨	

注．適宜の用紙にその明細を記載し、この決算書に添付してください。

－2－

いよいよ決算書を印刷してみよう①

STEP 1

損益計算書（1ページめ）を入力します。

右下の用紙の①「住所や名前」（アミの枠部分）のみ、追加で入力が必要になります。

メニューの「決算・申告」→「青色申告決算書」を選ぶと、「1ページ」タブで次の入力画面がでるので、そこに必要事項を入力すればOKです。

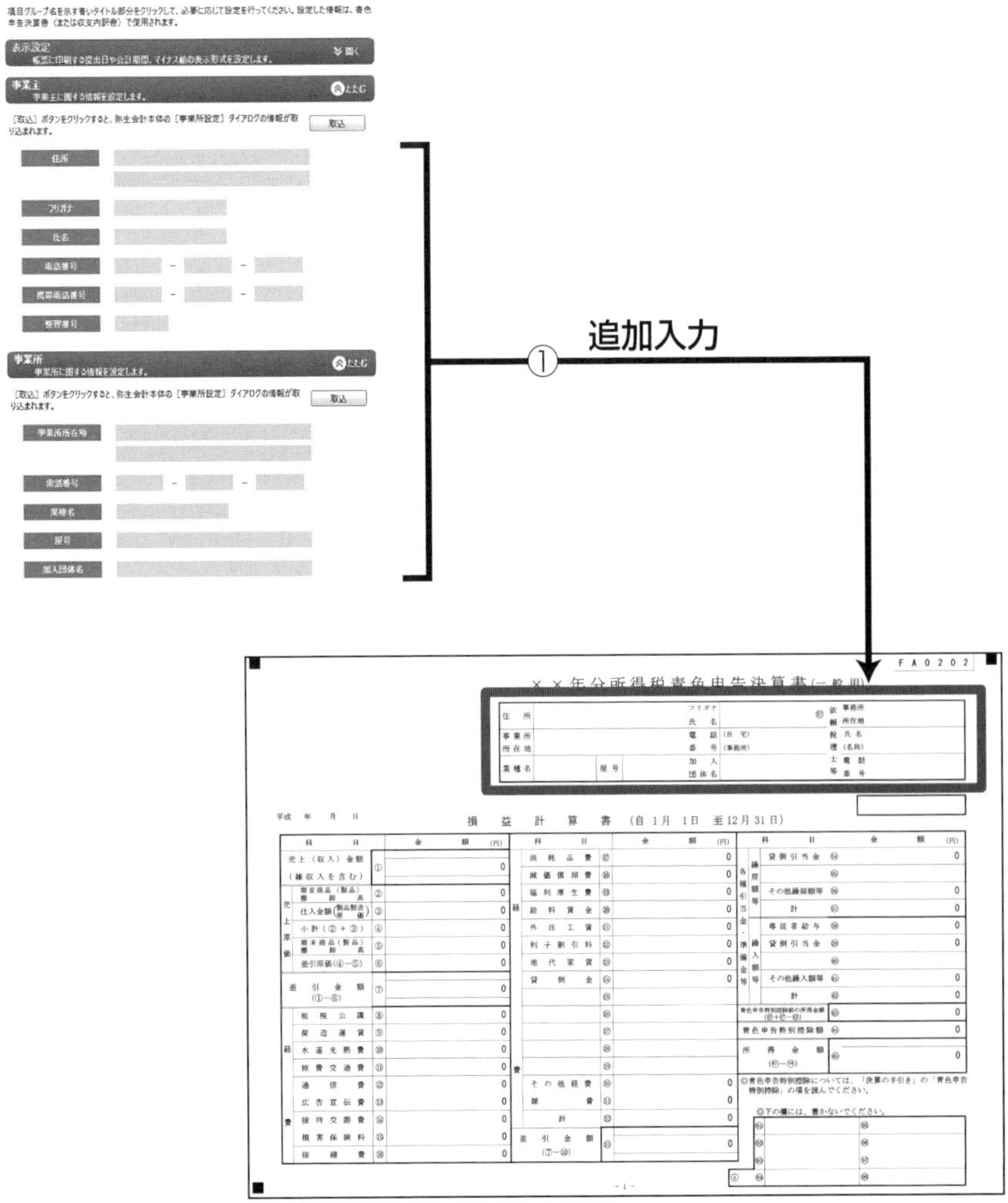

STEP 4

貸借対照表（4ページめ）は特に追加入力の必要はありません。

貸借対照表 （資産負債調）

（平成 21年 12月 31日現在）

◎65万円の青色申告特別控除を受ける人は必ず記入してください。それ以外の人でも分かる箇所はできるだけ記入してください。

資産の部			負債・資本の部		
科目	1月 1日(期首)	12月 31日(期末)	科目	1月 1日(期首)	12月 31日(期末)
現金	円 0	円 0	支払手形	円 0	円 0
当座預金	0	0	買掛金	0	0
定期預金	0	0	借入金	0	0
その他の預金	0	0	未払金	0	0
受取手形	0	0	前受金	0	0
売掛金	0	0	預り金	0	0
有価証券	0	0			
棚卸資産	0	0			
前払金	0	0			
貸付金	0	0			
建物	0	0			
建物附属設備	0	0			
機械装置	0	0			
車両運搬具	0	0	貸倒引当金	0	0
工具 器具 備品	0	0			
土地	0	0			
			その他の負債	0	0
			事業主借		0
その他の資産	0	0	元入金	0	0
事業主貸		0	青色申告特別控除前の所得金額		0
合計	0	0	合計	0	0

（注）「元入金」は、「期首の資産の総額」から「期首の負債の総額」を差し引いて計算します。

- 4 -

製造原価の計算

（原価計算を行っていない人は、記入する必要はありません。）

科目			金額
原材料費	期首原材料棚卸高	①	円
	原材料仕入高	②	
	小計（①+②）	③	
	期末原材料棚卸高	④	
	差引原材料費（③−④）	⑤	
労務費		⑥	
その他の製造経費	外注工賃	⑦	
	電力費	⑧	
	水道光熱費	⑨	
	修繕費	⑩	
	減価償却費	⑪	
		⑫	
		⑬	
		⑭	
		⑮	
		⑯	
		⑰	
		⑱	
		⑲	
	雑費	⑳	
	計	㉑	
総製造費（⑤+⑥+㉑）		㉒	
期首半製品・仕掛品棚卸高		㉓	
小計（㉒+㉓）		㉔	
期末半製品・仕掛品棚卸高		㉕	
製品製造原価（㉔−㉕）		㉖	

（注）㉖欄の金額は、1ページの「損益計算書」の③欄に移記してください。

STEP 5

あとはSTEP1～4で作成した決算書を印刷すれば終了です。

いよいよ決算書を印刷してみよう②

STEP 3

減価償却費その他の内訳（3ページめ）を入力します。

次も、下記の用紙に⑤「利子割引料の内訳」、⑥「税理士・弁護士等の報酬・料金の内訳」、⑦「地代家賃の内訳」の3つに、追加入力が必要です。

入力方法は、2ページめと同じように「3ページ」タブを選び、入力します。

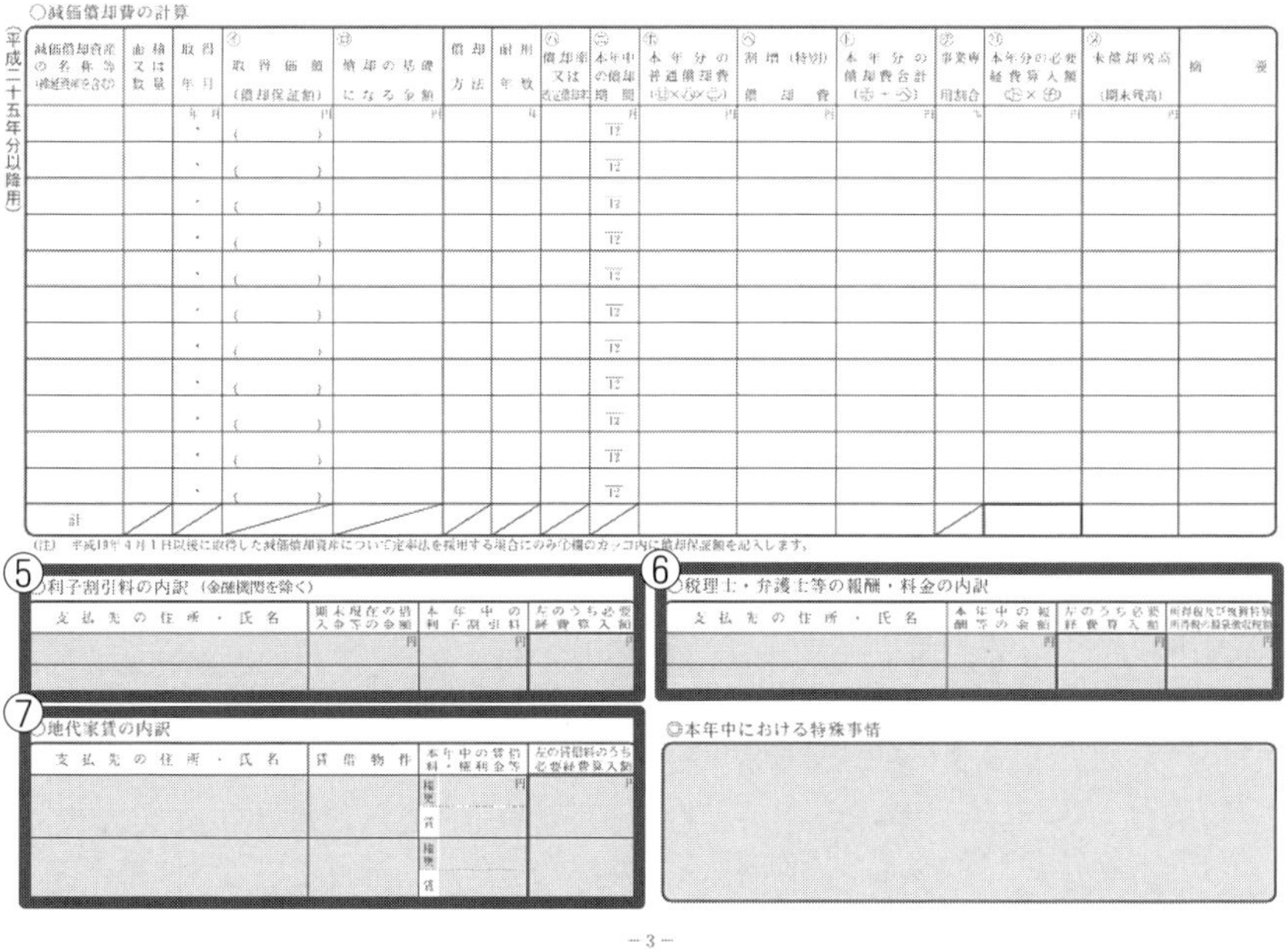

（平成二十五年分以降用）

○減価償却費の計算

減価償却資産の名称等（繰延資産を含む）	面積又は数量	取得年月	㋑ 取得価額（償却保証額）	㋺ 償却の基礎になる金額	償却方法	耐用年数	㋩ 償却率又は改定償却率	㊁ 本年中の償却期間	㋭ 本年分の普通償却費（㋺×㋩×㊁）	㋬ 割増（特別）償却費	㋣ 本年分の償却費合計（㋭＋㋬）	㋠ 事業専用割合	㋷ 本年分の必要経費算入額（㋣×㋠）	㋦ 未償却残高（期末残高）	摘要
計															

(注) 平成19年4月1日以後に取得した減価償却資産について定率法を採用する場合にのみ㋑欄のカッコ内に償却保証額を記入します。

⑤ ○利子割引料の内訳（金融機関を除く）

支払先の住所・氏名	期末現在の借入金等の金額	本年中の利子割引料	左のうち必要経費算入額
	円	円	円

⑥ ○税理士・弁護士等の報酬・料金の内訳

支払先の住所・氏名	本年中の報酬等の金額	左のうち必要経費算入額	所得税及び復興特別所得税の源泉徴収税額
	円	円	円

⑦ ○地代家賃の内訳

支払先の住所・氏名	賃借物件	本年中の賃借料・権利金等	左の賃借料のうち必要経費算入額
		権更 円 賃	円
		権更 賃	

◎本年中における特殊事情

－3－

Column 5

得意先の支払調書がもらえない場合でも、源泉所得税を控除してOK?

はじめて確定申告をする人からの相談でよくあるのが、「源泉徴収されているにもかかわらず、支払調書がもらえません。確定申告でこれを『源泉徴収税額』として控除してもいいのでしょうか?」という質問があります。

この支払調書、支払元は税務署にだけ提出義務があり、支払先には渡す義務がありません。ですから、支払調書がないからといって、「源泉徴収税額は控除してはいけません!」ということにはなりません。

もちろん計算上、支払調書があるにこしたことはないのですが、なくても控除はできますので、ご安心ください。「得意先と連絡がつかなくなった」とか「何度頼んでも発行してもらえない」という場合には、帳簿から源泉徴収税額をピックアップして控除するようにしましょう。

Chapter 8

売上・経費でよくある疑問、すっきり解決！

日々の取引を入力していると、入力にひと工夫が必要な部分がいくつも出てきます。

一度やり方がわかればかんたんなことでも、はじめてのときにはどうしてもつまずき、悩んでしまうものです。

ここでは、青色申告初心者が共通して「わからない！」という疑問点について解説していきます。

振込手数料が差し引かれて入金されたけど、入力方法がわからない

入力は2ステップでOK

契約条件によっては、得意先が売上代金を入金する際、振込手数料を差し引いて入金してくることがあります。この場合、次ページの例のように2ステップで入力するのがポイント。

①最初に「預金出納帳」で実際の入金額を入力。
②次に「売掛帳」で、振込手数料を入力。

なおこの方法は、自分が仕入代金などの支払いで、振込手数料を差し引いて支払う場合にも同様になります。この場合も、やはり入力は次のとおり2ステップです。

①最初に「預金出納帳」で実際の支払い額を入力。
②次に「買掛帳」で、振込手数料を入力。

振込手数料を差し引かれた・差し引く場合

売掛金の場合

STEP 1

「預金出納帳」で、実入金額を通帳から入力します。

預金出納帳

勘定科目(A) 普通預金　補助科目(J) 郵営銀行／秋葉原支店

期間(O) 1 2 3 4 5 6 7 8 9 10 11 12 決　全期間(Y)　ジャンプ(M)

決算 付箋1	調整 付箋2	日付 伝票No.	タイプ 生成元	相手勘定科目 相手補助科目	摘要 相手税区分	税区分	預入金額 消費税額	引出金額 消費税額
		05/30 39		売掛金 ○○様	○○様 売掛金回収		446,640	

STEP 2

「売掛帳」で、残っている振込手数料相当額を「支払手数料」に振り替えます。この例では振込手数料相当額660円が残っているので、これを「支払手数料」に振り替えます。

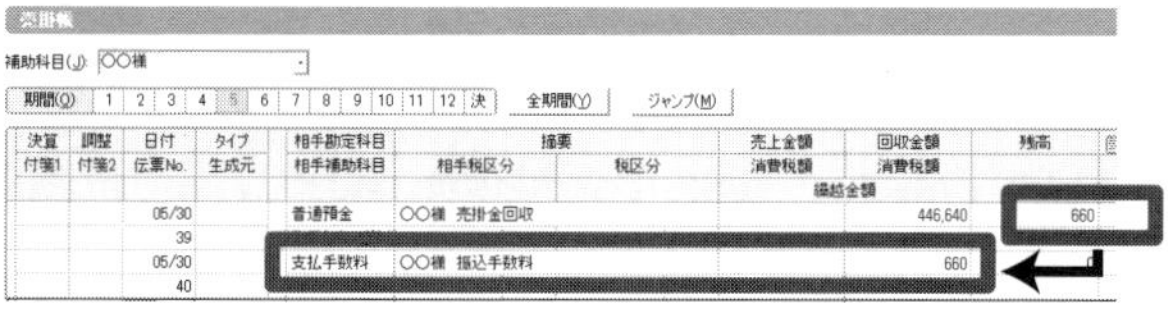

売掛帳

補助科目(J) ○○様

期間(O) 1 2 3 4 5 6 7 8 9 10 11 12 決　全期間(Y)　ジャンプ(M)

決算 付箋1	調整 付箋2	日付 伝票No.	タイプ 生成元	相手勘定科目 相手補助科目	摘要 相手税区分	税区分	売上金額 消費税額	回収金額 消費税額	残高
							繰越金額		
		05/30 39		普通預金	○○様 売掛金回収			446,640	660
		05/30 40		支払手数料	○○様 振込手数料			660	

買掛金の場合

STEP 1

「預金出納帳」で、実支払額を通帳から入力します。

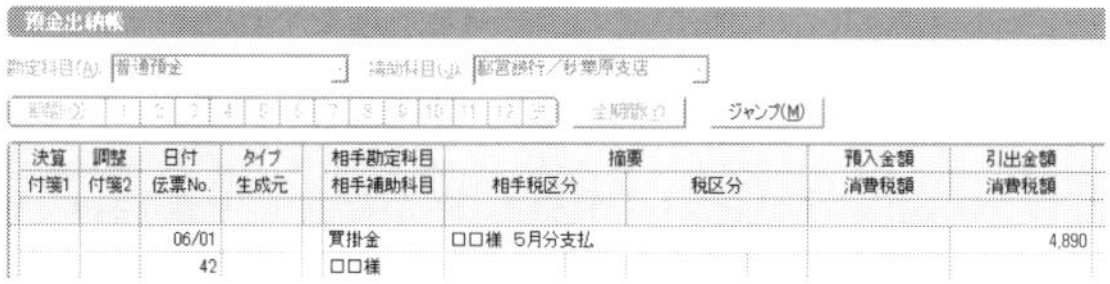

預金出納帳

勘定科目(A) 普通預金　補助科目(J) 郵営銀行／秋葉原支店

期間(O) 1 2 3 4 5 6 7 8 9 10 11 12 決　全期間(Y)　ジャンプ(M)

決算 付箋1	調整 付箋2	日付 伝票No.	タイプ 生成元	相手勘定科目 相手補助科目	摘要 相手税区分	税区分	預入金額 消費税額	引出金額 消費税額
		06/01 42		買掛金 □□様	□□様 5月分支払			4,890

STEP 2

「買掛帳」で、残っている振込手数料相当額を「支払手数料」に振り替えます。この例では振込手数料相当額110円が残っているので、これを「支払手数料」で振り替えます。

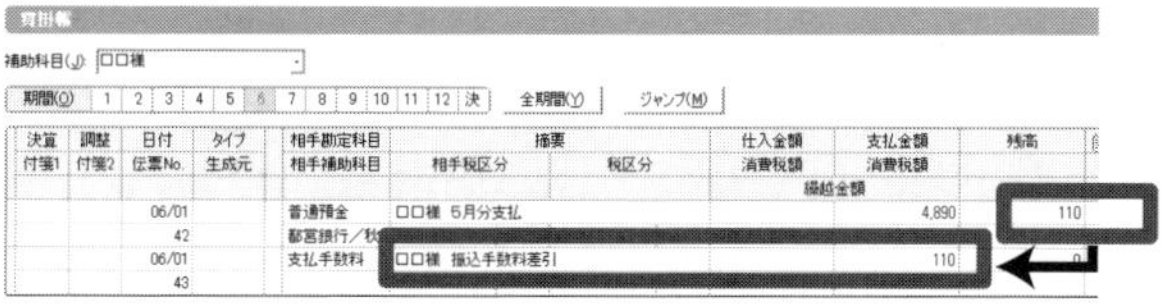

買掛帳

補助科目(J) □□様

期間(O) 1 2 3 4 5 6 7 8 9 10 11 12 決　全期間(Y)　ジャンプ(M)

決算 付箋1	調整 付箋2	日付 伝票No.	タイプ 生成元	相手勘定科目 相手補助科目	摘要 相手税区分	税区分	仕入金額 消費税額	支払金額 消費税額	残高
							繰越金額		
		06/01 42		普通預金 郵営銀行／秋	□□様 5月分支払			4,890	110
		06/01 43		支払手数料	□□様 振込手数料差引			110	0

源泉徴収税額が差し引かれて入金された！　処理はどうする？

●業種によっては先に源泉徴収税額が差し引かれることも

デザイン業や著述業、税理士や司法書士などの場合、支払側から源泉所得税が差し引かれて入金があります。そういった場合には、一般的に次のような方法で入力を行います。

●売上計上時

売掛帳を使用して、次ページのように入力します。

●入金時

次の手順で入力していきます。

①「預金出納帳」または「現金出納帳」で実際の入金額を入力。

②「売掛帳」で、「事業主貸」勘定で源泉所得税額を入力。

なお、入金時に差し引かれた源泉所得税は、確定申告の際「すでに納付した所得税」として扱われ、納付すべき所得税から控除または還付を受けることになります。

売掛金、源泉徴収税額が差し引かれて入金された場合

1　売上計上時

次のような請求の場合、売掛帳を利用して入力します。

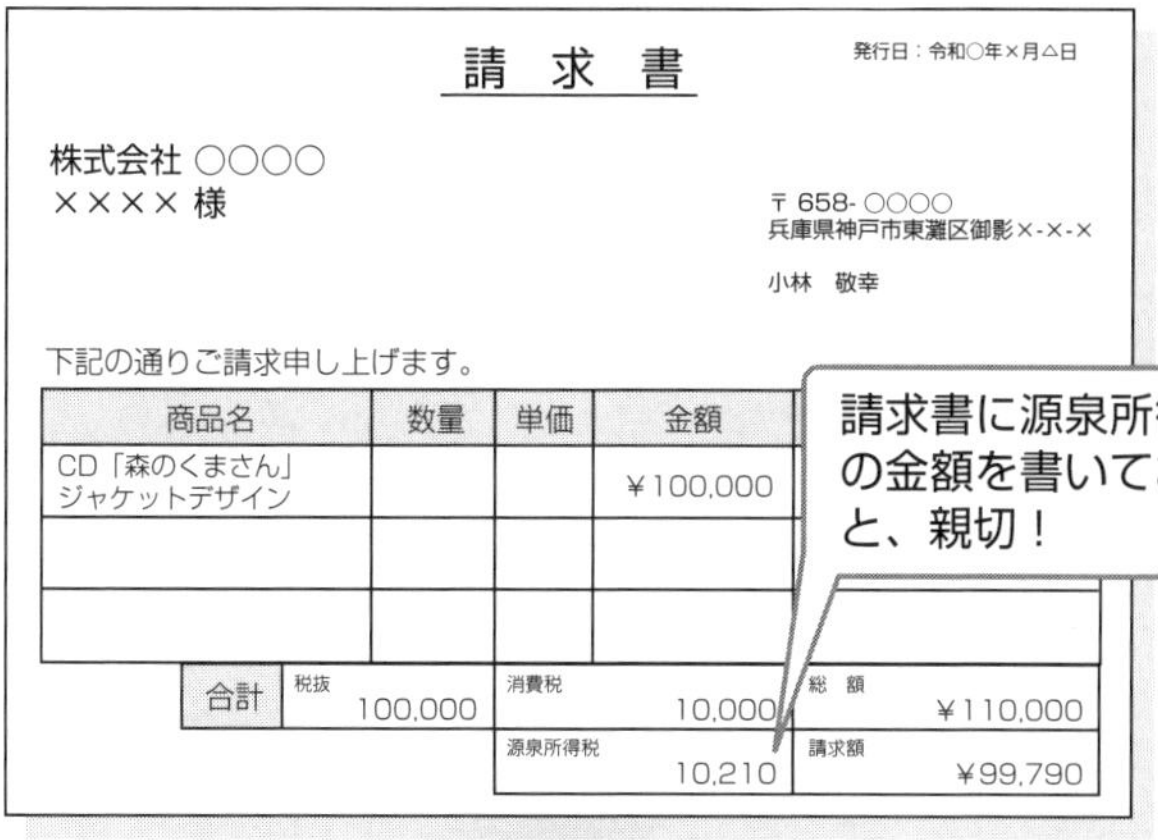

請　求　書

発行日：令和○年×月△日

株式会社 ○○○○
×××× 様

〒658-○○○○
兵庫県神戸市東灘区御影×-×-×

小林　敬幸

下記の通りご請求申し上げます。

商品名	数量	単価	金額
CD「森のくまさん」ジャケットデザイン			¥100,000

合計	税抜 100,000	消費税 10,000	総額 ¥110,000
		源泉所得税 10,210	請求額 ¥99,790

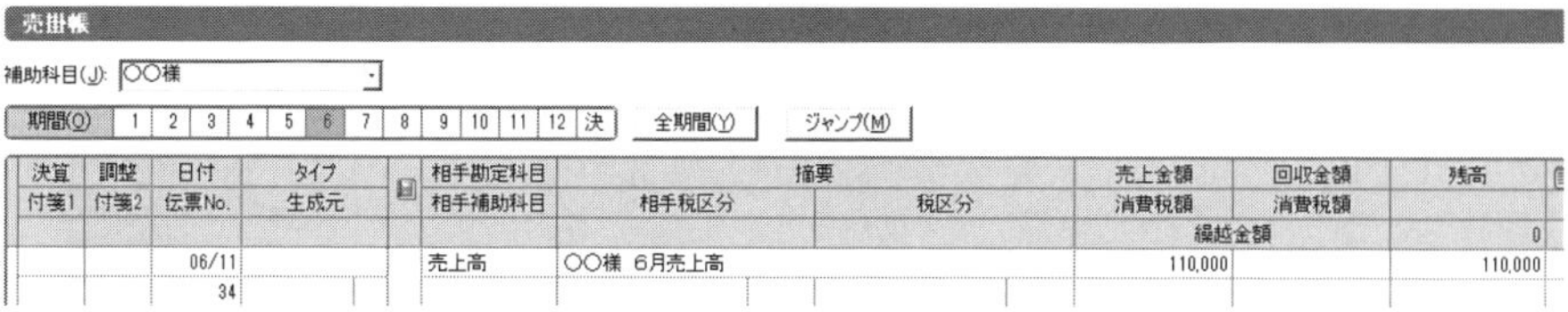

2　入金時

実入金額9万9,790円を入力した後、売掛帳で残った源泉所得税相当額を「事業主貸」勘定へ振り替えます。

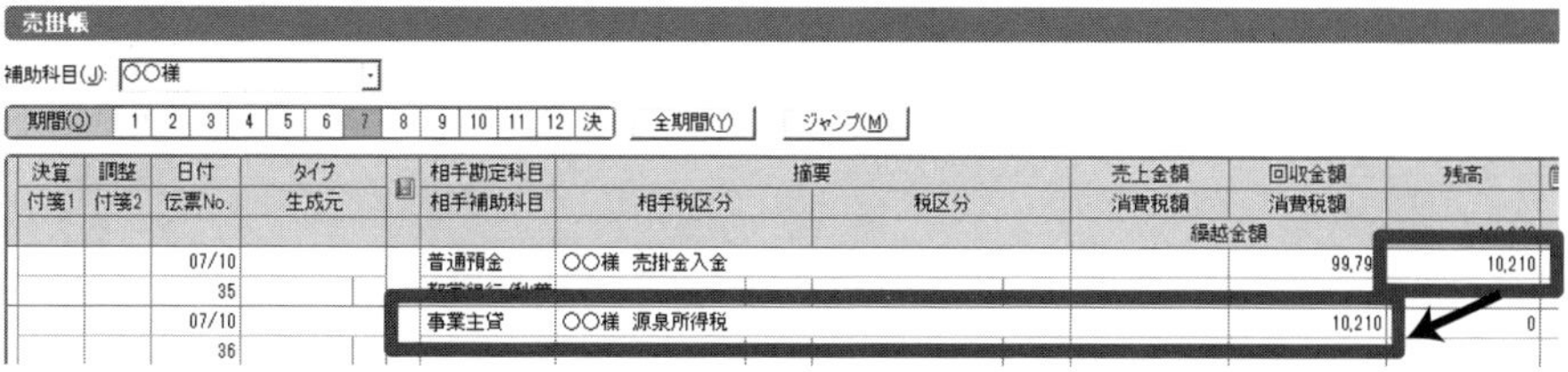

3 立替払いした交通費や物品代。請求や入金はどうするの？

●立替払いは売上代金と一緒に請求

売上代金を請求する際、得意先が負担すべき交通費や物品代をいったんこちらが立替えて支払うことも。その場合、次ページのような請求書で売上代金と一緒に請求します。

この場合の入力方法は次のとおりです。

①立替費用の請求時

売掛帳を使って、売上の下に「相手勘定科目『立替えた経費の勘定科目』」として入力します。

②立替費用の支払時

通常の費用を払う場合と同じように、現金出納帳や預金出納帳で入力します。

③代金の入金時

通常の売掛金の入金と同じように処理します。

実際の入力方法は、次ページの例で確認してみてください。

交通費や物品代を立替払いした場合

立替費用を支払うとき

現金出納帳や預金出納帳で、通常の費用と同じように入力します。

現金出納帳

期間(O) 1 2 3 4 5 6 7 8 9 10 11 12 決　全期間(Y)　ジャンプ(M)

決算 付箋1	調整 付箋2	日付 伝票No.	タイプ 生成元	相手勘定科目 相手補助科目	摘要 補助科目	 相手税区分	 税区分	収入金額 消費税額	支出金額 消費税額
		08/03 75		旅費交通費	○○社　打ち合わせ時交通費(後日請求)				1,260

立替費用を請求するとき

売掛帳で、立替費用の金額を相手勘定科目旅費交通費で計上します。

下記の通りご請求申し上げます。

商品名	数量	単価	金額	備考
報酬 CD「森のくまさん」ジャケットデザイン			¥100,000	
立替金 御社事務所　往復交通費			¥1,260	¥630×2

報酬合計	A. 税 抜 100,000	B. 消費税 (A×10%) 10,000	C. 総 額 (A+B) ¥110,000
		D. 源泉所得税 (A×10.21%) 10,210	E. 請求額 (C−D) ¥99,790
		立替金	¥1,260
			合計請求額 ¥101,050

売掛帳

補助科目(J): ○○様

期間(O) 1 2 3 4 5 6 7 8 9 10 11 12 決　全期間(Y)　ジャンプ(M)

決算 付箋1	調整 付箋2	日付 伝票No.	タイプ 生成元	相手勘定科目 相手補助科目	摘要 相手税区分	 税区分	売上金額 消費税額	回収金額 消費税額	残高
							繰越金額		0
		08/10 37		売上高	○○様　8月売上高		110,000		110,000
		08/10 38		旅費交通費	○○様　立替交通費請求		1,260		111,260

4 店の料理を自分で食べたり、販売商品を友人に安く売ったりした場合は？

●あまった物でも「事業主に売った」と考える

飲食業の方がお店の料理を食べたり、小売業の方が店の商品を知り合いに安く売ったり……というのは、よくある話です。しかしその場合にも、その料理または商品を事業主個人や知人に販売したとみなして、きちんと売上を計上しなければなりません。

お店の料理を食べたり、商品を使ったりして、売上に計上しなかったとしましょう。その場合、料理の原材料や商品の仕入代金など必要経費だけが計上され、利益が減少することになります。その結果、納めるべき税金が少なくなってしまいます。

そのため、事業主が食べたり使ったりした物については、事業主個人に対して販売した物とみなして、売上を計上します。この場合に計上する金額は「通常の販売金額の70%」か「仕入金額」のいずれか高い金額を選択します。この際、勘定科目は通常の「売上」ではなく、「家事消費等」を選んでください。

30%以上の割引にも追加処理が必要

また友人や知人などに、サービスで商品を通常の販売価格の70%未満で販売した場合にも、追加処理が必要です。

たとえば通常の販売価格の50%で販売した場合には、70%と50%との差である20%分の金額を追加売上として計上しなければなりません。

なお、広告宣伝のためにサンプルとして商品を提供する場合や、流行遅れのためバーゲンセールなどで70%未満の金額で販売した場合には、これらの処理は不要です。

では具体的な例で、入力方法を確認していきましょう。

自分の店の料理を食べたり、商品を自分で使ったときの処理のしかた

仕訳日記帳に、通常販売金額の70%と仕入金額のいずれか高い金額を計上します。

飲食業者が通常1,000円で提供している料理を自分で食べた場合（材料費300円）

材料費300円よりも、1,000円×70%＝700円のほうが高いので、700円を「家事消費等」として計上します。

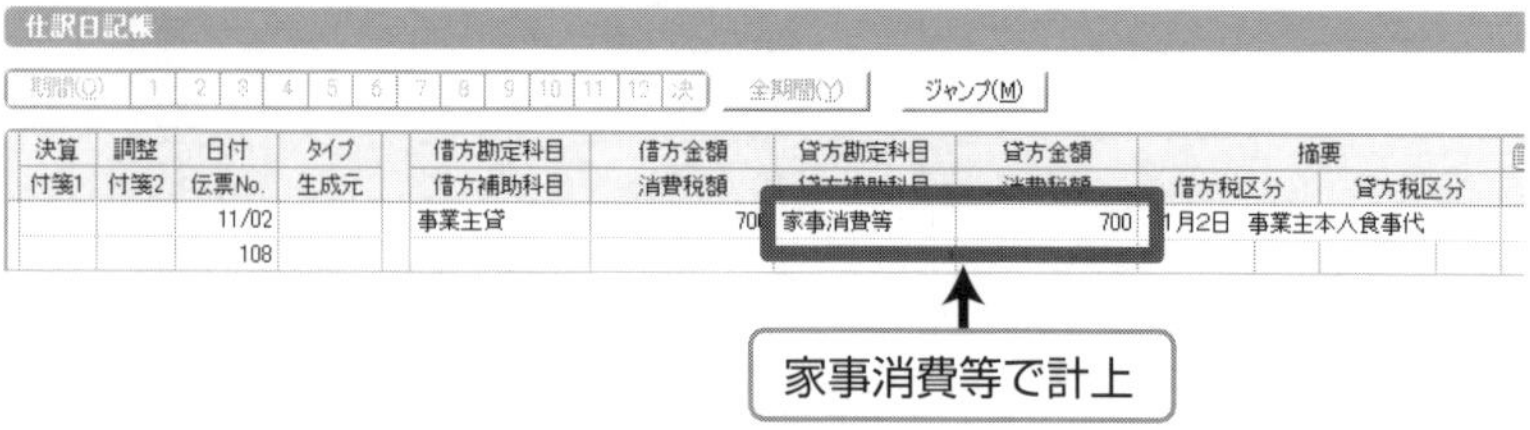

小売業者が1万円で販売する商品を自宅に持ち帰り使用した場合（仕入金額8,000円）

仕入金額8,000円が、1万円×70%＝7,000円よりも高いので、8,000円を「家事消費等」として計上します。

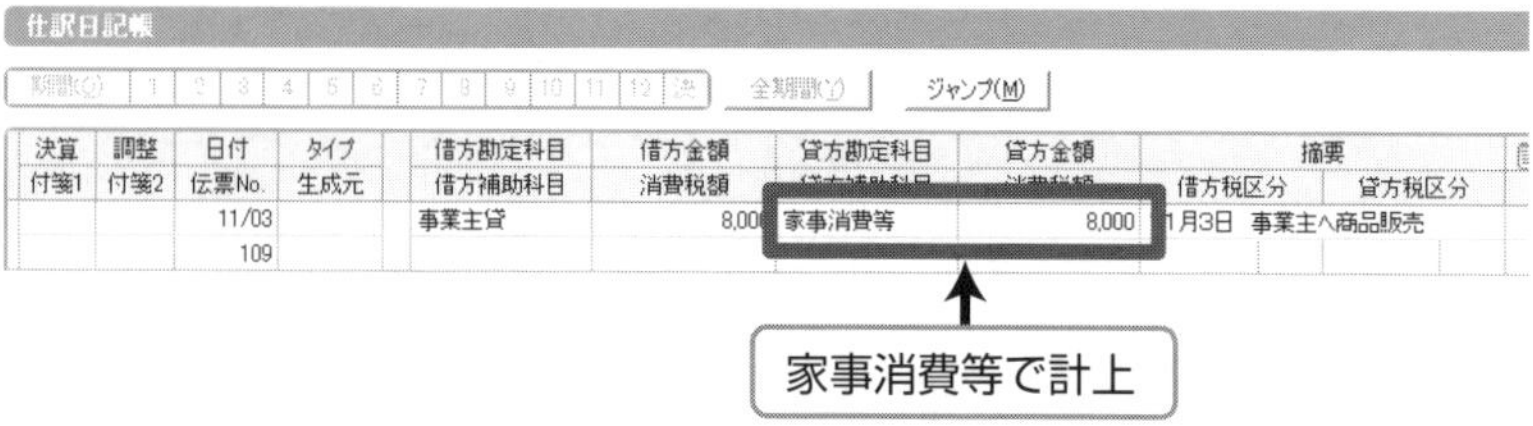

小売業者が1万円で販売している商品を友人に5,000円で販売した場合

実売価格5,000円なので、1万円×70%＝7,000円との差額2,000円を「売上高」として計上します。

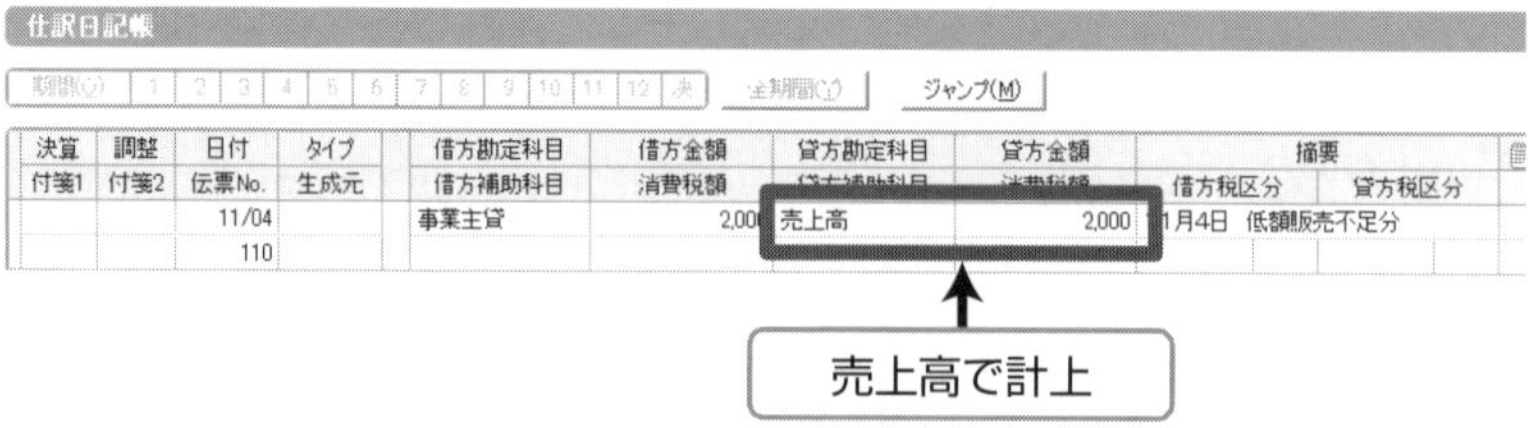

従業員への給与や外注費を払って源泉徴収した場合の入力方法を教えて！

●源泉徴収が必要な場合・不必要な場合

アルバイトや従業員に対する給与、デザイン料や講演料といった外注費、税理士や司法書士などに報酬を支払う際には、一部の金額を「源泉所得税」として預かり、それを納付する必要があります。

なお外注費や報酬に対して源泉徴収が必要になるのは、アルバイトや従業員を雇用して源泉徴収を行っている場合に限ります。従業員がおらず給与の支払いがない場合には、これらの外注費や報酬に対する源泉徴収は不要です。

入力方法は、それぞれ次のとおりです。

①支払時の入力処理

現金出納帳または預金出納帳を利用して、2段階で入力します。

②納付時の処理

現金出納帳または預金出納帳で入力します。

実際の入力方法は、次ページの例を参考にしてください。

従業員への給与や外注費を払った場合の源泉所得税の入力方法

STEP 1

従業員にアルバイト代を15万円（源泉所得税2,980円を差し引き、14万7,020円を振り込み）、税理士に報酬を2万2,000円（源泉所得税2,042円を差し引き、1万9,958円分）を振り込みで支払った場合。

①預金出納帳の入力

通帳を入力する際、いったん支払額を「給料手当」「支払手数料」で入力します。

預金出納帳

勘定科目(A): 普通預金　補助科目(J): さいたま銀行／大宮支店

期間(O) 1 2 3 4 5 6 7 8 9 10 11 12 決　全期間(Y)　ジャンプ(M)

決算	調整	日付	タイプ	相手勘定科目	摘要		預入金額	引出金額	残高
付箋1	付箋2	伝票No.	生成元	相手補助科目	相手税区分	税区分	消費税額	消費税額	
							繰越金額		14,038,489
		07/31		給料手当	7月アルバイト代			147,020	13,891,469
		44							
		07/31		支払手数料	○○税理士　7月顧問料			19,9	13,871,511
		46							

②預金出納帳の訂正

給料手当と支払手数料を訂正し、総額に置き換え、
源泉所得税は「預り金」として、下記のように入力します。
入力後、預金出納帳の残高が変わっていないことを確認します。

残高が同じことを確認!!

預金出納帳

勘定科目(A): 普通預金　補助科目(J): さいたま銀行／大宮支店

期間(O) 1 2 3 4 5 6 7 8 9 10 11 12 決　全期間(Y)　ジャンプ(M)

決算	調整	日付	タイプ	相手勘定科目	摘要		預入金額	引出金額	残高
付箋1	付箋2	伝票No.	生成元	相手補助科目	相手税区分	税区分	消費税額	消費税額	
							繰越金額		14,038,489
		07/31		給料手当	7月アルバイト代			150,000	13,888,489
		44							
		07/31		支払手数料	○○税理士　7月顧問料			22,000	13,866,489
		46							
		07/31		預り金	アルバイト　7月源泉所得税		2,980		13,869,469
		47							
		07/31		預り金	○○税理士　7月源泉所得税		2,042		13,871,511
		48							

STEP 2

7月分の源泉所得税5,022円（2,980円+2,042円）を納付した場合は、預金出納帳を開き、相手勘定科目「預り金」として、下記のように入力します。

預金出納帳

勘定科目(A): 普通預金　補助科目(J): さいたま銀行／大宮支店

期間(O) 1 2 3 4 5 6 7 8 9 10 11 12 決　全期間(Y)　ジャンプ(M)

決算	調整	日付	タイプ	相手勘定科目	摘要		預入金額	引出金額	残高
付箋1	付箋2	伝票No.	生成元	相手補助科目	相手税区分	税区分	消費税額	消費税額	
							繰越金額		18,871,511
		08/10		預り金	源泉所得税の納付			5,022	13,866,489
		49							

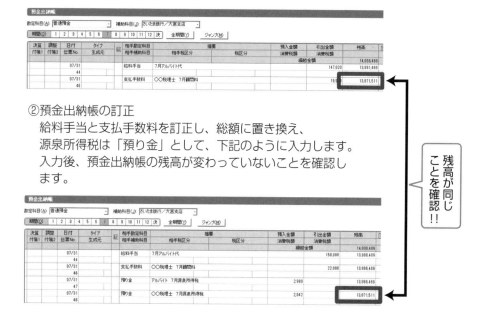

源泉徴収税額の計算方法

源泉徴収税額表の区分

給与の支払方法による区分	使用する税額表	適用する欄
月給・半月給など	月額表	甲欄･･･「給与所得者の扶養控除等申告書」を提出している場合 乙欄･･･上記以外
日給、週給、日割給与など	日額表	甲欄･･･「給与所得者の扶養控除等申告書」を提出している場合 乙欄･･･上記以外
日雇賃金		丙欄
賞与	賞与に対する源泉徴収税額算出率表	甲欄･･･「給与所得者の扶養控除等申告書」を提出している場合 乙欄･･･上記以外

※「給与所得者の扶養控除等申告書」は、通常、年末調整を行う会社に提出する書類です。

従業員へ給与を支払っている例

アルバイトに対し、毎月15万円の給与を支払っているものとします。

（社会保険料0円、扶養親族なし）

その際、「給与所得者の扶養控除等申告書」を提出してもらいます。

この例では、下記の「149,000円～151,000円」の行に該当するので、甲欄のうち、扶養親族0人の欄の「2,980円」が、源泉徴収すべき税額になります。

給与所得の源泉徴収税額表（○○年分）

月　額　表（××年3月31日財務省告示第115号別表第一（△△年3月31日財務省告示第95号改正））

その月の社会保険料等控除後の給与等の金額		甲 扶養親族等の数 0人	1人	2人	3人	4人	5人	6人	7人	乙
以上	未満	税額								税額
円	円	円	円	円	円	円	円	円	円	円
88,000	円未満	0	0	0	0	0	0	0	0	その月の社会保険料等控除後の給与等の金額の3.063%に相当する金額
147,000	149,000	2,920	1,300	0	0	0	0	0	0	8,400
149,000	151,000	2,980	1,360	0	0	0	0	0	0	8,700
151,000	153,000	3,050	1,430	0	0	0	0	0	0	9,000
153,000	155,000	3,120	1,500	0	0	0	0	0	0	9,300
155,000	157,000	3,200	1,570	0	0	0	0	0	0	9,600
157,000	159,000	3,270	1,640	0	0	0	0	0	0	9,900
159,000	161,000	3,340	1,720	100	0	0	0	0	0	10,200
161,000	163,000	3,410	1,790	170	0	0	0	0	0	10,500
163,000	165,000	3,480	1,860	250	0	0	0	0	0	10,800
165,000	167,000	3,550	1,930	320	0	0	0	0	0	11,100

所得税などの税金や社会保険料を支払った場合はどうする？

●税金には必要経費にできるものとできないものがある

個人事業者が支払う税金には、必要経費になるものとならないものがあり、それぞれ処理が違ってくるので注意が必要です。また社会保険料については、必要経費とならないため、事業用の口座などから支払った場合には必ず「事業主貸」勘定へ振り替える処理をしてください。

具体的な税金については、次のとおりです。

①必要経費となる税金

「事業税」「消費税」、事業に関係する「印紙税」、事業に使っている固定資産の「固定資産税」「自動車税」「軽自動車税」「環境性能割（旧自動車取得税）」などが必要経費として認められています。

これらの税金を支払った際には、預金出納帳・現金出納帳で「租税公課」勘定で処理します。

また、自宅兼用事務所の固定資産税などを個人の預金で支払った場合には、仕訳日記帳を使い、左側「租税公課」、右側「事業主借」で入力します。

所得税や社会保険料を支払ったときの入力方法

必要経費となる税金の入力

◆事業税2万円を預金から支払った場合、次のように入力します。

預金出納帳

勘定科目(A) 普通預金　補助科目(J) さいたま銀行／大宮支店

期間(I) 1 2 3 4 5 6 7 8 9 10 11 12 決　全期間(Y)　ジャンプ(M)

決算	調整	日付	タイプ	相手勘定科目	摘要		預入金額	引出金額
付箋1	付箋2	伝票No.	生成元	相手補助科目	相手税区分	税区分	消費税額	消費税額
		09/01		租税公課	事業税の支払			20,000
		95						

◆自宅兼用事務所の固定資産税を10万円、個人の預金口座から支払った場合（※事業供用割合50%）、次のように入力します。

仕訳日記帳

期間(I) 1 2 3 4 5 6 7 8 9 10 11 12 決　全期間(Y)　ジャンプ(M)

決算	調整	日付	タイプ	借方勘定科目	借方金額	貸方勘定科目	貸方金額	摘要	
付箋1	付箋2	伝票No.	生成元	借方補助科目	消費税額	貸方補助科目	消費税額	借方税区分	貸方税区分
		09/04		租税公課	50,000	事業主借	50,000	事務所固定資産税(50%)	
		98							

必要経費とならない税金の入力

所得税を20万円、事業用の預金口座から支払った場合、次のように入力します。

預金出納帳

勘定科目(A) 普通預金　補助科目(J) さいたま銀行／大宮支店

期間(I) 1 2 3 4 5 6 7 8 9 10 11 12 決　全期間(Y)　ジャンプ(M)

決算	調整	日付	タイプ	相手勘定科目	摘要		預入金額	引出金額
付箋1	付箋2	伝票No.	生成元	相手補助科目	相手税区分	税区分	消費税額	消費税額
		09/02		事業主貸	所得税の支払			200,000
		96						

社会保険料の入力

国民健康保険料3万円を事業用の預金口座から支払った場合、次のように入力します。

預金出納帳

勘定科目(A) 普通預金　補助科目(J) さいたま銀行／大宮支店

期間(I) 1 2 3 4 5 6 7 8 9 10 11 12 決　全期間(Y)　ジャンプ(M)

決算	調整	日付	タイプ	相手勘定科目	摘要		預入金額	引出金額
付箋1	付箋2	伝票No.	生成元	相手補助科目	相手税区分	税区分	消費税額	消費税額
		09/03		事業主貸	国民健康保険料の支払			30,000
		97						

②必要経費とならない税金

「所得税」と「住民税」および「延滞税」などについては、必要経費になりません。個人の預金などから支払った場合なら処理は不要ですが、事業用の預金などから支払った場合には、「事業とは関係ない事業主個人の負担すべき税金を立て替えた」と考え、事業主勘定として入力する必要があります。

また、「国民健康保険料」や「国民年金」などの社会保険料も所得税や住民税と同様、必要経費にはなりません。そのため、個人の口座から支払った場合には特に処理は必要ありませんが、事業用の口座から支払った場合には、事業主勘定へ振り替える入力処理をしてください。

なお、社会保険料は必要経費にはなりませんが、確定申告の際「社会保険料控除」として所得から控除されます。

7

同居している家族へ給料や家賃を払った場合、経費にできるの？

「同じ財布で暮らしている」ということから考えると……

すでに42―45ページでかんたんに述べましたが、専従者給与以外に生計を一《いっ》にしている（同じ財布で暮らしている）親族に支払った金銭は、「同じ財布内でお金をやりとりしているもの」と考え、必要経費にはできません。しかし、親族が第三者に払うものは、経費にできる場合があります。

ここではさらに具体的な例でご説明していきます。

次ページでは、「①配偶者が借りているマンションの30％を仕事に使っており、配偶者が家賃や火災保険料、水道光熱費を支払った場合」「②同居している親が購入した自家用車の50％を仕事に使っている場合」「③配偶者が購入した自宅の30％を仕事に使っている場合」と、よく質問されるものを入力例として挙げましたので、参考にしてください。

②の車両運搬具については固定資産台帳に登録し、減価償却を行い、③の建物については固定資産台帳に登録し、減価償却を行います。

同居している家族が家賃などを支払ったときの入力方法

配偶者が賃借しているマンションの30%を仕事に使用している場合

配偶者が家賃10万円、水道光熱費5万円、火災保険料（1年間分）2万円を支払っているとき、次のように入力します。

仕訳日記帳

期間(Q) 1 2 3 4 5 6 7 8 9 10 11 12 決　全期間(Y)　ジャンプ(M)

決算	調整	日付	タイプ	借方勘定科目	借方金額	貸方勘定科目	貸方金額	摘要	
付箋1	付箋2	伝票No.	生成元	借方補助科目	消費税額	貸方補助科目	消費税額	借方税区分	貸方税区分
		09/05		地代家賃	30,000	事業主借	30,000	マンション家賃(30%)	
		99							
		09/05		水道光熱費	15,000	事業主借	15,000	マンション水道光熱費(30%)	
		100							
		09/05		保険料	6,000	事業主借	6,000	マンション保険料(30%)	
		101							

同居している親が購入した車を50%仕事に使用している場合

購入額200万円、ガソリン代2万円は親が支払っているとき、車両運搬具については、按分せず購入額そのままで入力し、固定資産台帳に登録する際、事業供用割合50%と入力します。

仕訳日記帳

期間(Q) 1 2 3 4 5 6 7 8 9 10 11 12 決　全期間(Y)　ジャンプ(M)

決算	調整	日付	タイプ	借方勘定科目	借方金額	貸方勘定科目	貸方金額	摘要	
付箋1	付箋2	伝票No.	生成元	借方補助科目	消費税額	貸方補助科目	消費税額	借方税区分	貸方税区分
		09/06		車両運搬具	2,000,000	事業主借	2,000,000	自動車の購入	
		102							
		09/06		燃料費	10,000	事業主借	10,000	自動車ガソリン代(50%)	
		103							

配偶者が購入した自宅のうち30%を仕事に使用している場合

購入額3,000万円、固定資産税30万円、水道光熱費10万円は、配偶者が支払っているとき、建物については、按分せず購入額そのままで入力し、固定資産台帳に登録する際、事業供用割合30%と入力します。

仕訳日記帳

期間(Q) 1 2 3 4 5 6 7 8 9 10 11 12 決　全期間(Y)　ジャンプ(M)

決算	調整	日付	タイプ	借方勘定科目	借方金額	貸方勘定科目	貸方金額	摘要	
付箋1	付箋2	伝票No.	生成元	借方補助科目	消費税額	貸方補助科目	消費税額	借方税区分	貸方税区分
		09/07		建物	30,000,000	事業主借	30,000,000	自宅兼事務所の購入	
		104							
		09/07		租税公課	90,000	事業主借	90,000	自宅固定資産税(30%)	
		105							
		09/07		水道光熱費	30,000	事業主借	30,000	自宅水道光熱費(30%)	
		106							

独立までの準備期間にかかった費用（開業費）は、経費にできる？

●開業費は経費にできる！

個人事業を開業するためには通常、その準備のため半年から1年程度の期間が必要です。その期間内に、開業のために支出した費用も当然経費にできます。

具体的には開業準備のためにかかった「講習会・書籍代などの研究費用」「講習会出席や打ち合わせ、備品の購入などに要した旅費交通費」「打ち合わせ時の飲食代」「事業で使う小物や文具といった消耗品」「開業前に賃借した事務所の開業時までの家賃や仲介手数料」「許認可事業の場合の、許認可を受けるために支払った手数料」などが開業費になりますので、忘れずに計上しましょう。

次ページの図を参照しながら、仕訳日記帳に入力していってください。

- かかった費用はいったん開業日の日付で、「開業費」という繰延資産に計上する。
- 決算時に開業費のうち任意の金額を、「繰延資産償却」という科目で経費に振り替える。
- 10万円以上の固定資産や20万円以上の繰延資産になるものは、開業費ではなく通常と同じように「固定資産」「繰延資産」に計上する。

開業費はこうやって処理する

例◆2月1日に開業。開業費が合計20万円（打ち合わせ代10万円、旅費交通費5万円、消耗品費など5万円）かかった場合

開業時の入力

仕訳日記帳に開業費として、それぞれの詳細を入力します。

仕訳日記帳

期間(Q) 1 2 3 4 5 6 7 8 9 10 11 12 決　全期間(Y)　ジャンプ(M)

決算	調整	日付	タイプ	借方勘定科目	借方金額	貸方勘定科目	貸方金額	摘要	
付箋1	付箋2	伝票No.	生成元	借方補助科目	消費税額	貸方補助科目	消費税額	借方税区分	貸方税区分
		02/01		開業費	100,000	事業主借	100,000	開業準備　打ち合わせ代	
		133							
		02/01		開業費	50,000	事業主借	50,000	開業準備　旅費交通費	
		134							
		02/01		開業費	50,000	事業主借	50,000	開業準備　消耗品など	
		135							

年末の入力

年末の入力金額は、上限20万円の範囲内で自由に決めます。

仕訳日記帳

期間(Q) 1 2 3 4 5 6 7 8 9 10 11 12 決　全期間(Y)　ジャンプ(M)

決算	調整	日付	タイプ	借方勘定科目	借方金額	貸方勘定科目	貸方金額	摘要	
付箋1	付箋2	伝票No.	生成元	借方補助科目	消費税額	貸方補助科目	消費税額	借方税区分	貸方税区分
決算		12/31		繰延資産償却	200,000	開業費	200,000	開業費償却	
		136							

銀行からお金を借り入れたときの入力方法を教えて！

●印紙代や信用保証料は差し引かれて入金される

銀行からお金を借り入れると、借入時に貼布した印紙代や信用保証料が差し引かれて入金されます。この場合の入力は預金出納帳を使い、次のような手順で進めましょう。

①預金出納帳で、実際の入金額を入力。
②預金出納帳で①の入力箇所を訂正する。借入金の残高を「借入額」に訂正し、印紙代・信用保証料を、入力する（入力後、預金出納帳の残高が変わっていないことを確認）。
③入力後、残高試算表で「長期借入金」の残高が金融機関からの借入額と一致することを確認する。
具体的な入力例は次ページに記載してありますので、ご参照ください。

銀行からお金を借り入れ、印紙代や信用保証料を差し引かれていた場合

例◆5月10日に、さいたま銀行より1,500万円を借り入れた。その際「印紙代2万円」、「信用保証料75万円」を差し引かれ、1,423万円が口座に入金された。

STEP 1

預金出納帳の入力

通帳を入力する際、いったん入金額を「長期借入金」で入力します。

預金出納帳

勘定科目(A): 普通預金　補助科目(J): さいたま銀行／大宮支店

期間(O) 1 2 3 4 5 6 7 8 9 10 11 12 決　全期間(Y)　ジャンプ(M)

決算 付箋1	調整 付箋2	日付 伝票No.	タイプ 生成元	相手勘定科目 相手補助科目	摘要 相手税区分	税区分	預入金額 消費税額	引出金額 消費税額	残高
							繰越金額		
		05/10 82		長期借入金 さいたま銀行	さいたま銀行　証書借入		14,230,000		14,230,000

STEP 2

残高が同じことを確認！

預金出納帳の訂正

借入金の金額を訂正し、印紙代と信用保証料を、下記のように入力します。入力後は、預金出納帳の残高が変わっていないことを確認します。

預金出納帳

勘定科目(A): 普通預金　補助科目(J): さいたま銀行／大宮支店

期間(O) 1 2 3 4 5 6 7 8 9 10 11 12 決　全期間(Y)　ジャンプ(M)

決算 付箋1	調整 付箋2	日付 伝票No.	タイプ 生成元	相手勘定科目 相手補助科目	摘要 相手税区分	税区分	預入金額 消費税額	引出金額 消費税額	残高
							繰越金額		0
		05/10 82		長期借入金 さいたま銀行	さいたま銀行　証書借入		15,000,000		15,000,000
		05/10 87		租税公課	さいたま銀行　証書借入時印紙代			20,000	14,980,000
		05/10 88		長期前払費用	さいたま銀行　証書借入信用保証料			750,000	14,230,000

STEP 3

残高の確認

残高試算表で、長期借入金の残高が1,500万円になっていることを確認します。

[固定負債]					
長期借入金 [1]	0	0	15,000,000	15,000,000	87.92
固定負債合計	**0**	**0**	**15,000,000**	**15,000,000**	**87.92**

長期借入金 [1件]	前月繰越	当月借方	当月貸方	当月残高	構成比(%)
さいたま銀行	0	0	15,000,000	15,000,000	100.00

10

現金出納帳の残高が実際の残高と合わなくなった場合、どうすればいい？

●個人の財布が関係するかどうかで処理のしかたが変わる

現金の入出金では、帳簿の記録と実際の金額が合わないことはしばしば出てきます。これは、途中で人の手が入るため、しかたのないことかもしれません。

そういった場合には、まず原因を確認します。

原因は、「個人の財布が関わっているかどうか」で、大きく2つに分けることができます。

原因に応じて、それぞれの処理を行ってください。

①個人の財布からの補充や個人の財布への支払いのなかでの、記録もれや記録ミスの場合は、事業主勘定で処理。

②代金をもらいすぎたりお釣りを渡しすぎたり、個人の財布が関連しない記録もれや記録ミスの場合は、「雑収入」「雑損失」勘定で処理。

現金出納帳の残高と実際の残高が合わないときの入力方法

個人の財布のやりとりに関する入力もれ

11月1日に個人の財布からレジスターに1万円補充したが、記録がもれていた場合

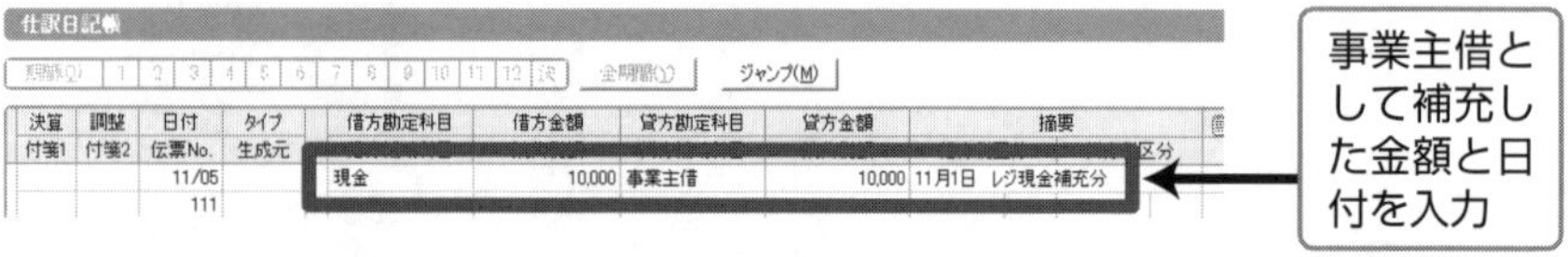

11月1日に金庫から500円を個人の財布に入れたが、その記録がもれていた場合

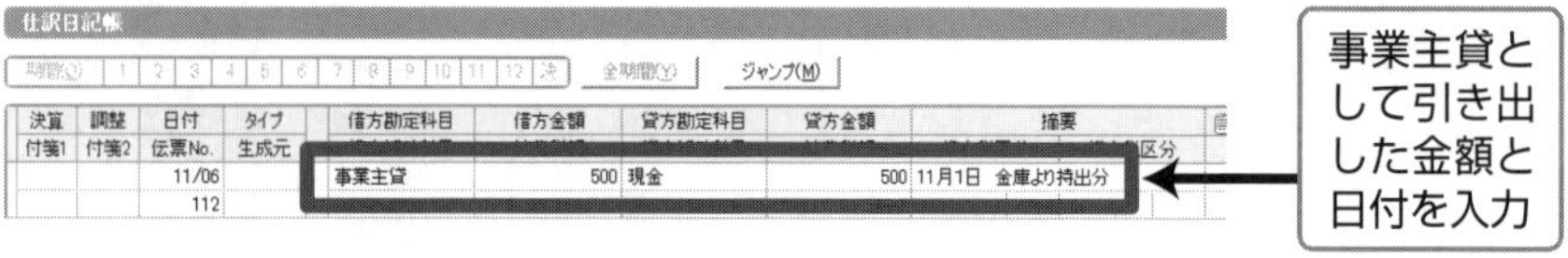

代金のやりとりに関する入力もれ

2,000円札でお釣りを渡したつもりが、間違えて5,000円札を渡していた（差額は返してもらえない）場合

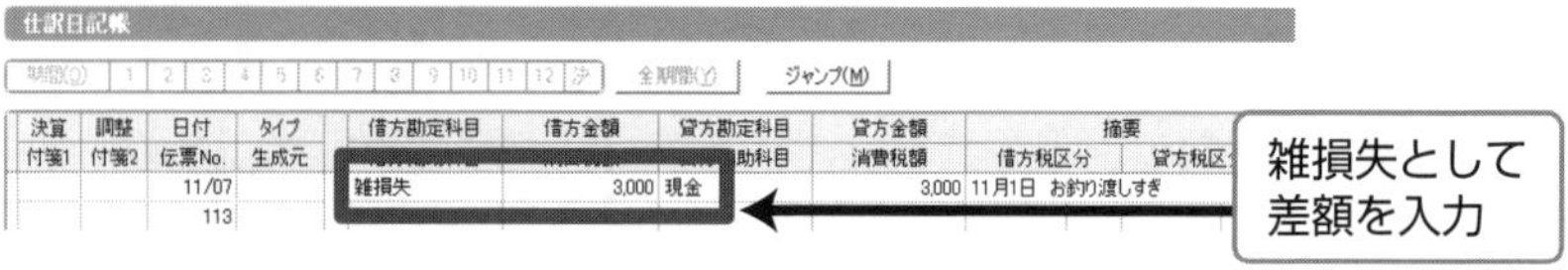

4,000円のお釣りを渡すべきところ、3,000円しか渡さなかった（返そうとしても、お客様と連絡がつかない）場合

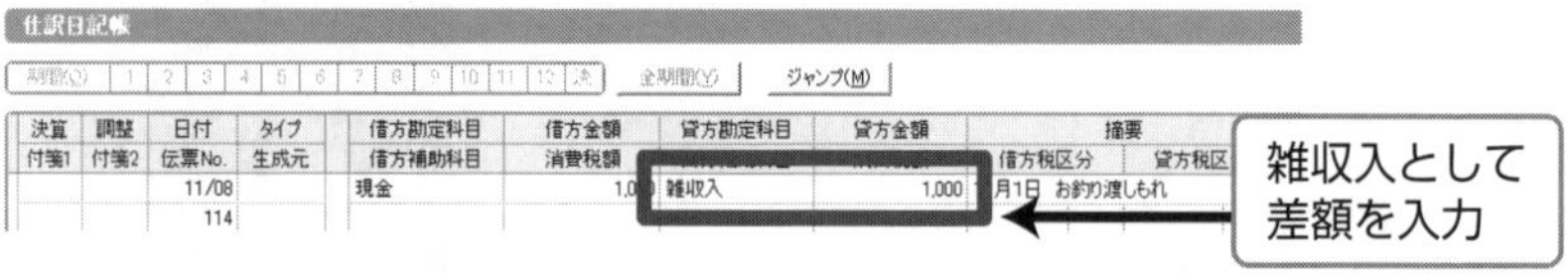

レジの現金と帳簿の現金残高が10円合わず、原因はおそらく紛失である場合

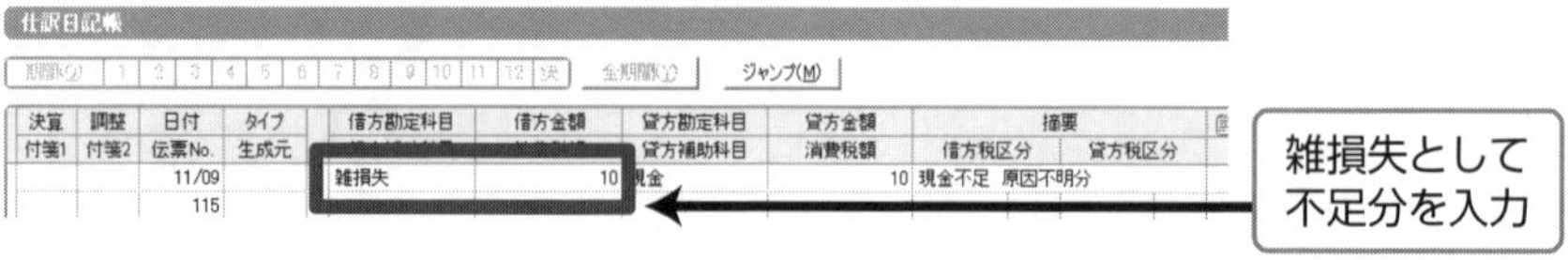

自宅兼用事務所の家賃や保険料を個人の口座から払っていますが……

●個人の口座から払ったときは「事業主借」で計上

自宅兼用事務所の家賃や光熱費が、「開業前から個人の口座での引き落としにしていた」などの理由で、そのまま個人の口座からの引き落としになっていることはよくあります。

この場合、事業に使っている分は「事業主個人が立て替えた（事業に貸した）」と考えるので、「事業主借」勘定で処理しましょう。

ここでは仕訳日記帳を使い、次のページのように入力してください。もちろんこの場合、支払った全額が経費になるわけではなく、事業供用割合をかけたものが計上すべき金額となります。

なおこの処理は、自宅と仕事で兼用にしている自家用車のガソリン代、保険料、自動車税、駐車場代、住宅ローンなどについても同様です。

自宅兼用事務所にかかるお金を個人口座で支払っているとき

自宅兼用事務所の家賃と電気代を個人の口座から支払った場合

家賃10万円、電気代1万円で事業供用割合が30%の場合、事業用の経費は家賃が10万円×30%＝3万円、電気代が1万円×30%＝3,000円となりますので、次のように入力します。

仕訳日記帳

期間(Q) 1 2 3 4 5 6 7 8 9 10 11 12 決　全期間(Y)　ジャンプ(M)

決算	調整	日付	タイプ	借方勘定科目	借方金額	貸方勘定科目	貸方金額	摘要	
付箋1	付箋2	伝票No.	生成元	借方補助科目	消費税額	貸方補助科目	消費税額	借方税区分	貸方税区分
		11/10		地代家賃	30,000	事業主借	30,000	事務所家賃(30%)	個人立替分
		116							
		11/10		水道光熱費	3,000	事業主借	3,000	事務所電気代(30%)	個人立替分
		117							

事業主借で処理！

12

自宅兼用事務所の家賃を事業用口座から払っていますが……

●事業用の口座から払ったときは「事業主貸」で計上

これまでにもご説明してきましたが、自宅兼用事務所の家賃はその全額を経費にすることはできません。

家賃を事業用口座から支払った場合は、事業主個人の経費を事業の財布で立て替えたと考えるため、「事業主貸」勘定で入力します。

具体的には、支払った金額に家事割合（１００％－事業供用割合）をかけた金額を、「事業主貸」勘定に振り替えます。

なお入力には、預金出納帳に手入力で入力する方法と、会計ソフトの按分機能を使う方法があります。次ページには、両方の入力例を載せていますので、どちらでもやりやすいほうで入力してみてください。

自宅兼用事務所にかかるお金を事業用口座で支払っているとき

例◆自宅兼用事務所の家賃と電気代を事業用の口座から支払った。
家賃の金額が10万円、電気代が1万円、事業供用割合は30%とする。

預金出納帳だけを使う場合

事業所の家賃・光熱費と家事部分をそれぞれ分けて入力します。

預金出納帳

勘定科目(A) 普通預金　補助科目(J) さいたま銀行／大宮支店

期間(Q) 1 2 3 4 5 6 7 8 9 10 11 12 決　全期間(Y)　ジャンプ(M)

決算 付箋1	調整 付箋2	日付 伝票No.	タイプ 生成元	相手勘定科目 相手補助科目	摘要 相手税区分	税区分	預入金額 消費税額	引出金額 消費税額
		10/25 118		地代家賃	事務所家賃（30%）			30,000
		10/25 119		事業主貸	事務所家賃家事部分（70%）			70,000
		10/25 120		水道光熱費	事務所光熱費（30%）			3,000
		10/25 121		事業主貸	事務所光熱費家事部分（70%）			7,000

家事按分振替機能を使う場合

STEP 1

支払う際には預金出納帳で、全額を経費に計上しておきます。

預金出納帳

勘定科目(A) 普通預金　補助科目(J) さいたま銀行／大宮支店

期間(Q) 1 2 3 4 5 6 7 8 9 10 11 12 決　全期間(Y)　ジャンプ(M)

決算 付箋1	調整 付箋2	日付 伝票No.	タイプ 生成元	相手勘定科目 相手補助科目	摘要 相手税区分	税区分	預入金額 消費税額	引出金額 消費税額
		10/26 122		地代家賃	事務所家賃			100,000
		10/26 123		水道光熱費	事務所光熱費			10,000

STEP 2

「家事按分振替」機能で年末に一度、勘定科目ごとの事業割合を入力し、「仕訳書出」で自動的に家事部分を振り替えます。
次の場合、70%部分が自動的に事業主勘定に振り替わります。

仕訳書出　ヘルプ　閉じる

家事按分振替

勘定科目	補助科目	金額	事業割合	家事割合	家事振替額
地代家賃		425,000	30.00	70.00	297,500
水道光熱費		64,649	30.00	70.00	45,254

自動車を購入したところ、請求書が細かすぎてどう処理するのかわかりません

自動車の請求書は5つのパートに分けて読む

自動車を購入すると、次のページのような請求明細書をもらいますが、「項目が細かすぎてよくわからない！」という声をよく聞きます。

自動車の請求書は、大まかに、次の5つの要素に分けることができます。

①車両本体とオプションや付属品といった、車両の金額（消費税がかかる）
②取得時の環境性能割（旧自動車取得税）、自動車重量税、自動車税といった、租税公課（消費税はかからない）
③自賠責保険料などの保険料（消費税はかからない）
④法定登録費用など（消費税はかからない）
⑤業者の登録代行手数料など（消費税がかかる）

このうち固定資産として減価償却を行っていく必要があるのは、①の「車両本体」の金額のみ。残りの経費は全額購入した年の経費にできます。環境性能割や登録のための手数料は、車両本体額に合算せず別々に経費にしたほうが、購入年の経費が大きくなるということです。

反対に経費を少なくしたいときや面倒なときは、まとめて車両本体額に合算することも可能です。

自動車を購入したときの入力のコツ

1　購入した際の請求書の用意

太枠で囲った部分を、下記の方法で計算します。

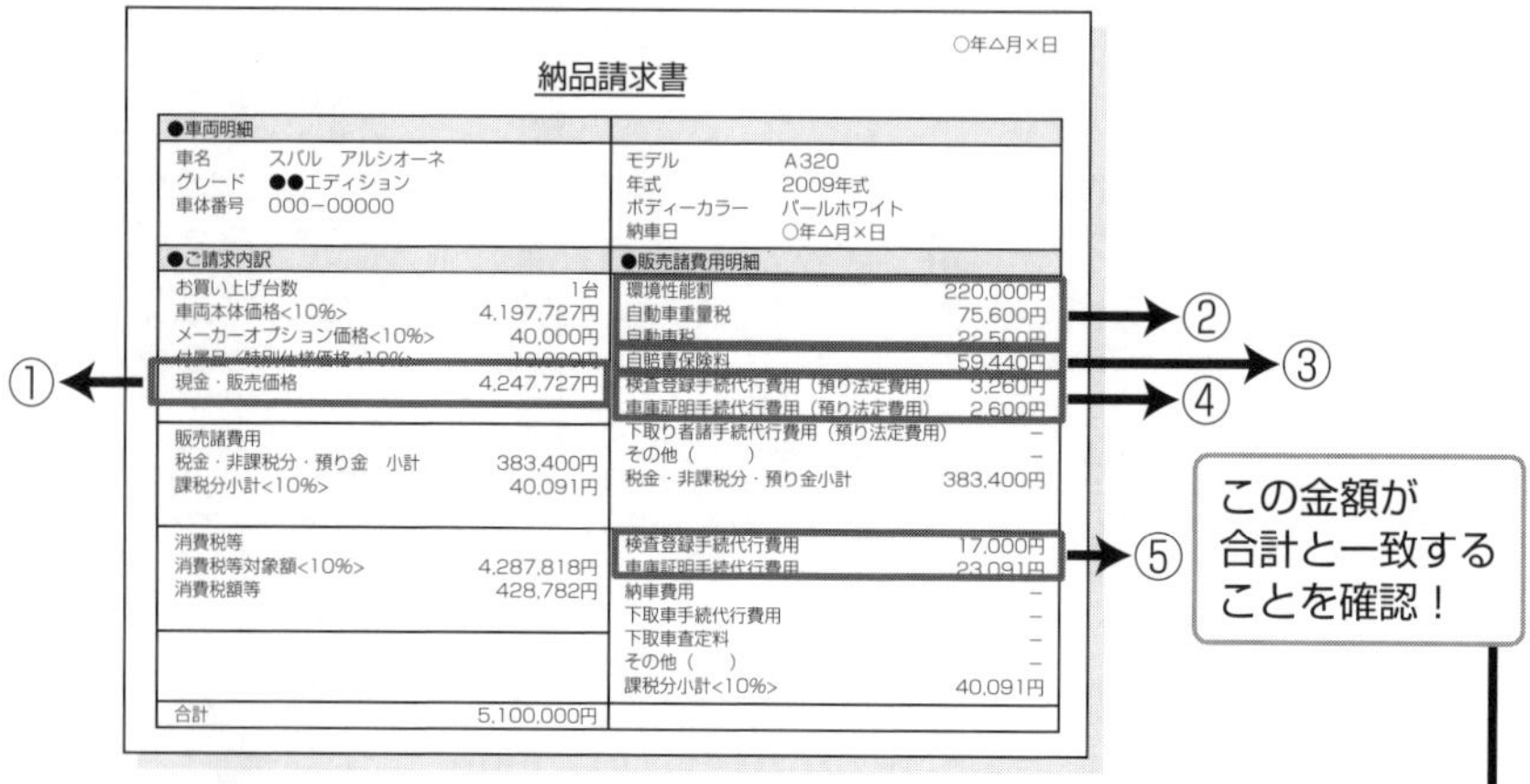

◆計算方法

①車両本体、②税金、③保険料、④非課税分の手数料、⑤課税分の手数料ごとに合計し、①と⑤は1.10をかけ税込額にする。

①	4,247,727円	×1.10=	4,672,500円
②			318,100円
③			59,440円
④			5,860円
⑤	40,091円	×1.10=	44,100円
合　計			5,100,000円

2　預金出納帳、現金出納帳に入力

預金出納帳、現金出納帳などで支払時に次のように入力します。

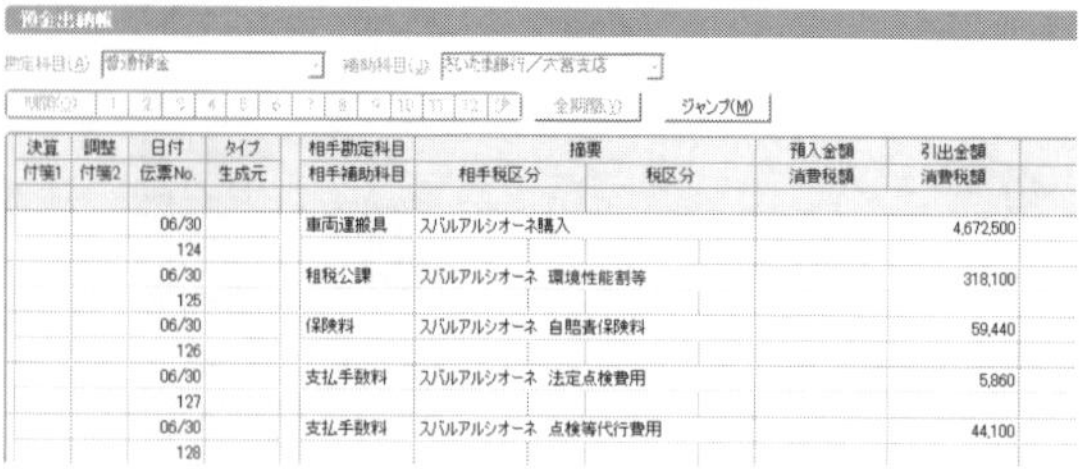

決算 / 付箋1	調整 / 付箋2	日付 / 伝票No.	タイプ / 生成元	相手勘定科目 / 相手補助科目	摘要	相手税区分	税区分	預入金額 / 消費税額	引出金額 / 消費税額
		06/30 124		車両運搬具	スバルアルシオーネ購入				4,672,500
		06/30 125		租税公課	スバルアルシオーネ　環境性能割等				318,100
		06/30 126		保険料	スバルアルシオーネ　自賠責保険料				59,440
		06/30 127		支払手数料	スバルアルシオーネ　法定点検費用				5,860
		06/30 128		支払手数料	スバルアルシオーネ　点検等代行費用				44,100

※「車両運搬具」については、固定資産台帳にも登録しておきます（168―172ページ参照）。
なお車両本体以外の諸費用は、車両本体と合算して「車両運搬具」とすることもできます。

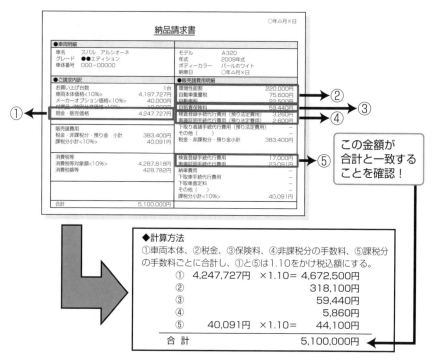

14

事務所や店舗を借りたときの敷金や保証金は、どのように処理するの？

解約時の返還金などによって計上のしかたが変わる

事務所や店舗を賃借した場合、毎月の賃料のほか、「敷金」「保証金」「礼金」「権利金」「仲介手数料」などを支払う必要があります。それぞれ処理のしかたが異なりますので、注意が必要です。

解約時に返還される保証金や敷金については契約書を確認しましょう。返還されない権利金・礼金などの金額がある場合にはそれを区分して、繰延資産として処理しなければなりません（173―175ページ参照）。各項目の計上のしかたは次のとおりです。

①毎月の家賃や日割家賃……「地代家賃」として経費処理する。

②敷金・保証金といった解約時に返還されるもの……「敷金」「保証金」として資産計上する。

③礼金・権利金など契約時に払うお金で解約時に返還されないもの……繰延資産として資産計上し、固定資産台帳に登録する。更新料の支払いがある場合には「契約期間」、支払いがない場合には「5年」で償却していく。

④不動産業者に払った仲介手数料……「支払手数料」として経費処理する。

具体的には、次ページの入力例をご参照ください。

事務所や店舗を借りたときの処理のしかた

1　契約書を用意して、内容を確認

この例では、①5月（1カ月）分の家賃20万円、②敷金100万円、③敷金のうち解約時に返還されない50万円、④不動産業者への仲介手数料20万円などの入力が必要となります。

建物賃貸借契約書

賃貸人　今野友夫（以下「甲」という）と賃借人　小林敬幸（以下「乙」という）との間に、次の通り、建物賃貸借契約を締結した。

第1条　（目的物件）

甲はその所有する次に表示の建物を乙に賃貸し、乙はこれを賃借することを約した。
建物所在：神戸市東灘区御影X－X－X
名称：今野ビル
構造：鉄筋コンクリート　地上8階建て
賃借物件：3階（50㎡・共有部分を含む）

第2条　（期間）

賃貸借の期間は、令和△年5月1日から令和×年4月30日までの2年間とする。
ただし、甲乙の双方どちらかの申し出がない限り、本契約は自動更新するものとする。

第3条　（賃料）

賃料は、1カ月　金200,000円とし、乙は毎月末日までに翌月の1カ月分を甲の住所に持参又は送金にて支払うものとする。
なお、1カ月未満の端数は、1カ月を30日としての日割計算による。

第4条　（敷金）

乙は甲に対し敷金として金1,000,000円を差し入れる。ただし敷金には利息をつけないものとする。
甲は賃貸借契約が終了し、乙から目的物件の明け渡しを受けたときは、甲は前記敷金から金500,000円を控除して、残金を明け渡しと同時に乙に返還する。

第5条　（契約の更新）

本賃貸契約期間終了後更新する場合には、新賃料の1カ月分を乙は甲に支払うことにより更新できるものとする。

2　預金出納帳、現金出納帳などに入力

支払時に、次のように入力します。

「長期前払費用」については、固定資産台帳にも登録しておきます。

（173–175ページ参照）

預金出納帳

勘定科目(A): 普通預金　補助科目(J): さいたま銀行／大宮支店

期間(Q) 1 2 3 4 5 6 7 8 9 10 11 12 決　全期間(Y)　ジャンプ(M)

決算 付箋1	調整 付箋2	日付 伝票No.	タイプ 生成元	相手勘定科目 相手補助科目	摘要 相手税区分	税区分	預入金額 消費税額	引出金額 消費税額	
		04/30 129		地代家賃	事務所家賃　5月分			200,000	→ ①
		04/30 130		差入保証金	事務所敷金			500,000	→ ②
		04/30 131		長期前払費用	事務所礼金			500,000	→ ③
		04/30 132		支払手数料	事務所　不動産業者仲介手数料			200,000	→ ④

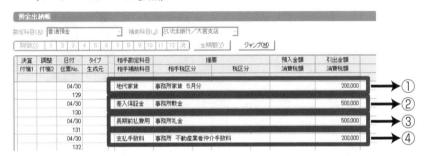

Chapter
9

決算処理などでよくある疑問、すっきり解決！

決算時に行った処理は、翌年にも同様の処理をしなければなりません。

また利息と元本がある借入金の返済や、銀行預金の利息などの処理についても、入力にひと工夫が必要です。

ここではそんな決算時の処理と、借入金を返済するときや預金利息の処理方法でよくある疑問について解説していきます。

前年末に計上した帳端売上や帳端仕入、今年はどう処理すればいい？

●前年末の帳端売上・帳端仕入と二重計上にならないように！

178―182ページでも説明しましたが、年末には帳端売上と帳端仕入を確認し、きっちりと計上しておかなければなりません。その際、請求書の一部を抜き出して計上するため、そのまま置いておくと、翌年請求書の金額をそのまま計上してしまうことになります。その結果、帳端分の売上や仕入が二重計上になってしまうおそれがあります。

二重計上を防ぐための今年の入力方法は、次の2つです。

①請求書のうち、帳端計上しなかった部分だけを抜き出し、計上する。
②昨年の帳端計上分をいったん取り消し、請求書の合計額を売上・仕入として計上する。

どちらの方法であっても結果は同じですので、自分のやりやすい方法を選択しましょう。

前年に計上した帳端売上や帳端仕入の処理のしかた

STEP 1

どちらの方法を選択する場合も、まず手元に請求書を用意し、内容を確認します。

発行日： 20X3年1月10日

伝票番号	担　当
25	小林敬幸

請　求　書

株式会社 ○○○○
今野友夫 様

〒658-○○○○
兵庫県神戸市東灘区 ×-×-×
小林　敬幸
電　話：078−×××−×××
都営銀行　秋葉原支店
普通預金 009−09819

下記の通りご請求申し上げます。

商品名	数量	単価	金額	備考
CD「でんでん虫」プレス代	2,000	213	¥426,000	20X2年12月15日　○○様　直送
CD「三匹のこぶた」プレス代	1,000	250	¥250,000	20X3年1月5日　□□様　直送
合計	税抜 676,000		消費税 67,600	総額 ¥743,600

＊この請求書のうち、アミ部分（税込46万8,600円）は、20X2年に帳端売上として計上済み。

STEP 2

1　前期計上しなかった部分だけを入力する場合

請求書のうち帳端計上しなかった部分だけを抜き出し、売掛帳で計上します。

ここでは、1月5日の売上である25万円（税込27万5,000円）だけを抜き出し、追加計上します。

売掛帳

補助科目(J)：○○様

期間(O)　1　2　3　4　5　6　7　8　9　10　11　12　決　全期間(Y)　ジャンプ(M)

決算 / 付箋1	調整 / 付箋2	日付 / 伝票No.	タイプ / 生成元	相手勘定科目 / 相手補助科目	摘要 / 相手税区分	税区分	売上金額 / 消費税額	回収金額 / 消費税額	残高
							繰越金額		468,600
		01/10		売上高	○○様　1月分売上計上		275,000		743,600
		1							

2　前年の帳端売上を取り消し、請求総額を入力する場合

前年の帳端売上を取り消し、請求総額を再計上します。

ここでは、前年に計上した帳端売上46万8,600円を取り消し、請求総額74万3,600円を計上します。

売掛帳

補助科目(J)：○○様

期間(O)　1　2　3　4　5　6　7　8　9　10　11　12　決　全期間(Y)　ジャンプ(M)

決算 / 付箋1	調整 / 付箋2	日付 / 伝票No.	タイプ / 生成元	相手勘定科目 / 相手補助科目	摘要 / 相手税区分	税区分	売上金額 / 消費税額	回収金額 / 消費税額	残高
							繰越金額		468,600
		01/10		売上高	○○様　1月10日締切計上　帳端分取消			468,600	0
		1							
		01/10		売上高	○○様　1月分売上計上		743,600		743,600
		2							

前年末の在庫、今年はどうやって入力するの？

●年末の在庫を今年初めの在庫に振り替えよう

185ページでも説明していますが、当年の売上原価の計算方法は次のとおりです。

当年の売上原価＝年初の商品たな卸高（A）＋当年の仕入高（B）－年末の商品たな卸高（C）

したがって前年末にたな卸を行い、「期末商品たな卸高」に振り替えた金額は、今年の「期首商品たな卸高」として振り替えを行わないと（次ページ参照）、今年の売上原価が計算できないことになります。

具体的な入力方法は仕訳日記帳を使って、次のページのように前年末（期末）の商品たな卸高をそのまま期首商品たな卸高に振り替えることになります。なお入力のタイミングですが、翌年初めに行っても、年末に「期末商品たな卸高」を入力する際、同時に行っても大丈夫です。

前年度の在庫の処理のしかた

たな卸資産の考え方

前年末の在庫（期末商品たな卸高）は、当年の年初の在庫（期首商品たな卸高）に振り替えないと、当年の販売分である売上原価の金額が計算できないことになります。

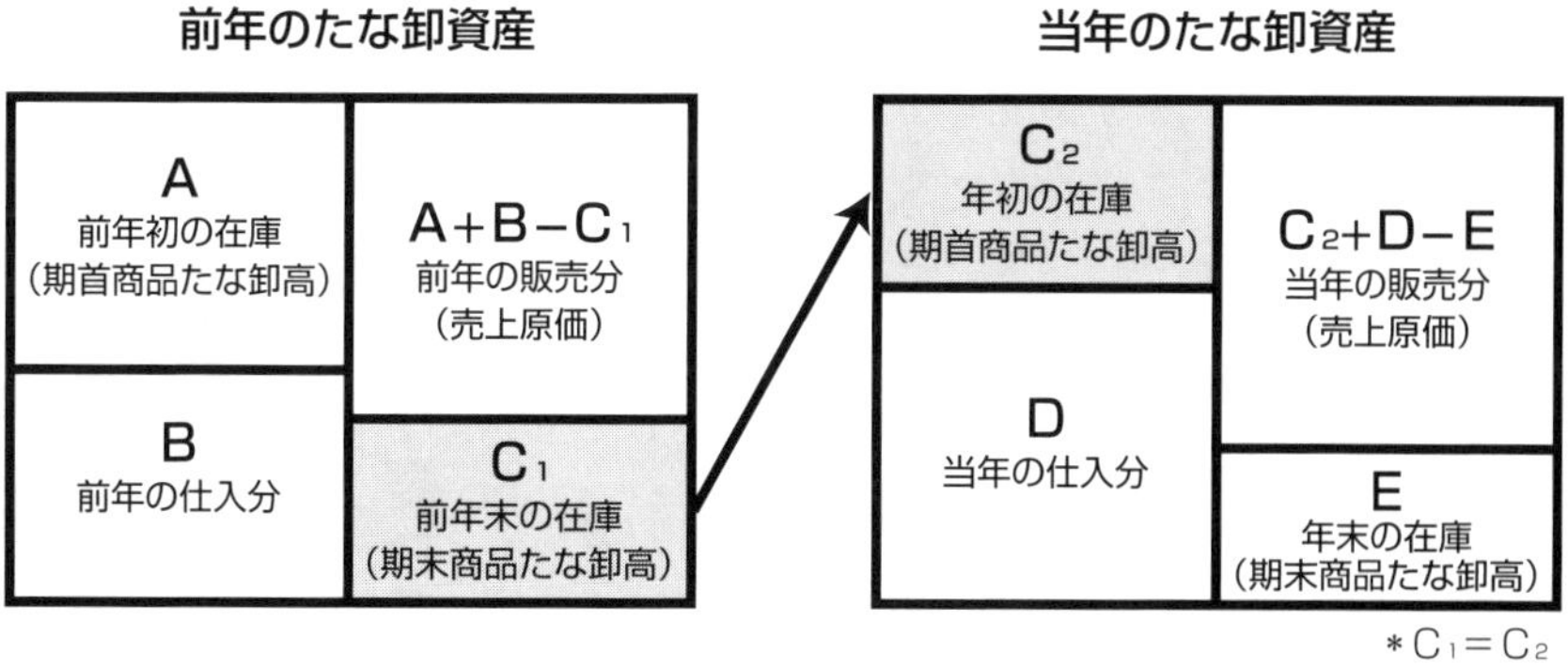

たな卸高の振替

STEP 1

前年末のたな卸で、次のように56万円を商品のたな卸高として計上しています。

仕訳日記帳

期間(O) 1 2 3 4 5 6 7 8 9 10 11 12 決　全期間(Y)　ジャンプ(M)

決算	調整	日付	タイプ	借方勘定科目	借方金額	貸方勘定科目	貸方金額	摘要	
付箋1	付箋2	伝票No.	生成元	借方補助科目	消費税額	貸方補助科目	消費税額	借方税区分	貸方税区分
		12/31		商品	560,000	期末商品棚卸高	560,000	期末商品棚卸高振替	
		66							

STEP 2

仕訳日記帳で、次のように同じ金額を期首商品たな卸高へ振り替えます。

仕訳日記帳

期間(O) 1 2 3 4 5 6 7 8 9 10 11 12 決　全期間(Y)　ジャンプ(M)

決算	調整	日付	タイプ	借方勘定科目	借方金額	貸方勘定科目	貸方金額	摘要	
付箋1	付箋2	伝票No.	生成元	借方補助科目	消費税額	貸方補助科目	消費税額	借方税区分	貸方税区分
		01/01		期首商品棚卸高	560,000	商品	560,000	期首商品棚卸高振替	
		4							

売上の前受金や仕入の前払金の処理のしかたがわからない

●商品やサービスの提供が終わるまで、売上や経費にはならない！

この項目も決算時だけの処理になります。

会社によって、先に代金を入金してもらってから（＝前受金）商品やサービスを提供したり、先に代金を支払ってから（＝前払金）商品やサービスの提供を受けたりすることがあります。

こういった売上の前受金や仕入・外注費の前払金は、年内に商品やサービスの提供が完了していない場合には売上や経費には計上しません。

前受金や前払金として処理を行い、完了した段階で売上や仕入・外注費に振り替えます。

特に仕入や外注費といった経費を前払金処理せず、前倒しで計上すると、税金が減少します。そうすると、税務調査で指摘されるポイントとなりますので、必ず「前払金」として計上しましょう。

仕入の前払金や売上の前受金の処理のしかた

前払金の場合

例：仕入代金50万円を12月28日に支払ったが、
商品の納入は翌年の1月5日になったとき

1　支払時の処理

預金出納帳で、以下のように入力します。

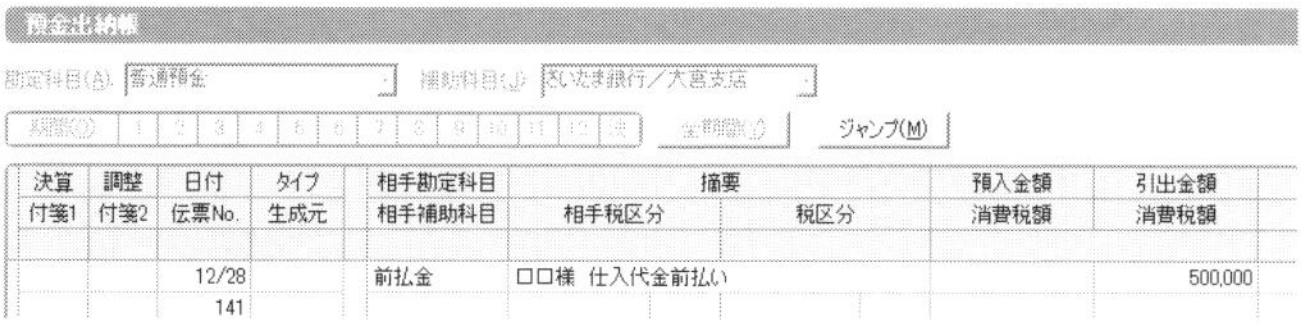

勘定科目(A) 普通預金　補助科目(J) さいたま銀行／大宮支店

決算 付箋1	調整 付箋2	日付 伝票No.	タイプ 生成元	相手勘定科目 相手補助科目	相手税区分	税区分	預入金額 消費税額	引出金額 消費税額
		12/28 141		前払金	□□様 仕入代金前払い			500,000

2　商品納入時の処理

仕訳日記帳で、以下のように入力します。

決算 付箋1	調整 付箋2	日付 伝票No.	タイプ 生成元	借方勘定科目 借方補助科目	借方金額 消費税額	貸方勘定科目 貸方補助科目	貸方金額 消費税額	摘要 借方税区分 貸方税区分
		01/05 3		仕入高	500,000	前払金	500,000	□□様 代金前払い分納品

前受金の場合

例：売上代金80万円が12月27日に入金されたが、
商品の納入は翌年の1月6日になったとき

1　入金時の処理

預金出納帳で、次のように入力します。

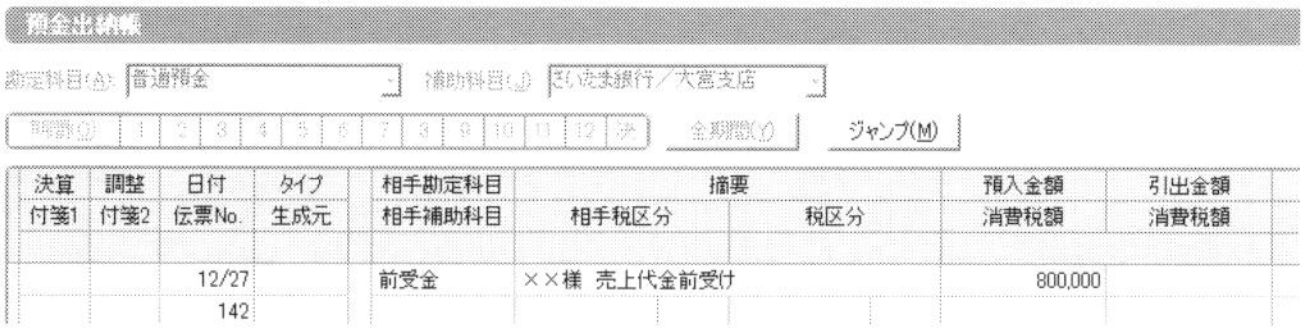

勘定科目(A) 普通預金　補助科目(J) さいたま銀行／大宮支店

決算 付箋1	調整 付箋2	日付 伝票No.	タイプ 生成元	相手勘定科目 相手補助科目	相手税区分	税区分	預入金額 消費税額	引出金額 消費税額
		12/27 142		前受金	××様 売上代金前受付		800,000	

2　商品納入時の処理

仕訳日記帳にて、次のように入力します。

決算 付箋1	調整 付箋2	日付 伝票No.	タイプ 生成元	借方勘定科目 借方補助科目	借方金額 消費税額	貸方勘定科目 貸方補助科目	貸方金額 消費税額	摘要 借方税区分 貸方税区分
		01/06 7		前受金	800,000	売上高	800,000	××様1月6日 商品納入

去年計上した貸倒引当金、今年の処理のしかたは？

●去年の貸倒引当金は今年の収入に計上

すでに説明しましたが、前年に計上した貸倒引当金がある場合、今年は同額を収入に計上しなければなりません（49―51ページ参照）。

具体的な入力方法ですが、次ページの例を見るとわかりやすいかと思います。

仕訳日記帳を使って、前年に計上した貸倒引当金をそのまま「貸倒引当金戻入」として、収入に計上することになります。

例では、前年に計上した貸倒引当金の11万円を、そのまま収入として戻し入れています。

なお入力ですが、今年初めに行っても、年末に貸倒引当金を計上するタイミングで同時に行ってもかまいません。

去年計上した貸倒引当金の処理のしかた

例：前年に繰り入れた貸倒引当金11万円を収入に計上し、今年の貸倒引当金12万円を経費に計上します。

仕訳日記帳

期間(O) 1 2 3 4 5 6 7 8 9 10 11 12 決　全期間(Y)　ジャンプ(M)

決算	調整	日付	タイプ	借方勘定科目	借方金額	貸方勘定科目	貸方金額	摘要	
付箋1	付箋2	伝票No.	生成元	借方補助科目	消費税額	貸方補助科目	消費税額	借方税区分	貸方税区分
		12/31		貸倒引当金	110,000	貸倒引当金戻入	110,000	前年の貸倒引当金を戻しいれ	
		5							
		12/31		貸倒引当金繰入	120,000	貸倒引当金	120,000	今年の貸倒引当金を繰入れ	
		6							

借入金返済時の元本と利息はどうやって入力すればいいの？

●元本と利息は預金出納帳を使って入力

銀行からの借入金を返済する際、元本と利息が合算されて引き落とされます。

この場合の入力方法はちょっと迷うかもしれませんが、入力自体は2ステップです。具体的な入力方法は、次のページを参考にしてください。

①金融機関から送付された毎月の返済表を手元に用意する。
②預金出納帳で、実際の支払い額を「長期借入金」で入力。
③預金出納帳で②の入力箇所を訂正する。借入金の残高を「元本額」に訂正し、利息を「支払い利息」として入力（預金出納帳の残高が変わっていないことを確認すること）。
④入力後、「長期借入金」の残高が借入額と一致することを確認する。

銀行からの借入金を返済する際の原本と利息の入力方法

STEP 1

返済表を手元に用意します。

小林　敬幸様

証書貸付払込計算書

株式会社さいたま銀行

融資額	当初貸出日	最終返済日	期間	利率
15,000,000	20××/5/10	2026/4/10	84月	2.00%

返済日	返済額	融資残高	利息額	元利合計額
20××/6/10	166,511	14,833,489	25,000	191,511
20××/7/10	166,789	14,666,700	24,722	191,511
20××/8/10	167,067	14,499,633	24,444	191,511
20××/9/10	167,345	14,332,288	24,166	191,511

STEP 2

通帳を入力する際、支払額をいったん「長期借入金」で入力します。

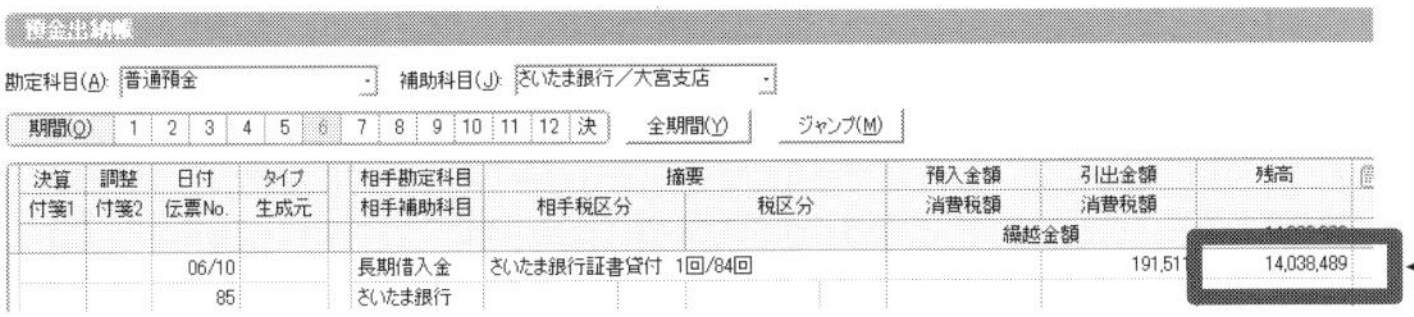

STEP 3

借入金の金額を訂正し、元本と利息を、下記のように入力します。
入力後、預金出納帳の残高が変わっていないことを確認します。

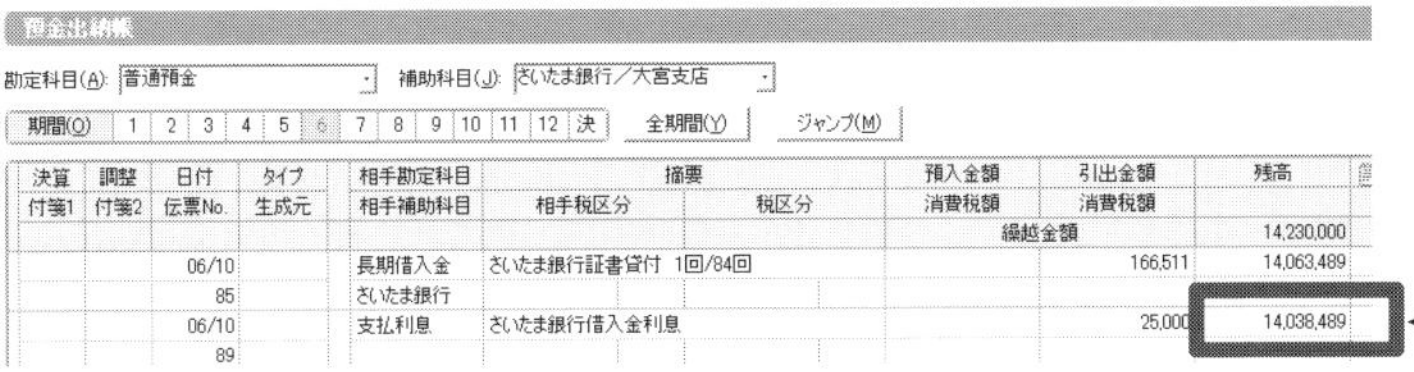

STEP 4

残高試算表で、残高が返済表と一致していることを確認します。
この場合、返済表の6月10日の融資残高と、残高試算表の残高は
14,833,489円で一致しています。

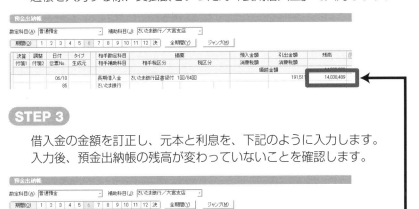

6

事業用の普通預金や定期預金の利息は、どう処理すればいいの？

●利息は「事業主から借りたお金」と考える

普通預金や定期預金といった預金の利息は、所得税の計算上「利子所得」という所得になり、個人事業の儲けである「事業所得」とは別物になります。これは、事業の利益になりません。

そのため、預金利息については帳簿上収入として計上する必要がないので、「事業主借」勘定で「事業主から利息分を借りた」と考えて処理します。

ここでは、預金出納帳を使い入力しましょう。

利息についてはすでに20％の税金が源泉徴収されているので確定申告の必要もなく、事業主借勘定に振り替えるだけで作業は終わりです。

雑収入などにしてしまうと二重に税金を払うことになるので、注意しましょう。

普通預金や定期預金の利息はこうやって処理しよう

普通預金の利息が入金されたとき

普通預金の利息が315円入金された場合、次のように入力します。

預金出納帳

勘定科目(A) 普通預金　補助科目(J) さいたま銀行／大宮支店

期間(U) 1 2 3 4 5 6 7 8 9 10 11 12 決　全期間(Y)　ジャンプ(M)

決算	調整	日付	タイプ	相手勘定科目	摘要		預入金額	引出金額
付箋1	付箋2	伝票No.	生成元	相手補助科目	相手税区分	税区分	消費税額	消費税額
		09/15		事業主借	普通預金利息の入金		315	
		107						

Column 6

消費税免税でも、売上分の消費税は上乗せ請求してもいいの？

「開業したばかりで消費税は免税になっていますが、こちらの売上に消費税を上乗せして請求してもいいのでしょうか？」

これもまた、開業したての方によく聞かれる質問です。

先に答えをいえば、「売上の消費税は上乗せ請求しても大丈夫！」。

「消費税が免税になっていること」と「消費税を請求するかどうか」は、別の話。たとえ免税で消費税を納めていなくても、消費税を上乗せして請求することについては、税法上はまったく問題ありません。

もちろん消費税を請求するほうが販売側にとっては有利になりますので、免税事業者でも積極的に消費税は請求するようにしましょう。

ただし令和5年10月1日にインボイス制度が導入されたことで、得意先は免税事業者から請求される消費税について「令和8年9月までは20%」「令和11年9月までは50%」「それ以後は全額」、得意先の納付する消費税から差し引くことができなくなりました。

こうなってくると、免税事業者が消費税を請求するのは少しずつ難しくなってくると思われるので、免税事業者のままか、課税事業者を選択して消費税を請求するか、どちらが有利か検討する必要が出てくると思われます。

Chapter 10

なるほど！消費税のしくみ

ここでは消費税のしくみについて、かんたんに説明していきます。青色申告とは直接関係ありませんが、売上が、1,000万円を超えると翌々年から消費税を納める義務が発生してきます。

ここで消費税の考え方をざっと頭に入れて、将来あわてないようにしましょう。

消費税って何だろう？

ポイント！

消費税は消費者が負担して、事業者が納めるもの。

●消費者にとっての消費税、事業者にとっての消費税

消費税といわれて思い浮かぶことは、「物を買ったときに10％上乗せされる税金」というイメージではないでしょうか。

しかし、消費者と事業者としての立場では、おなじみの「消費税」も、別の視点で考えなければなりません。

次ページの例を見ながら説明しましょう。

事業者の立場で見た場合、消費税には次の2種類があることがわかります。

●**「売上に対する消費税」**

事業者の消費税の考え方

例：下記のような売上、仕入があった場合、納付額は次のとおりです。

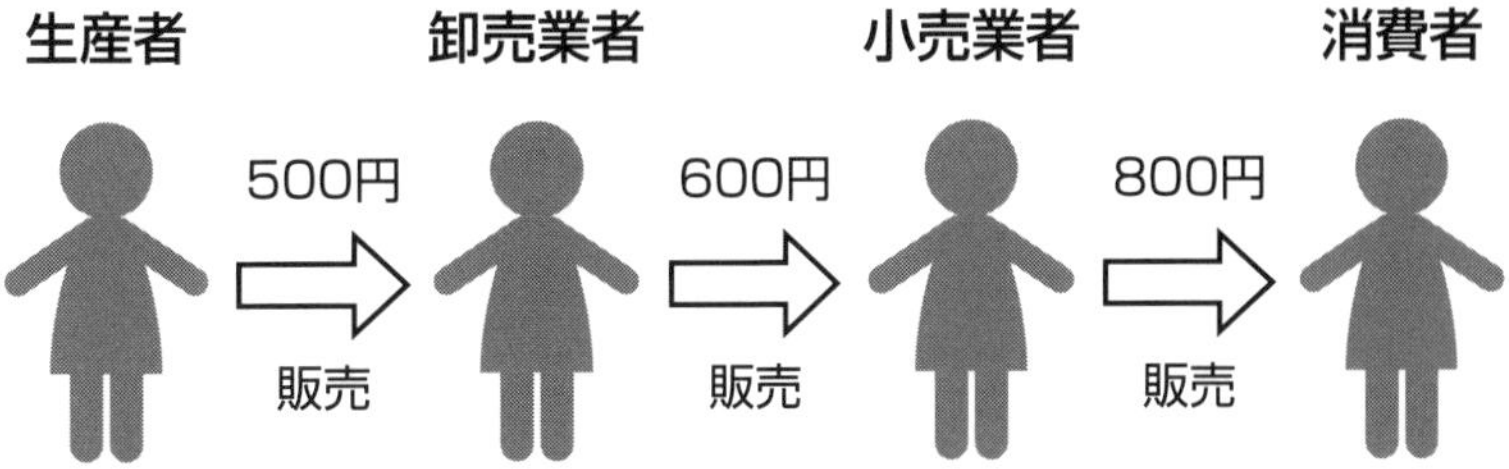

	生産者 売上	卸売業者 仕入	卸売業者 売上	小売業者 仕入	小売業者 売上
本体金額	500円	500円	600円	600円	800円
消費税	50円	50円	60円	60円	80円

50円を納付

60円−50円
10円を納付

80円−60円
20円を納付

合計で80円納付する＝消費者が負担する消費税額

80円を負担するのは消費者だが、納付は途中の事業者が行うので、事業者は自分が納付する消費税を計算する必要がある。

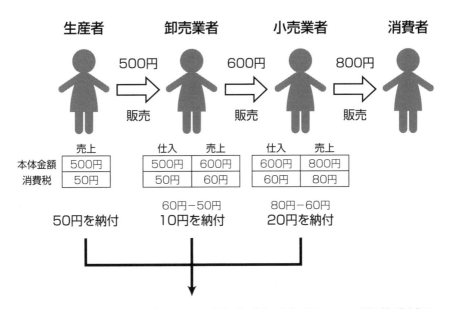

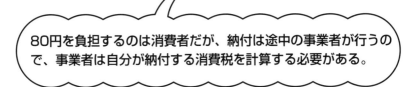

●「仕入に対する消費税」

そして、もう1つのポイントは、「**消費税を負担する人は消費者になりますが、その消費税を納付する人は物を販売した事業者**」になるということ。

その納付額は図のように、「売上に対する消費税から、仕入に対する消費税を差し引いた金額」になります。

消費税を負担するのは、消費者で、その支払金額は800円×10％＝80円となります。

一方、消費税を納付するのは、例では生産者、卸売業者、小売業者の各事業者となり、その支払い金額はそれぞれ50円、10円、20円となり、その合計額が80円となります。

つまり、各事業者が納付しなければならない消費税は、次のとおりです。

「**売上に対する消費税－仕入に対する消費税**」

いい替えれば、事業者は「消費者から預かった消費税を、消費者に代わって納付している」ということです。

またここでいう「仕入に対する消費税」は、「販売商品の仕入」だけではなく「事業上支払った経費」や「固定資産の購入など設備投資に要したもの」も含まれます。

そして「売上に対する消費税－仕入に対する消費税」がマイナスになる場合には、そのマイナス金額が還付されることになります。

売上が1000万円を超えたら納税義務が生じる

ポイント！

売上が1000万円を超えると、翌々年に消費税を納める必要あり。

消費税の納税義務について知ろう

次に、消費税の納税義務について説明します。**消費税は、「開業後2年間および2年前の売上高が1000万円未満の事業者」は納税義務が自動的に免除されます**（一部例外あり）。逆に、これ以外の事業者は、消費税の納税義務があるということです。

事業者にとって納税義務が免除になるのはありがたいのですが、「売上に対する消費税－仕入に対する消費税」がマイナスになる場合に、還付が受けられなくなります。

したがって、**売上の金額が、「仕入＋経費＋設備投資」よりも大きい事業者は、基本的に消費税は**

免税であったほうが有利です。

しかし、**売上の金額が、「仕入＋経費＋設備投資」より少ない事業者は還付を受けるため、納税義務が免除になる場合でも、納税事業者を選択したほうが有利**になります。

こういった事業者は、あえて税務署に「納税事業者になります」と届け出たほうがよいでしょう。

ただし、自分で納税事業者を選択すると、3年間は必ず納税することが求められるので、慎重に判断してください。

この納税事業者になるためには、「**消費税課税事業者選択届出書**」、取りやめる場合には「**消費税課税事業者選択不適用届出書**」を提出します。提出期限は、**適用を受ける年の前年12月31日まで**です。

また新たに開業した場合は、**開業年の12月31日まで**です。

くれぐれも、期限を忘れないようにしましょう。

初期の設備投資が多い方や輸出が多い方は、消費税が還付になることが多いようです。開業時に税理士などの専門家に相談して、消費税の扱いを決めることをおすすめします。

消費税の計算方法は2種類

ポイント！

消費税の計算方法は「原則課税方式」と「簡易課税方式」の2つ。

●「原則課税方式」と「簡易課税方式」

消費税の計算方法は、先に説明したように「売上に対する消費税−仕入に対する消費税」で計算するのが基本です。これを「**原則課税方式**」といいます。

しかし、例外的に零細業者については、簡便な方法で消費税を計算することが認められています。これを「**簡易課税方式**」といいます。

簡易課税方式による消費税の計算は、次の計算式で行います。

売上の消費税−売上の消費税×業種区分別の一定割合（みなし仕入率）

業種区分別の一定割合（みなし仕入率）は次のとおりです。

- **卸売業　90％**
- **小売業　80％**
- **製造業　70％**
- **サービス業など　50％**
- **不動産業　40％**
- **その他　60％**

原則課税方式と簡易課税方式の違いを図にしてみたものが、次ページの例です。この場合は、簡易課税方式のほうが若干有利になっています。

なおこの計算方法が認められる事業者は、基本的に次の要件を満たす事業者です。

開業後2年間および2年前の売上高が5000万円以下

簡易課税方式を選択するかどうかは事業者の判断に任されているので、税理士などの専門家と相談して、いずれか有利なほうを選択しましょう。

なお、**簡易課税方式を選択する場合には、適用を受ける年の前年12月31日までに「消費税簡易課税制度選択届出書」という届出書を提出します（新たに開業した場合には、開業年の12月31日まで）**。

またいったん簡易課税方式を選択すると、2年間は変更することができませんので、慎重に選んでください。

消費税の原則課税方式と簡易課税方式の違い

例：卸売業で、仕入額500円、売上高600円の場合、それぞれ計算は次のとおりです。

原則課税方式の場合

	仕入	売上
本体金額	500円	600円
消費税	50円	60円

60円－50円

10円を納付

売上と仕入を集計して、それぞれの消費税の差額を納付する

簡易課税方式の場合

売上
600円
60円

60円－60円×90%*

6円を納付

売上のみを集計して、売上の消費税に一定割合*をかけた金額との差額を納付する

*割合（みなし仕入率）は、卸売業が90%のほか、小売業80%、製造業70%、サービス業など50%、不動産業40%、その他60%となります。

持ち帰る飲食料品と新聞は区別して入力する必要がある

ポイント！

①令和1年10月以降、消費税率が10％と8％の複数税率に。
②持ち帰る飲食料品と新聞のみが、8％の軽減税率が適用される。
③売上・経費の入力の際には、税率ごとに区分して入力する必要がある。

●令和1年10月から消費税率は10％と8％の2つに

令和1年10月より消費税率が10％に引き上げられましたが、同時に「持ち帰る飲食料品」と「新聞」についてはそれまで通り8％に据え置かれ、10％と8％の複数の税率が混在することになりました。この8％の税率のことを「軽減税率」といいます。

食料品や新聞に軽減税率が適用され消費税が少なくなるのは、消費者の立場としてはうれしいことですが、消費税を計算する事業者の立場としては、2つの税率をしっかり区分して計算する必要があるので、より事務が複雑になることになります。

ここではこの軽減税率制度をかんたんにみていきます。

●持ち帰る飲食料品と新聞のみが、8％の軽減税率の対象

軽減税率の対象になる飲食料品は「食品表示法に規定する食品」が対象になります。具体的には、酒類を除く人間が食べる飲食料品ということです。ただしレストランなど施設を一緒に利用させる形での飲食料品の提供は、軽減税率の対象になりません。

結論としてスーパーなどで購入し持ち帰る飲食料品や、レストランでもテイクアウトや出前で持ち帰って食べる飲食料品が軽減税率の対象になります。

軽減税率の対象になる新聞は「定期購読契約に基づき、週2回以上発行されるもの」をいいます。原則毎日発行・配達される日刊新聞などが対象となり、定期購読であっても週刊誌や月刊誌は対象になりません。

また同じ日刊新聞でも、コンビニや駅の売店で購入するものは対象にならず、同じ内容の電子版の新聞も対象になりません。

●飲食料品を売らなくても、買って経費にする場合には区分入力が必要

軽減税率の対象は飲食料品と新聞だけですが、これらの商品を販売する事業者は当然、発行する請求書や領収書に、その商品が軽減税率の対象であることと、10％と8％の税率ごとに区分して合計した金額を記入する必要があります。また会計ソフトへの入力の際には、この税率ごとに区分して入力する必要があります。

スーパー〇〇

神戸市東灘区御影×－×－×

20××年12月4日

領収書

お茶	※	¥	324
チョコレート	※	¥	540
ストロー		¥	220
乾電池		¥	440
	合計	¥	1,524

（10%対象：¥660）
（8%対象：¥864）

※は軽減税率対象品目です

同じレシート内でも、会計ソフトには税率ごとに入力しなければならない

また飲食料品や新聞を売っていなくとも、これらの商品を買って経費にする場合には、売上と同様会計ソフトには税率ごとに入力しなければなりません。上記のようなレシートの場合、レシートは一枚であっても10％の金額と8％の金額ごとに入力する必要があります。

どんな事業であっても、従業員や来客のためにお茶やお菓子、お弁当などを買う機会はあると思います。こういった経費は軽減税率の対象となりますので、入力の際には注意しましょう。

インボイス制度ってどういうもの？

ポイント！

①令和5年10月より消費税のインボイス制度（適格請求書等保存方式）が開始。
②インボイス制度のもとでは、免税事業者に払う消費税を差し引けない。
③適格請求書発行事業者に登録し、課税事業者になることの有利・不利の検討が必要。

●令和5年10月より始まったインボイス制度

254ページで事業者が納付する消費税は、「売上に対する消費税－仕入に対する消費税」で計算すると説明しました。

この売上に対する消費税から差し引くことができる「仕入に対する消費税」ですが、従来は免税事業者に支払う仕入や経費の代金についても差し引くことができました。しかし令和5年10月よりインボイス制度（適格請求書等保存方式）が始まり、段階的に差し引くことができなくなりました。

具体的には消費税相当額のうち「令和5年10月～令和8年9月までは20％」「令和8年10月～令和11年9月までは50％」「それ以降は全額」差し引くことができなくなりました。

免税事業者は消費税を請求するのが難しくなった

免税事業者への支払いについては消費税を差し引けなくなったので、今後免税事業者が消費税を得意先に請求しても、支払いを拒否される可能性がでてきます。

また課税事業者（適格請求書発行事業者）と免税事業者が同じ金額を請求する場合、課税事業者への支払いについては消費税を差し引けるので、課税事業者との取引が優先されたり、免税事業者については値下げを求められるといったことも考えられます。

免税事業者でも、課税事業者を選択する有利・不利を検討する必要がある

商品やサービスの提供先が一般消費者の場合、一般消費者は消費税を納付しないので、免税事業者が消費税を請求しても拒否されることは通常ありません。しかし提供先が事業者であれば、免税事業者が消費税を請求することは少しずつ難しくなってくると思われます。

事業者との取引が中心になる場合、円滑な取引関係を維持するために、免税事業者でもあえて自分から適格請求書発行事業者になり、課税事業者を選択することの有利・不利を考える必要が出てくると思われます。

また簡易課税方式（259―261ページ参照）を選択すれば、納付する消費税は受け取る売上の消費税の10～60％になります。免税事業者のまま消費税を請求できない場合と、課税事業者になって請求した消費税の10～60％を納付する場合の有利・不利も検討する必要も出てくると思われます。

なお令和5年から令和8年までは、免税事業者が適格請求書発行事業者に登録すると、納付する消費税について「受け取る売上の消費税の20％」と「本来の方法で計算した消費税」のいずれか有利な方を選択できます。

Column 7

「法人」になると、消費税が再び免税に！

Chapter10では、「売上が1,000万円を超えると、翌々年から消費税を納める必要があります」と説明しましたが、さらに2年間合法的に免税となる方法があります。

それが「法人成《な》り」。

「法人成り」とは個人事業で行っていた事業を法人化することです。個人と法人は別物として扱われるため、「法人成り」を行うと新規事業を開始したとされ、再び最初の2年間（2期間）は消費税の納税義務が免除されます。

注意したいのは、資本金が1,000万円以上の法人は第１期から消費税の納税義務があり、再び免税にはならない点です。

また免税になるのは最初の2期だけですので、第１期は可能なかぎり12カ月間になるタイミングで「法人成り」したほうが、よりたくさん消費税免税のメリットを受けられるでしょう。

なお「法人成り」には、このほかさまざまなメリットとデメリットがあります。あなたにとって法人・個人どちらがメリットがあるのか、税理士等に相談してみてください。

Chapter 11

さあ、確定申告書をつくろう！

決算書が出来上がれば、あとは税務署に提出する「確定申告書」を作成するだけ。

今までつくってきた帳簿や決算書に比べれば、確定申告書の作成はびっくりするほどかんたんです。

ここでは、提出期限や必要な書類、国税庁ホームページ上での申告書の作成方法と、帳簿などの保存方法についてご説明します。

1 確定申告書はいつまで、どこに提出する？

ポイント！

①確定申告書の提出先は、開業届で届け出た「納税地」の所轄税務署になる。
②申告書の用紙は、開業届を提出すると税務署から送付される（提出していない場合は、国税庁ホームページの「確定申告書等作成コーナー」を利用しよう）。
③提出方法は「受付へ持参」「税務署へ郵送」「e-Taxでの電子申告」の3種類。
④確定申告書の提出受付期間は2月16日～3月15日（土日祝日の場合には次の平日）。

●確定申告書の用紙を用意しよう！

決算書の作成が終わると、残るは確定申告書の作成のみです。

この確定申告書ですが、作成したあとは納税地の所轄の税務署に提出しなければなりません。納税地とは「個人事業の開業・廃業等届出書」（58―59ページ参照）で届け出た住所になります。自宅と事務所の住所が異なる場合などには注意しましょう。

なお納税地の所轄税務署は、国税庁のホームページ（http://www.nta.go.jp）の「国税局・税務署を調べる」ページで検索することができます。

確定申告書の用紙は、開業届を提出していれば税務署から郵送されてきます。開業届を提出していない場合や、手書きで申告書を作成するのが面倒な場合には、**国税庁ホームページの「確定申告書等作成コーナー」を利用しましょう。**必要情報を入力すれば、確定申告書の様式で印刷できますので、そのまま提出するだけです（280―291ページ参照）。

●確定申告書の提出方法はいろいろ

もっともオーソドックスな提出方法は、自分で直接受付窓口に持参する方法です。提出先には、**「税務署の受付」「受付期間中だけ設置される『確定申告相談会場』の受付」「受付期間中だけ大きな駅近辺に設置される『広域申告センター』の受付」**があります。どの受付でも税務署の職員の方が親切に対応してくれるので、初めての方は持参がおすすめです。

税務署の入口には、「**時間外文書収受箱**」というポストのような箱が設置されており、受付時間外でも、これに確定申告書を入れて提出することもできます。こちらは**24時間提出が可能**です。

また、税務署へ**郵送で提出**することもできます。消印の日付が受付期間内であれば期限内の提出となるので、提出期限日の24時までに中央郵便局に駆け込んで提出……、といったことも可能です。

なお、郵送の場合には「控《ひかえ》」を返送してもらうため、返信用封筒を同封してください。

さらに、インターネットの「**e-Tax**」で確定申告を行う方法もあります。

このe-Taxで申告することにより、青色申告の特別控除額が65万円（紙で提出する場合には55万円）となりますので、e-Taxで申告する方がお得になります。

なおこのe-Taxを行うためには、「マイナンバーカード」と「ICカードリーダライタまたはマイナンバーカードの読み取りに対応したスマートフォン」を準備して行う方法と、事前に税務署などで、本人確認を受けて発行される「IDとパスワード」を入力して行う方法の2つがあります。

ICカードリーダライタは、家電量販店などで2000円程度で購入すれば毎年使うことができますし、手元にマイナンバーカードか読み取り可能なスマートフォンがあれば、それを使うこともできます。また「IDとパスワード」も一度発行を受ければ、あとは毎年これを使って申告できます。どちらか好きな方法で、e-Taxで申告することをおすすめします。

●確定申告書の受付期間を忘れずに！

忘れてはいけないのが、受付期間。**確定申告書の受付期間は、毎年2月16日から3月15日までの間**になります。

この期間中に今まで紹介したいずれかの方法で、確定申告書を提出しなければなりません。なお3月15日が土日祝日の場合には、その期限は次の平日になります。

確定申告書で税金を計算した結果、税金が還付される場合には、その確定申告書は1月1日から提出することができます。

当然、早く提出したほうが還付金も早く受け取れますので、早めに提出してしまいましょう。

2

申告書の作成に必要な資料をそろえよう

ポイント！

①給与や年金をもらっている場合には、「源泉徴収票」が必要。
②源泉徴収される売上がある場合には、「支払調書」をもらう。
③所得控除を受けるため、各種証明書を用意する。

●給与・年金などの収入がある場合には「源泉徴収票」を用意

サラリーマンを辞めて開業した場合や年金をもらっている場合など、事業以外に収入がある場合には、これらの収入と事業の収入を合算して申告する必要があります。その申告のために必要な情報が記載されているのが、この「**源泉徴収票**」です。以前の勤務先からまだもらっていない場合や、なくしてしまった場合は、早めに以前の勤務先や年金事務所に発行してもらうようにしましょう。

●源泉徴収された収入がある場合は、支払調書をもらおう

デザイン料や講演料、原稿料といった源泉徴収される収入がある業種の場合、その支払い元は「い

くら支払って、いくら源泉徴収した」という報告書を税務署に提出しています。この報告書のことを、「**支払調書**」といいます（次ページ参照）。

この支払調書、支払元は税務署に提出義務がありますが、支払先には交付義務はありません。しかし交付をお願いすれば、一般的には交付してもらえます。

帳簿に計上した収入と源泉徴収額との検算に使うことができるので、できるだけもらうようにしましょう。

●年金の支払証明書や医療費の領収書も必要

確定申告書で税金を計算する際、事業の利益である所得から差し引けるのが「**所得控除**」。この所得控除のなかには、適用を受けるために証明書の添付が必要なものがあります。

また添付が必要でないものについても、控除できる金額が書かれていますので、もれなく集めておきましょう。

なお、証明書が必要な所得控除は、次のページのとおりです。

確定申告書の作成に必要な資料

支払調書の例

令和　△　年分　報酬、料金、契約金及び賞金の支払調書

支払を受ける者	住所(居所)又は所在地	神戸市東灘区住吉本町×－×－×		
	氏名又は名称	小林　敬幸	個人番号又は法人番号	0 0 0 0 0 0 0 0 0 0 0 0

区分	細目	支払金額	源泉徴収税額
デザイン料		内　千　円 220000	内　千　円 22462

（摘要）

支払者	住所(居所)又は所在地	兵庫県神戸市東灘区御影×－×－×		
	氏名又は名称	株式会社デザインコンノ （電話）078-111-0000	個人番号又は法人番号	0 0 0 0 0 0 0 0 0 0 0 0

整理欄	①	②

309

○「個人番号又は法人番号」欄に個人番号（12桁）を記載する場合には、右詰で記載します。

所得控除の種類と必要な書類

所得控除の種類	必要な種類
雑損控除	災害に関連する支出の領収書など
医療費控除	病院や薬局の領収書など
社会保険料控除	国民年金保険料（国民年金基金含む）の支払証明書、国民健康保険、健保組合などからの支払通知書
小規模企業共済等掛金控除	掛金の支払証明書
生命保険料控除	生命保険・個人年金の支払証明書
地震保険料控除	地震保険の支払証明書
寄付金控除	寄付金の領収書・証明書など

確定申告書の構成を知ろう

ポイント！

①確定申告書の種類は4種類ある。
②事業所得を申告する場合には、第一表と第二表に決算書を添付する。

●確定申告書はこんな構成

「確定申告書」の用紙は、次の4種類があります。
●第一表……表紙となるもので、計算して数字を書いていきます。
●第二表……第一表に書いた数字の根拠を書いていきます。
●第三表……不動産や株式を売った場合などに使用します。
●第四表……赤字が出て、それを繰り越す場合に使用します。
税務署には、基本的に、確定申告書の**第一表と第二表に決算書を添付して提出する**ことになります。

ではこの2つの実際のフォームを確認し、その構成を確認しましょう。

第二表 第二表も、第一表同様、ブロックに分けて考えます。

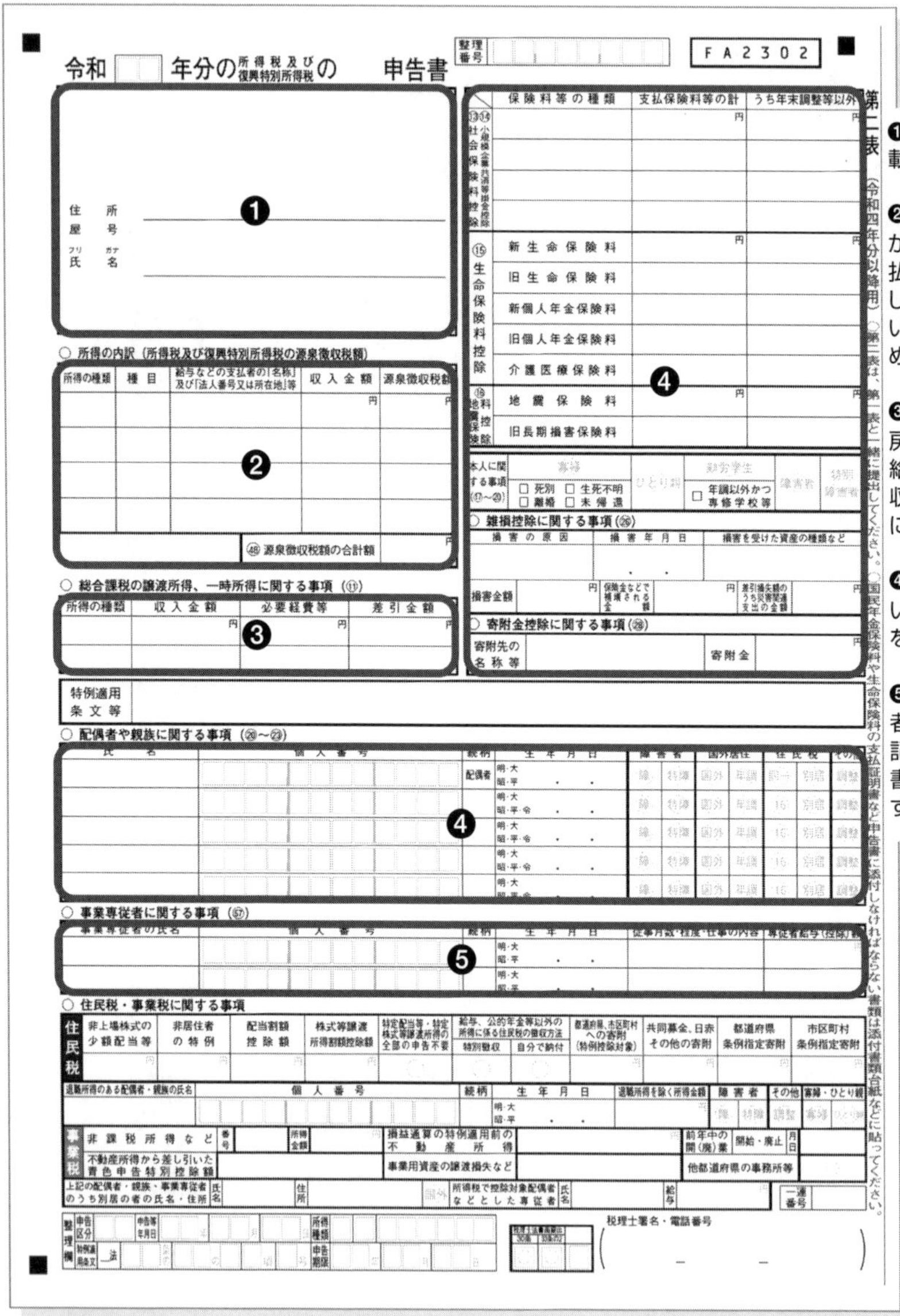

令和　年分の所得税及び復興特別所得税の申告書

整理番号

FA2302

第二表（令和四年分以降用）

❶
住所
屋号
フリガナ
氏名

○ 所得の内訳（所得税及び復興特別所得税の源泉徴収税額）

所得の種類	種目	給与などの支払者の「名称」及び「法人番号又は所在地」等	収入金額	源泉徴収税額
		❷	円	円
			㊽ 源泉徴収税額の合計額	円

○ 総合課税の譲渡所得、一時所得に関する事項（⑪）

所得の種類	収入金額	必要経費等	差引金額
	円	❸ 円	円

❹

	保険料等の種類	支払保険料等の計	うち年末調整等以外
⑬⑭ 社会保険料控除 小規模企業共済等掛金控除		円	円
⑮ 生命保険料控除	新生命保険料	円	円
	旧生命保険料		
	新個人年金保険料		
	旧個人年金保険料		
	介護医療保険料		
⑯ 地震保険料控除	地震保険料	円	円
	旧長期損害保険料		

本人に関する事項（⑰〜⑳）　寡婦　□死別　□生死不明　□離婚　□未帰還　ひとり親　勤労学生　□年調以外かつ専修学校等　障害者　特別障害者

○ 雑損控除に関する事項（㉖）

損害の原因	損害年月日	損害を受けた資産の種類など
	・ ・	

損害金額　円　保険金などで補塡される金額　円　差引損失額のうち災害関連支出の金額　円

○ 寄附金控除に関する事項（㉘）

寄附先の名称等　寄附金　円

特例適用条文等

○ 配偶者や親族に関する事項（⑳〜㉓）

氏名	個人番号	続柄	生年月日	障害者	国外居住	住民税	その他
		配偶者	明・大 昭・平 ・ ・	障 特障	国外 年調	同一 別居	調整
	❹		明・大 昭・平・令 ・ ・	障 特障	国外 年調	16 別居	調整
			明・大 昭・平・令 ・ ・	障 特障	国外 年調	16 別居	調整
			明・大 昭・平・令 ・ ・	障 特障	国外 年調	16 別居	調整
			明・大 昭・平・令 ・ ・	障 特障	国外 年調	16 別居	調整

○ 事業専従者に関する事項（㊼）

事業専従者の氏名	個人番号	続柄	生年月日	従事月数・程度・仕事の内容	専従者給与（控除）額
	❺		明・大 昭・平 ・ ・		
			明・大 昭・平 ・ ・		

○ 住民税・事業税に関する事項

住民税：非上場株式の少額配当等　非居住者の特例　配当割額控除額　株式等譲渡所得割額控除額　特定配当等・特定株式等譲渡所得の全部の申告不要　給与、公的年金等以外の所得に係る住民税の徴収方法（特別徴収　自分で納付）　都道府県、市区町村への寄附（特例控除対象）　共同募金、日赤その他の寄附　都道府県条例指定寄附　市区町村条例指定寄附

退職所得のある配偶者・親族の氏名　個人番号　続柄　生年月日（明・大 昭・平）　退職所得を除く所得金額　障害者　その他　寡婦・ひとり親

事業税：非課税所得など　番号　所得金額　損益通算の特例適用前の不動産所得　前年中の開（廃）業　開始・廃止　月日　不動産所得から差し引いた青色申告特別控除額　事業用資産の譲渡損失など　他都道府県の事務所等

上記の配偶者・親族・事業専従者のうち別居の者の氏名・住所　氏名　住所　所得税で控除対象配偶者などとした専従者　氏名　給与　一連番号

整理欄　申告区分　申告等年月日　所得種類　特例適用条文　法　申告期限

税理士署名・電話番号

❶住所・氏名を記載します。

❷源泉徴収税額がある場合、支払先ごとに記載します（件数が多い場合にはまとめて記載）。

❸保険の満期返戻金など、事業や給与、年金以外の収入がある場合に記載します。

❹所得控除についての計算根拠を記載します。

❺家族など専従者がいる場合に記載します（決算書の内訳を転記するだけです）。

提出する確定申告書はこんな構成になっている

第一表 確定申告書は一見ごちゃごちゃしてわかりにくいですが、ブロック別に分けて考えるとその構成がわかりやすくなります。

❶住所・氏名・生年月日等を記載します。

❷事業所得の場合、売上金額になります。

❸事業所得の場合、所得金額（利益）になります。

❹医療費控除や生命保険料控除といった、所得から控除される金額になります。

❺「所得－所得控除」の金額から、税金を計算します。

❻青色申告特別控除額などの参考情報を記載します。

❼税金が還付される場合の還付銀行口座を記載します。

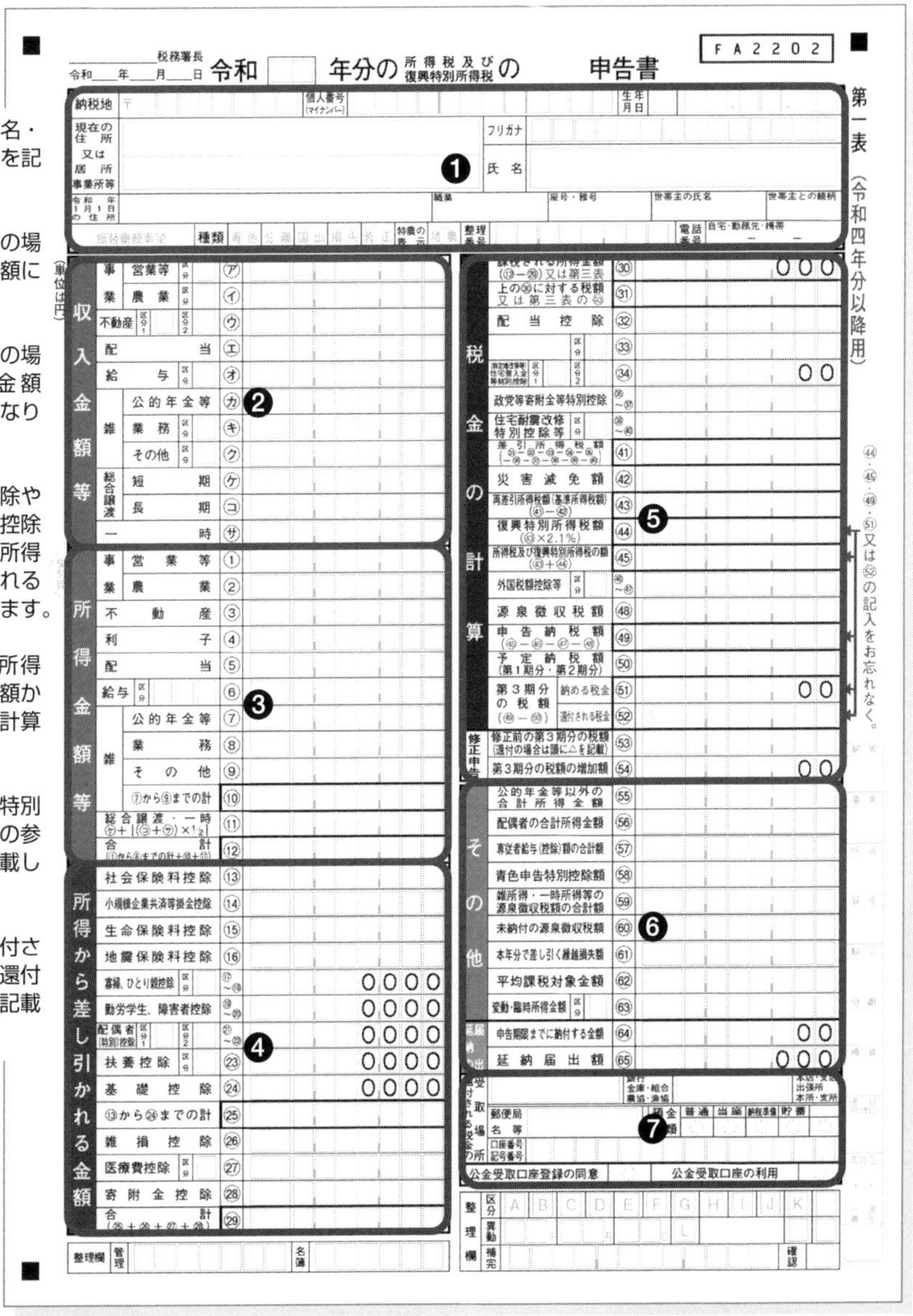

4

国税庁ホームページの確定申告書等作成コーナーを利用しよう

ポイント！

①面倒なところは自動計算してくれるので、かんたん・正確に確定申告書が作成できる。
②利用料金は無料。
③電子申告にも対応している。

●計算はすべて自動！

確定申告書の作成については、国税庁ホームページの「確定申告書等作成コーナー」でかんたんに作成することができます。

画面のガイドに従って必要事項を入力していくと、途中で必要な計算はすべて自動的に行われるので、計算ミスなどもなくかんたん・スピーディに確定申告書を作成できます。

また利用料金も無料ですので、インターネットが使える環境にあるのであれば、使わない手はありません。

作成した確定申告書は、手持ちのプリンタで印刷すれば、そのまま税務署に提出することが可能です。

e-Taxで電子申告を行う場合にも、事前の準備ができていれば、そのままデータを送信することができます。

●申告書はこんなふうに入力していく

次の事例で、利用方法と作成手順を確認していきましょう。

●申告者：今野友夫（昭和49年4月20日生まれ）
●業種：デザイン業
●屋号：デザインコンノ
●世帯主：本人
●家族：今野祥子（妻）（昭和50年6月15日生まれ）＝青色事業専従者（給与１２０万円）
　今野優子（子）（平成20年3月20日生まれ）
●社会保険料控除：国民健康保険32万円、国民年金28万円
●生命保険料控除：支払保険料　10万円

STEP 4 申告書の選択

「所得税」を選択します。

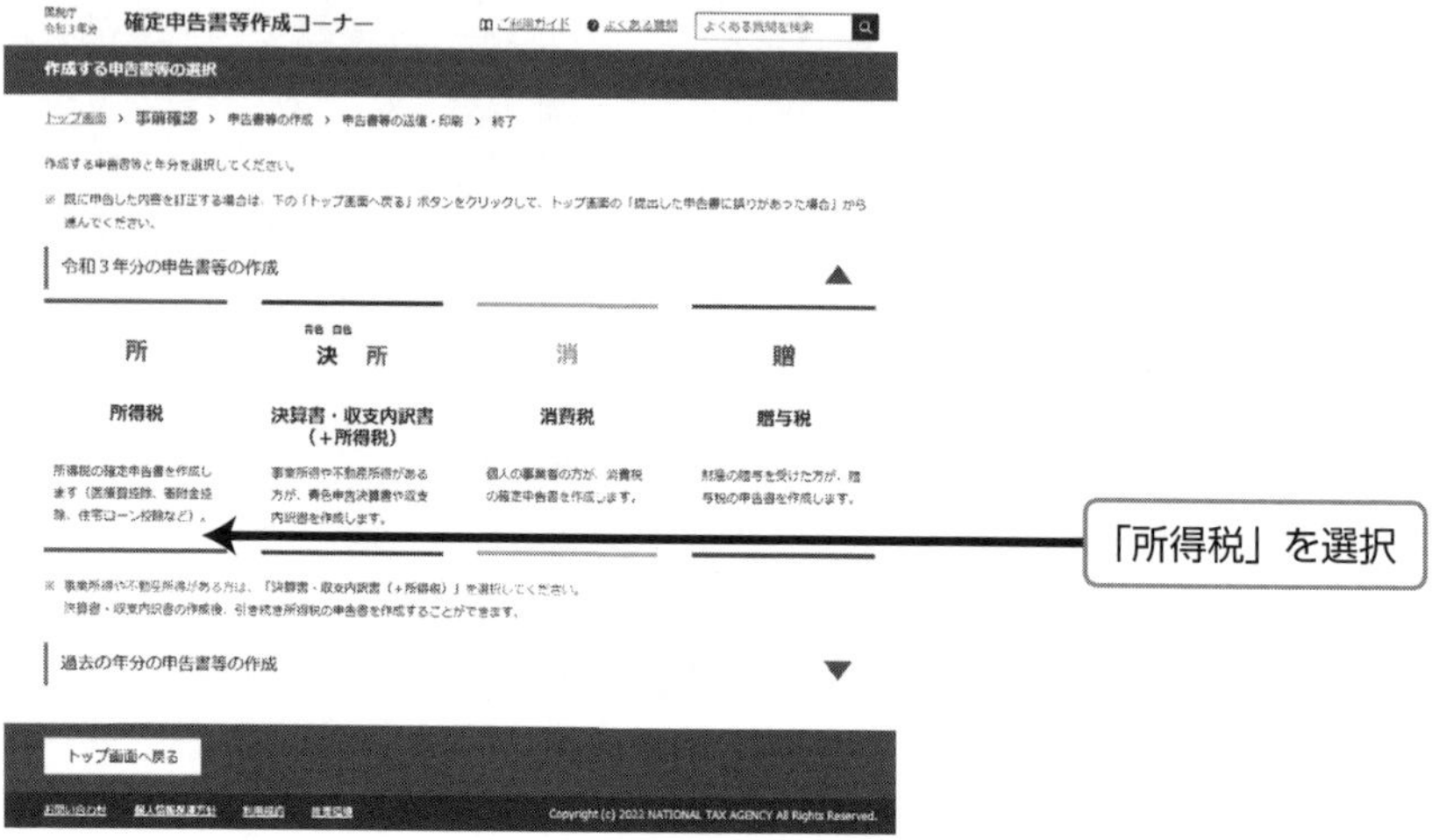

「次へ進む」を選択します。

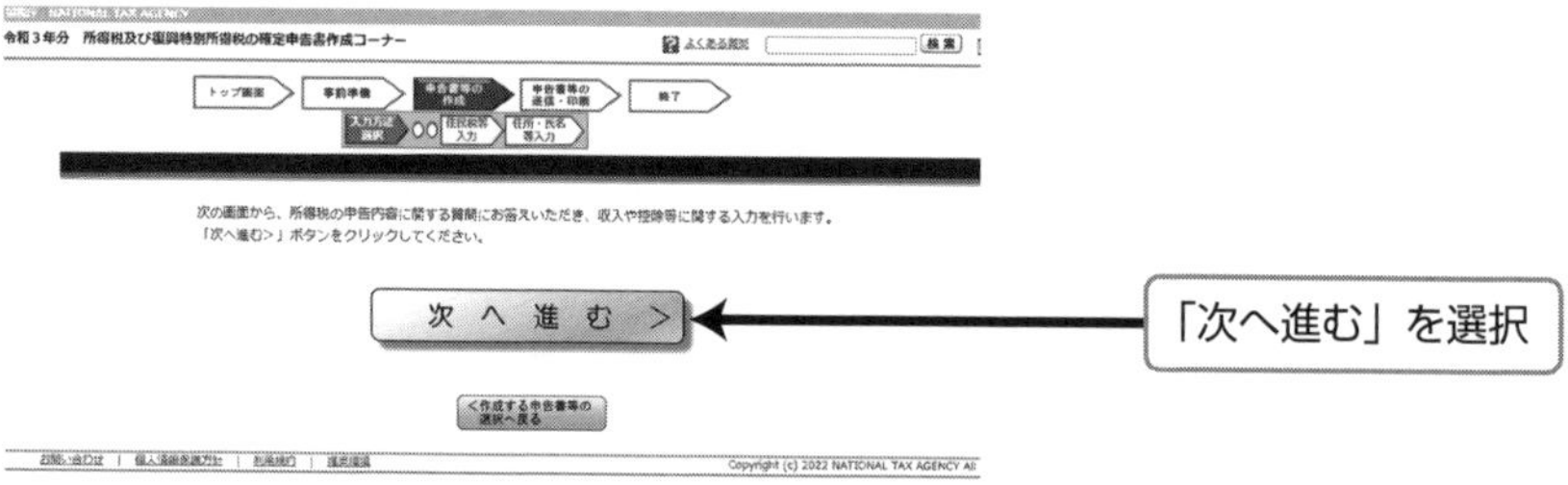

国税庁ホームページで確定申告書を作成しよう！①

STEP 1 環境確認

①ウイルス対策ソフト、ブラウザのポップアップ制限を解除する必要があります。
②JavaScriptを動作可能にしておきます。

※なお以下は、令和3年分の確定申告書作成コーナーの画面で解説しています。令和4年分以降、画面構成の変更等があるかもしれませんが、ご了承ください。

STEP 2 「確定申告書作成コーナー」にアクセス

国税庁のホームページ（http://www.nta.go.jp/）にアクセスし、「確定申告書等作成コーナー」の画面を開きます。

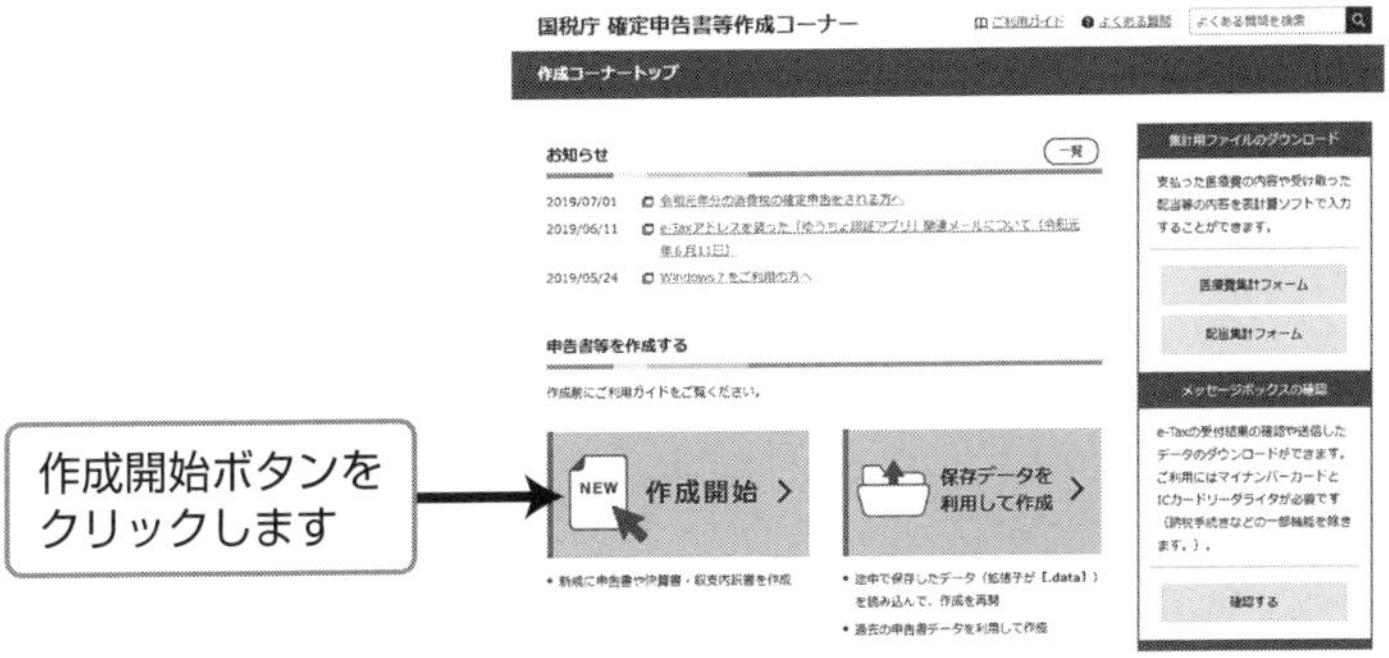

STEP 3 税務署への提出方法の選択

①提出方法について、画面内のいずれかの方法を選択。
②次のパソコンの環境確認画面で、問題ない旨にチェックをつけて次に進みます。

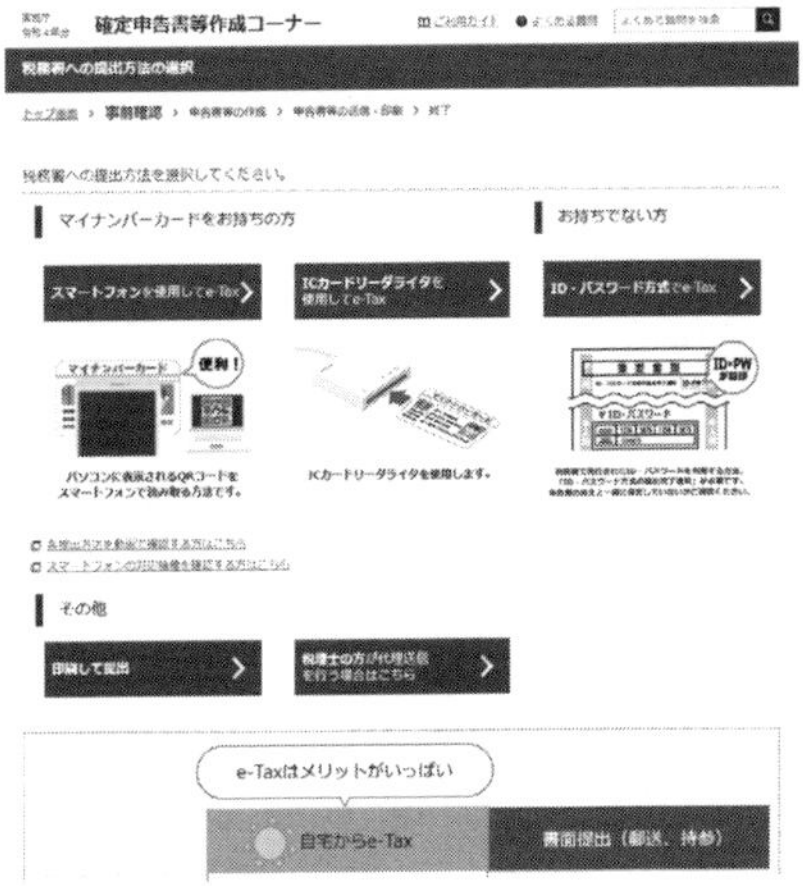

STEP 6 所得金額の入力

①下記の画面で「事業所得」の「入力する」をクリックします。
②次の画面で青色申告書の売上と所得を転記します。

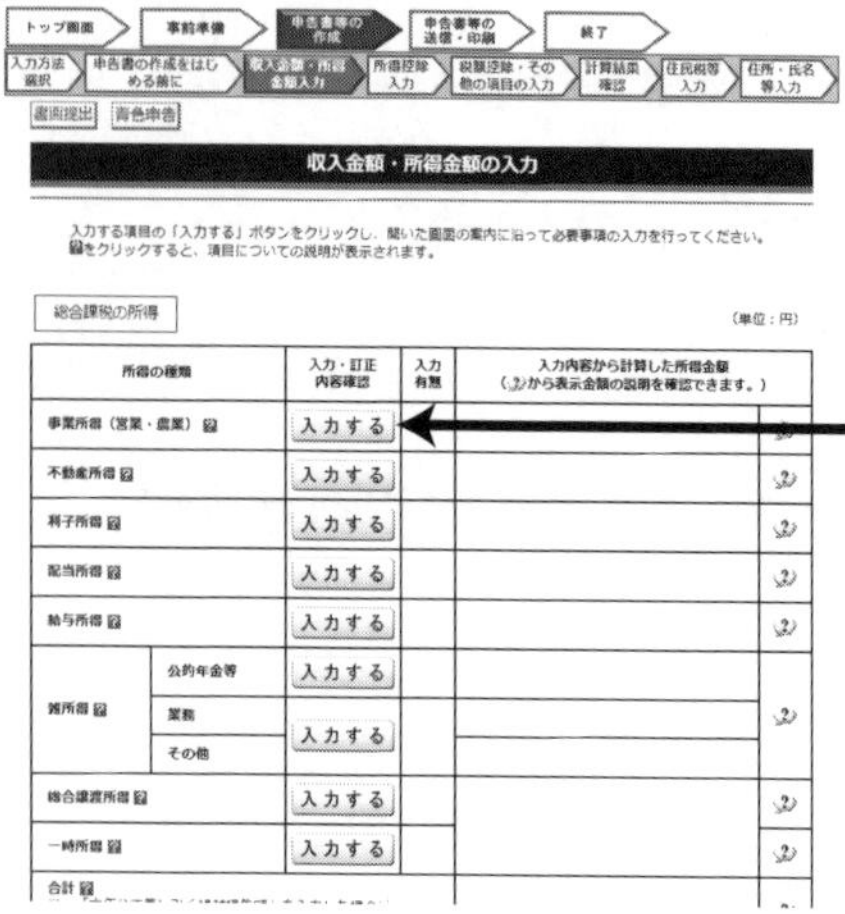

「事業所得」の「入力する」をクリック

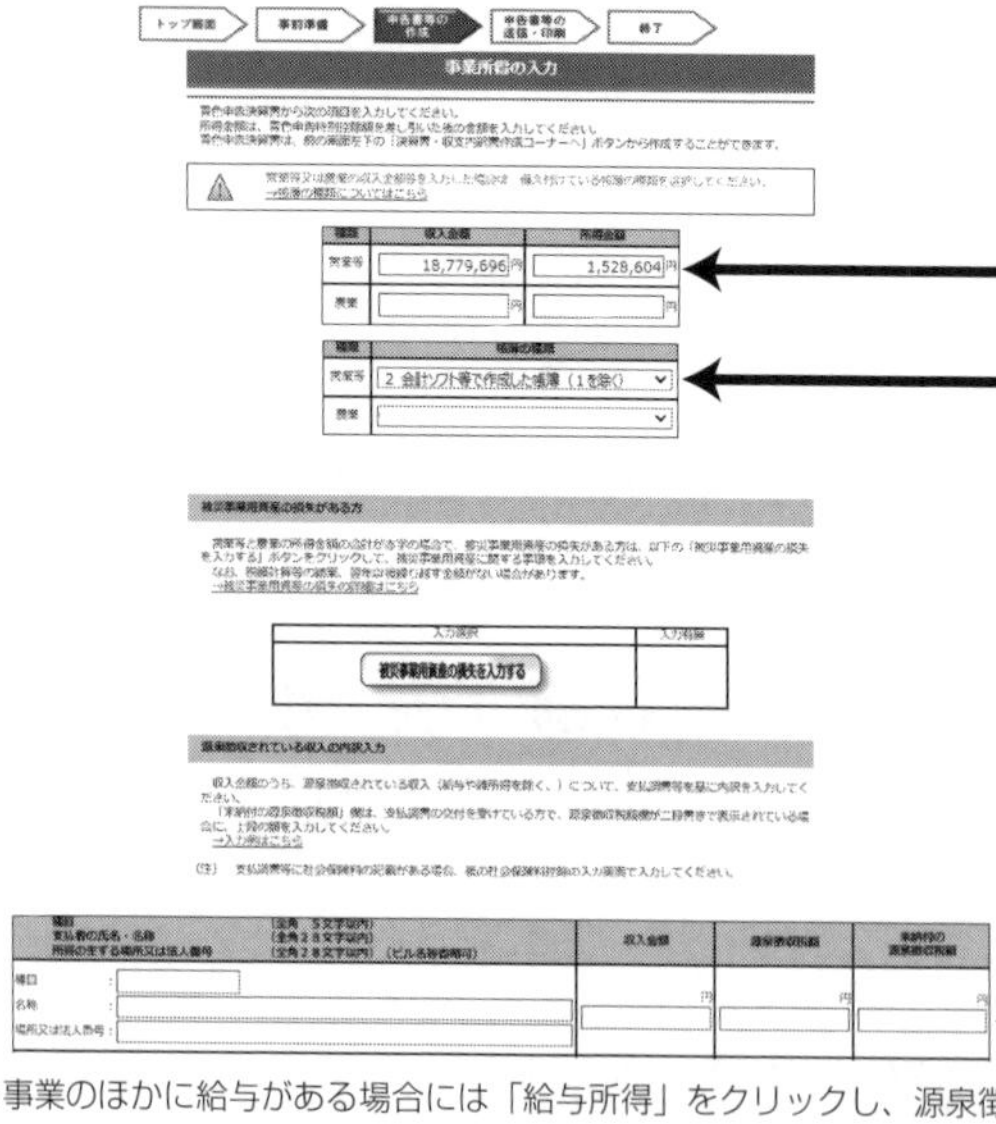

「営業等」に青色決算書の売上金額と所得金額を転記します

帳簿の種類は会計ソフトで作成した場合、「2　会計ソフト等で作成した帳簿（1を除く）」を選択

源泉徴収税額が発生する報酬がある場合には、得意先ごとに記載

※事業のほかに給与がある場合には「給与所得」をクリックし、源泉徴収票を見ながら入力していきます。
※年金がある場合には「雑所得」の「公的年金等」をクリックし、源泉徴収票を見ながら入力していきます。
※その他配当などがある場合も、ここで入力します。

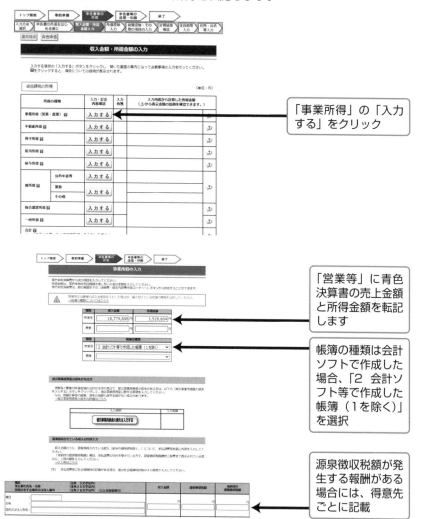

STEP 5 申告書の作成をはじめる前に

「申告書の作成をはじめる前に」の画面が開くので、生年月日と申告内容に関する質問を入力します。

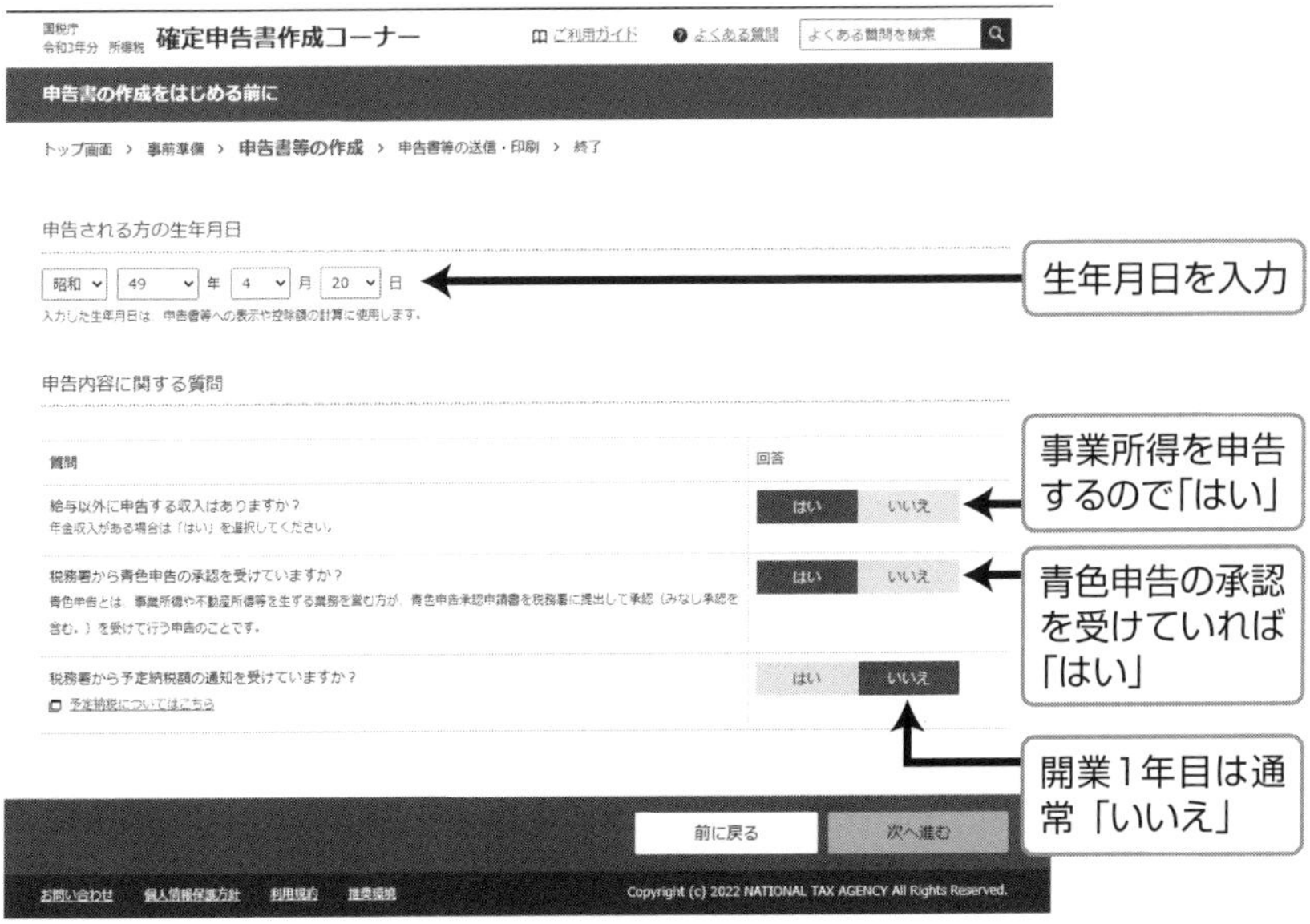

②生命保険料控除

生命保険料控除の入力

証明書等の入力

保険会社等から交付された証明書等の入力

年末調整済みの源泉徴収票に記載されている生命保険料は、給与所得の入力画面から入力してください。

また、年末調整時に使用した証明書等のXMLデータは、反映させないでください。

書面で交付された証明書等の入力

書面で交付された証明書等について、「入力する」ボタンをクリックして入力してください。（最大10件）
※同一内容の重複入力（特に自動入力されたデータとの重複）にご注意ください。

入力内容の一覧

	適用制度	保険の種類	支払った保険料の額	操作
1	旧制度	一般生命保険料	100,000円	訂正 削除

別の証明書等を入力する

データで交付された証明書等の入力

保険会社等から交付された「xmlデータ」（拡張子が[.xml]のもの）を取り込んで自動計算しますか？

はい いいえ

生命保険料の控除証明書などを見ながら入力

③扶養控除

扶養控除の入力

配偶者の方は「配偶者（特別）控除の入力」画面から入力してください。

本年分の合計所得金額が48万円を超える方は、扶養控除の対象になりません。

青色申告者の事業専従者としての給与の支払を受けている方及び白色申告者の事業専従者は、扶養控除の対象になりません。

他の納税者の同一生計配偶者又は扶養親族とされている方は、扶養控除の対象になりません。


扶養親族について、「入力する」ボタンをクリックして入力してください。（最大16歳未満6人・16歳以上6人）

※ 満16歳未満の扶養親族の方をこの画面に入力すると、「住民税等」の入力画面に引き継がれます。

入力内容の一覧

	扶養親族の氏名	続柄	生年月日	年齢	扶養控除額 障害者控除額	操作
1	今野　優子	子	平成20年3月20日	13歳	0円	訂正 削除

別の扶養親族を入力する

前に戻る 次へ進む

扶養家族の名前や続柄、生年月日、障害の有無などを入力

国税庁ホームページで確定申告書を作成しよう！③

STEP 7 所得控除額の入力

所得控除のうち、該当するものを選ぶと入力画面が展開するので、それぞれ入力します。所得金額と所得控除額の入力が終わると、税額が自動計算されます。ここでは入力例にしたがって、代表的な項目に入力していきます。

所得控除の入力

所得から差し引かれる金額（所得控除）に関する項目の入力を行います。

・ ふるさと納税ワンストップ特例の適用に関する申請書を提出された方も、ふるさと納税の全ての金額を「寄附金控除」の入力画面で入力してください。
・ 配偶者や扶養親族の障害者控除の入力は、「配偶者控除」、「扶養控除」の入力画面から行ってください。

所得控除　　（単位：円）

所得控除の種類（各所得控除の概要はこちら）	入力・訂正 内容確認	入力有無	入力内容から計算した控除額（をクリックすると表示金額の解説を確認できます。）
雑損控除	入力する		
医療費控除	入力する		
社会保険料控除	訂正・内容確認	✔	600,000
小規模企業共済等掛金控除	入力する		
生命保険料控除	訂正・内容確認	✔	50,000
地震保険料控除	入力する		
寄附金控除	入力する		
寡婦・ひとり親控除	入力する		
勤労学生控除	入力する		
障害者控除	入力する		
配偶者控除	入力する		
配偶者特別控除			
扶養控除	訂正・内容確認	✔	16歳未満の扶養親族の方についてのみ入力されています。
基礎控除			480,000
合計			1,130,000

①社会保険料控除

社会保険料控除の入力

源泉徴収票に記載のあるものについては、給与所得又は公的年金等の雑所得の画面から入力してください。

給与所得の源泉徴収票に記載されている金額： ―

公的年金等の源泉徴収票に記載されている金額： ―

源泉徴収票に記載のない社会保険料について、「入力する」ボタンをクリックして入力してください。（最大4件）

入力内容の一覧

	社会保険料の種類	支払保険料	操作
1	国民健康保険	320,000円	訂正 削除
2	国民年金	280,000円	訂正 削除

別の社会保険料を入力する

前に戻る　次へ進む

国民健康保険や国民年金などの社会保険料を、支払証明書などを見ながら入力

STEP 9 住所・氏名の入力

すべての数値の入力が終わると、「住所・氏名等入力」画面に移ります。ここで住所・氏名・還付税額がある場合の還付銀行口座など、必要事項を入力します。ここの入力が終了すると次の画面で印刷を行います。

住所・氏名等の入力

制限文字数を超える場合、省略可能な文字（マンション名等）は省略して入力しても差し支えありません。

納税地情報

納税地　住所　事業所等

事業所等を納税地とする場合には、届出が必要です。

東日本大震災により避難されている方はこちらをご参照ください。

住所又は事業所等　郵便番号　658 − 0047　郵便番号から住所入力

都道府県 市区町村　都道府県 兵庫県　市区町村 神戸市東灘区

郵便番号から検索できなかった方は、こちらから都道府県や市区町村を選択してください。

町名・番地　（都道府県市区町村と合計で全角28文字以内）　御影○−○−○

建物名・号室　（全角28文字以内）　アパート名、号室

令和4年1月1日の住所　令和4年1月1日の住所は上記と同じですか？　はい　いいえ

申告書を提出する税務署

提出先税務署　都道府県 兵庫県　税務署名 芦屋

リストから都道府県を選択後、税務署名を選択してください。

整理番号　（半角数字8桁）　01234567

税務署から送付された申告書等により整理番号がお分かりになる場合は入力してください。

この番号を入力してください。

提出年月日　令和　年　月　日

提出時に手書きしても差し支えありません。

氏名等

氏名（カナ）　セイ（全角11文字以内）コンノ　メイ（全角11文字以内）トモオ

「セイ」と「メイ」欄の合計で12文字以内

氏名（漢字）　姓（全角10文字以内）今野　名（全角10文字以内）友夫

電話番号　（半角数字合計14桁以内）　078 − 000 − 0000　連絡先区分 自宅

世帯主の氏名　ご自身が世帯主　（全角10文字以内）　今野　友夫

世帯主からみた続柄　（全角5文字以内）　本人

職業　（全角11文字以内）　デザイン業

屋号・雅号　（全角30文字以内）　デザインコンノ

住所・氏名、還付銀行口座（還付税額がある場合）、マイナンバーなどを入力

※この次の画面で、マイナンバーを入力します。

STEP 8 参考情報の入力

最後に、青色事業専従者の情報や青色申告特別控除額などといった、計算には関係しない参考情報を入力します。

税額控除・その他の項目の入力

税額控除　　（単位：円）

税額控除の種類	入力・訂正 内容確認	入力 有無	入力内容から計算した控除額 （から表示金額の説明を確認できます。）
配当控除			
投資税額等控除	入力する		
（特定増改築等） 住宅借入金等特別控除	入力する		
政党等寄附金等特別控除	入力する		
住宅耐震改修特別控除	入力する		
住宅特定改修特別税額控除			
認定住宅 新築等特別税額控除			
災害減免額	入力する		
外国税額控除等	入力する		

その他の項目　　（単位：円）

項目	入力・訂正 内容確認	入力 有無	入力内容等
予定納税額			
専従者給与額の合計額	訂正・内容確認	✓	1,200,000
青色申告特別控除額	訂正・内容確認	✓	650,000
平均課税対象金額	入力する		
変動・臨時所得金額			
本年分で差し引く繰越損失額	入力する		前年から繰り越された「上場株式等の譲渡損失」又は「先物取引に係る損失」がある方は、「収入金額・所得金額の入力」画面の「株式等の譲渡所得等」又は「先物取引に係る雑所得等」の入力画面から入力してください。

＜ 戻る　　入力終了(次へ)＞

青色事業専従者の名前、生年月日、続柄、専従者給与額を入力

e-Taxまたは電子帳簿保存をしている場合は、青色申告特別控除額65万円、それ以外は55万円を入力します

その後、税務署に提出します。

【第二表・印刷例】

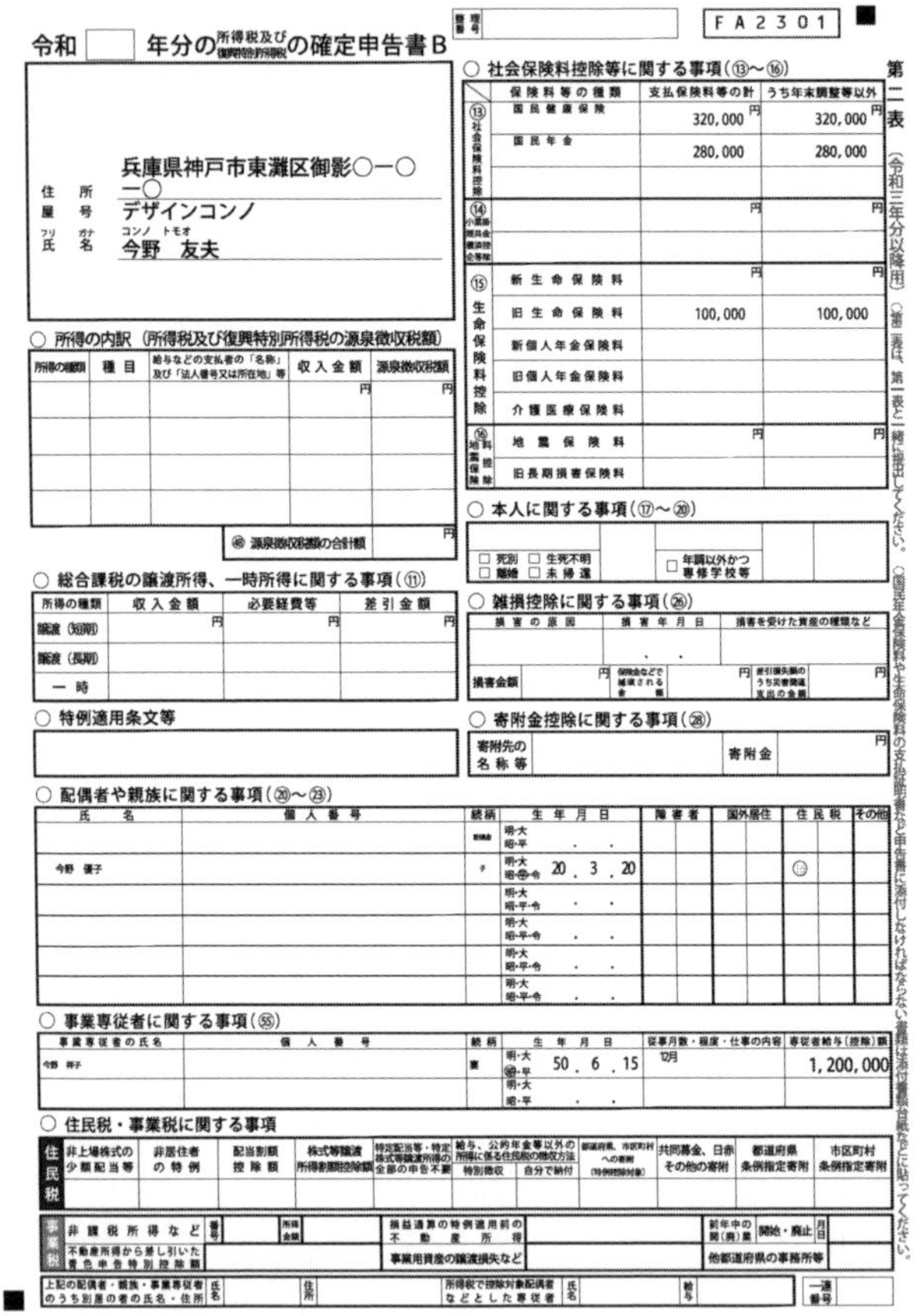

令和　年分の所得税及び復興特別所得税の確定申告書B　　FA2301

第二表（令和三年分以降用）

住所　兵庫県神戸市東灘区御影〇ー〇ー〇
屋号　デザインコンノ
氏名　今野《コンノ》　友夫《トモオ》

○ 所得の内訳（所得税及び復興特別所得税の源泉徴収税額）

所得の種類	種目	給与などの支払者の「名称」及び「法人番号又は所在地」等	収入金額	源泉徴収税額
			円	円

㊽ 源泉徴収税額の合計額　円

○ 総合課税の譲渡所得、一時所得に関する事項（⑪）

所得の種類	収入金額	必要経費等	差引金額
譲渡（短期）	円	円	円
譲渡（長期）			
一時			

○ 特例適用条文等

○ 社会保険料控除等に関する事項（⑬～⑯）

	保険料等の種類	支払保険料等の計	うち年末調整等以外
⑬社会保険料控除	国民健康保険	320,000円	320,000円
	国民年金	280,000	280,000
⑭小規模企業共済等掛金控除		円	円
⑮生命保険料控除	新生命保険料	円	円
	旧生命保険料	100,000	100,000
	新個人年金保険料		
	旧個人年金保険料		
	介護医療保険料		
⑯地震保険料控除	地震保険料	円	円
	旧長期損害保険料		

○ 本人に関する事項（⑰～⑳）

□ 死別　□ 生死不明　□ 離婚　□ 未帰還　□ 年調以外かつ専修学校等

○ 雑損控除に関する事項（㉖）

損害の原因	損害年月日	損害を受けた資産の種類など
	. .	

損害金額　円　保険金などで補填される金額　円　差引損失額のうち災害関連支出の金額　円

○ 寄附金控除に関する事項（㉘）

寄附先の名称等　　寄附金　円

○ 配偶者や親族に関する事項（⑳～㉓）

氏名	個人番号	続柄	生年月日	障害者	国外居住	住民税	その他
		配偶者	明・大 昭・平 . .				
今野　優子		子	明・大 昭・平・令 20 . 3 . 20			㊐	
			明・大 昭・平・令 . .				
			明・大 昭・平・令 . .				
			明・大 昭・平・令 . .				
			明・大 昭・平・令 . .				

○ 事業専従者に関する事項（㊺）

事業専従者の氏名	個人番号	続柄	生年月日	従事月数・程度・仕事の内容	専従者給与（控除）額
今野　祥子		妻	明・大 昭・平 50 . 6 . 15	12月	1,200,000
			明・大 昭・平 . .		

○ 住民税・事業税に関する事項

住民税	非上場株式の少額配当等	非居住者の特例	配当割額控除額	株式等譲渡所得割額控除額	特定配当等・特定株式等譲渡所得の全部の申告不要	給与、公的年金等以外の所得に係る住民税の徴収方法 特別徴収	自分で納付	都道府県、市区町村への寄附（特例控除対象）	共同募金、日赤その他の寄附	都道府県条例指定寄附	市区町村条例指定寄附

事業税　非課税所得など　番号　所得金額　損益通算の特例適用前の不動産所得　前年中の開（廃）業　開始・廃止　月日
不動産所得から差し引いた青色申告特別控除額　事業用資産の譲渡損失など　他都道府県の事務所等

上記の配偶者・親族・事業専従者のうち別居の者の氏名・住所　氏名　住所　所得税で控除対象配偶者などとした専従者　氏名　給与　一連番号

○第二表は、第一表と一緒に提出してください。○国民年金保険料や生命保険料の支払証明書など申告書に添付しなければならない書類は添付書類台紙などに貼ってください。

国税庁ホームページで確定申告書を作成しよう！⑤

STEP 10 確定申告書を印刷して、税務署に提出

印刷すると、次の確定申告書が出てきます。

●第一表：提出用、控用の2枚

●第二表：提出用、控用の2枚

これを

提出用の2枚で1セット
控用の2枚で1セット

で2セットにし、ホッチキスなどでまとめます。

【第一表・印刷例】

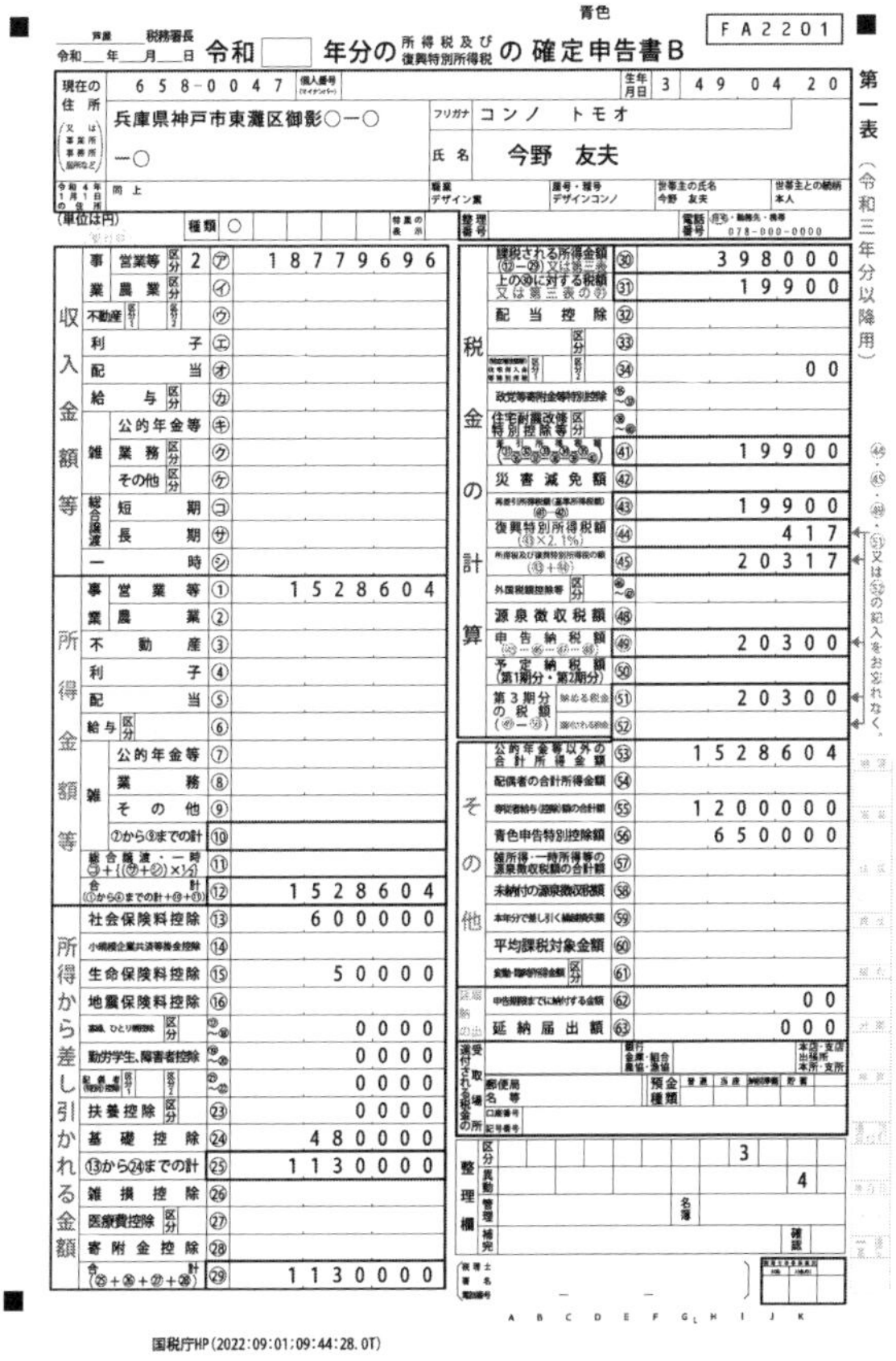

青色

FA2201

令和　年分の所得税及び復興特別所得税の確定申告書B

第一表（令和三年分以降用）

現在の住所	658-0047 兵庫県神戸市東灘区御影○一○一○
令和4年1月1日の住所	同上
フリガナ	コンノ　トモオ
氏名	今野　友夫
生年月日	3 49 04 20
職業	デザイン業
屋号・雅号	デザインコンノ
世帯主の氏名	今野　友夫
世帯主との続柄	本人
電話番号	078-000-0000

収入金額等 事業 営業等（区分2）	ア	18779696
所得金額等 事業 営業等	①	1528604
合計	⑫	1528604
社会保険料控除	⑬	600000
生命保険料控除	⑮	50000
寡婦、ひとり親控除	⑰〜⑱	0000
勤労学生、障害者控除	⑲〜⑳	0000
配偶者（特別）控除	㉑〜㉒	0000
扶養控除	㉓	0000
基礎控除	㉔	480000
⑬から㉔までの計	㉕	1130000
合計	㉙	1130000
課税される所得金額	㉚	398000
上の㉚に対する税額	㉛	19900
税額	㉞	00
差引所得税額	㊶	19900
再差引所得税額（基準所得税額）	㊸	19900
復興特別所得税額	㊹	417
所得税及び復興特別所得税の額	㊺	20317
申告納税額	㊾	20300
第3期分の税額 納める税金	(51)	20300
公的年金等以外の合計所得金額	(53)	1528604
専従者給与（控除）額の合計額	(55)	1200000
青色申告特別控除額	(56)	650000
申告期限までに納付する金額	(62)	00
延納届出額	(63)	000

国税庁HP（2022:09:01:09:44:28.0T）

5

来年のために会計ソフトのデータを繰り越そう

ポイント!

①会計ソフトのデータを翌年に繰り越せば、翌年のデータを入力できる。
②データを繰り越しても、前年のデータの参照、修正、追加入力をすることは可能。

●会計データを繰り越し、翌年の準備をしよう

確定申告書の作成、お疲れ様でした。

ほっとひと息つきたいのではないでしょうか。しかし、確定申告書は1年だけつくればいいというものではありません。事業を続けるかぎり毎年作成しなければならないものですので、あともう少しがんばって、翌年の準備もしてしまいましょう！

「やよいの青色申告」では、あとで説明する画面のように、**メニューから「データの繰越」を選択するだけで、前年の会計データから自動的に翌年のデータが入力**できるように準備してくれます。繰り越し後は、また1月1日から昨年と同じようにデータを入力していきます。

●データを繰越処理しても、昨年のデータを訂正できる

この会計データの繰り越しですが、**いったん繰り越しても、そのあとで前年のデータの参照、修正、追加入力を行うことができます。**

前年のデータを見る場合には、次ページの図の「**年度切替**」を押すと前年のデータを選択できるので、参照することができます。また前年のデータの修正はいつでも可能です。

たとえば、1~2月までのデータの入力が終わったあと、3月に前年の確定申告書のチェックしていたら、間違いが見つかった……。そんなときも、心配はいりません。昨年12月のデータにさかのぼってデータを訂正するといったことができるからです。

この場合、データの修正が終わったあと、次ページの図の「**次年度更新**」処理を行うのを忘れないようにしましょう。これをやらないと、前年の修正や追加処理が今年のデータに反映されませんので、注意してください。

ただ確定申告書を提出したあとに、前年のデータを修正することはやめましょう。確定申告書との整合性がとれなくなってしまうためです。

会計ソフトのデータを繰り越そう

会計データの繰越・年度切替・次年度更新

「事業所データ」を開きます。ここでは、「会計年度移行」のメニューを使用します。
①翌年に会計データを繰り越す場合、「繰越処理」のボタンを押します。
②繰り越したあと、前年のデータを参照したり修正する場合には、「年度切替」で前年のデータを選択します（今年のデータに戻る場合も、このボタンを選択）。
③前年のデータを修正した場合、「次年度更新」で修正を翌年のデータに反映させます。

6

去年1年分の確定申告書と帳簿類を整理しよう

ポイント！

①確定申告書と決算書の控え、帳簿、請求書・領収書綴りは税務調査に備えて、7年間保管する必要がある。
②帳簿は「仕訳帳」「総勘定元帳」「補助元帳」の3つを印刷して、ファイリングのうえで保管。

●確定申告書と決算書の控えは、税務署受領印のあるものを保管

税務署に確定申告書を提出する際には、通常「正」と「控」の2部を提出します。税務署は、「控」に日付の入った受領印を押したうえで返してくれます。

この控えは、**税法上7年間の保管が義務づけられています**。個人事業者になると、不動産を賃借するときや金融機関から借入を行うとき、前年の確定申告書の写しの提出を求められることがほとんどです。その際、「**税務署の受領印がある控えを見せてください**」といわれることが多いので、**大切に保管しておきましょう**。

e-Taxで申告した場合には、申告後メッセージボックスに送られてくる「受信通知」を印刷して保存しておきましょう。この受信通知には「申告者の名前や提出先税務署、申告の受付日時、受付番号」などが記載されており、e-Taxで申告したことの証明となります。

●帳簿は3種類を印刷してファイリングしておこう

税法上「仕訳帳」と「総勘定元帳」「補助元帳」という3つの帳簿も、7年間保管しておくことが求められています。そのため、次ページのように「やよいの青色申告」から「仕訳帳」「総勘定元帳」「補助元帳」の3つの帳簿を印刷して、A4ファイルなどで保管しなければなりません。

印刷するとかさばるうえ、自分ではまず見ることもない資料なので面倒な話ですが、税務調査は忘れた頃にやってくるもの。そのときになってもあわてず、すぐ出せるようにしておきましょう。

なお令和4年以降に会計ソフトで作成した帳簿であれば、税務調査の際にパソコン上で見ることができるようにしておけば、かんたんな事務処理規定（国税庁ホームページにひな型があります）をつくることで、PDFファイルなど電子データで保管することもできます（122−123ページ参照）。

●請求書・領収書も5年から7年間の保存が必要

入力が終わった昨年1年分の請求書や領収書の綴りも、税法により、**5年から7年間保管しておくこと**が必要です。5年間のものもありますが、一律7年間として保管しておけば、わかりやすいでしょう。

なお令和6年1月1日以降、電子メールの添付ファイルやネット通販のホームページからダウンロードしたPDFファイルなど電子データで受け取った請求書・領収書は、印刷して保存することが認められなくなります。電子データのままパソコンやクラウドストレージなどで保管するようにしましょう（114―123ページ参照）。

＊＊＊

来年のための準備もこれで終わりです。
さっそく日々の生活に会計ソフトを取り入れて、毎年青色申告でトクしてください！
ここまで読んでいただき、本当にありがとうございました。

仕訳帳の印刷

STEP 1

クイックナビゲータの「決算・申告」から、「仕訳日記帳」を選びます。

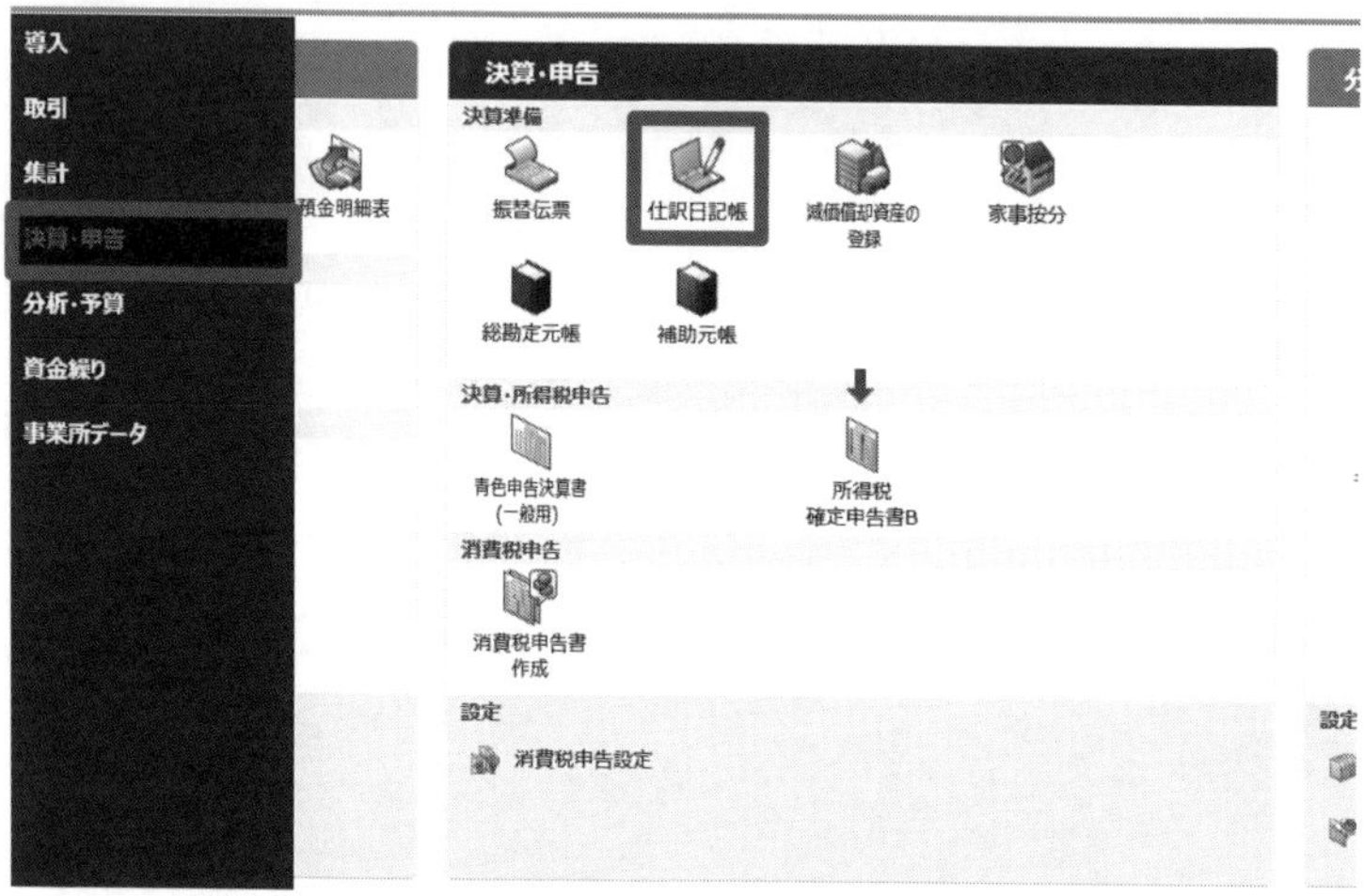

STEP 2

次の画面が開くので、上段のメニューの「印刷」を選び、全ページを印刷します。

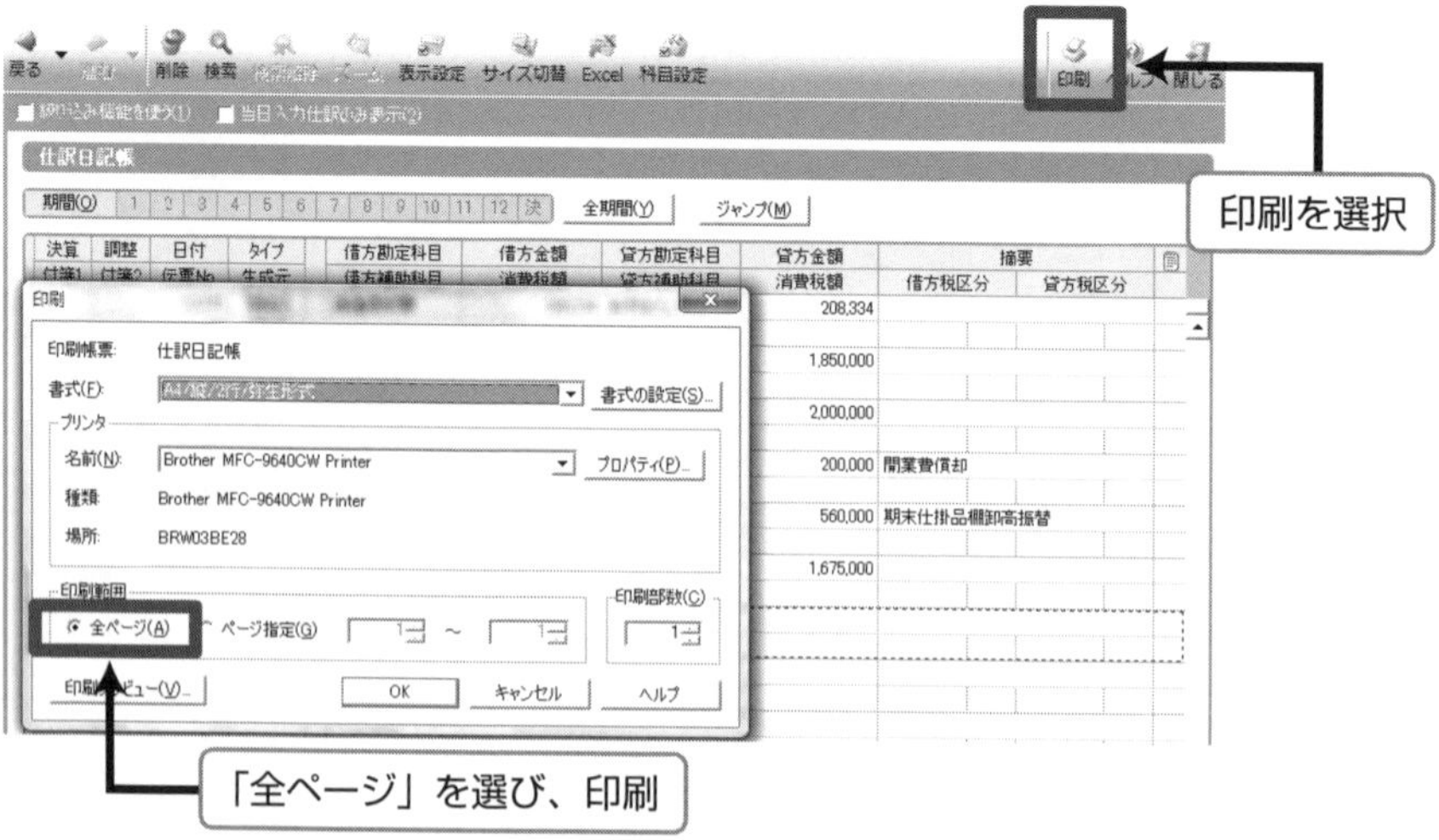

補助元帳の印刷

STEP 1

クイックナビゲータの「決算・申告」から、「補助元帳」を選びます。

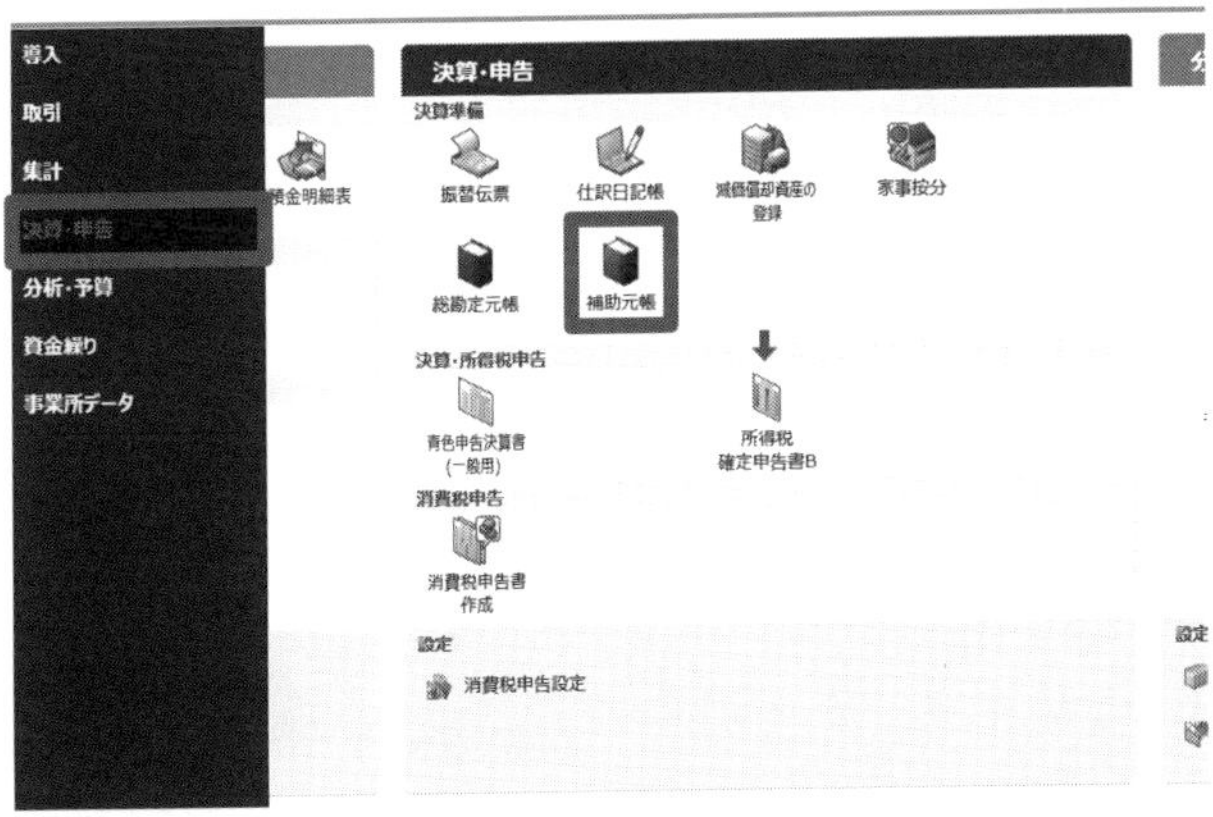

STEP 2

次の画面が開くので、上段のメニューの「印刷」を選び、全ページを印刷します。印刷メニューの「印刷する勘定科目」で「すべての勘定科目」を選択し、印刷します。

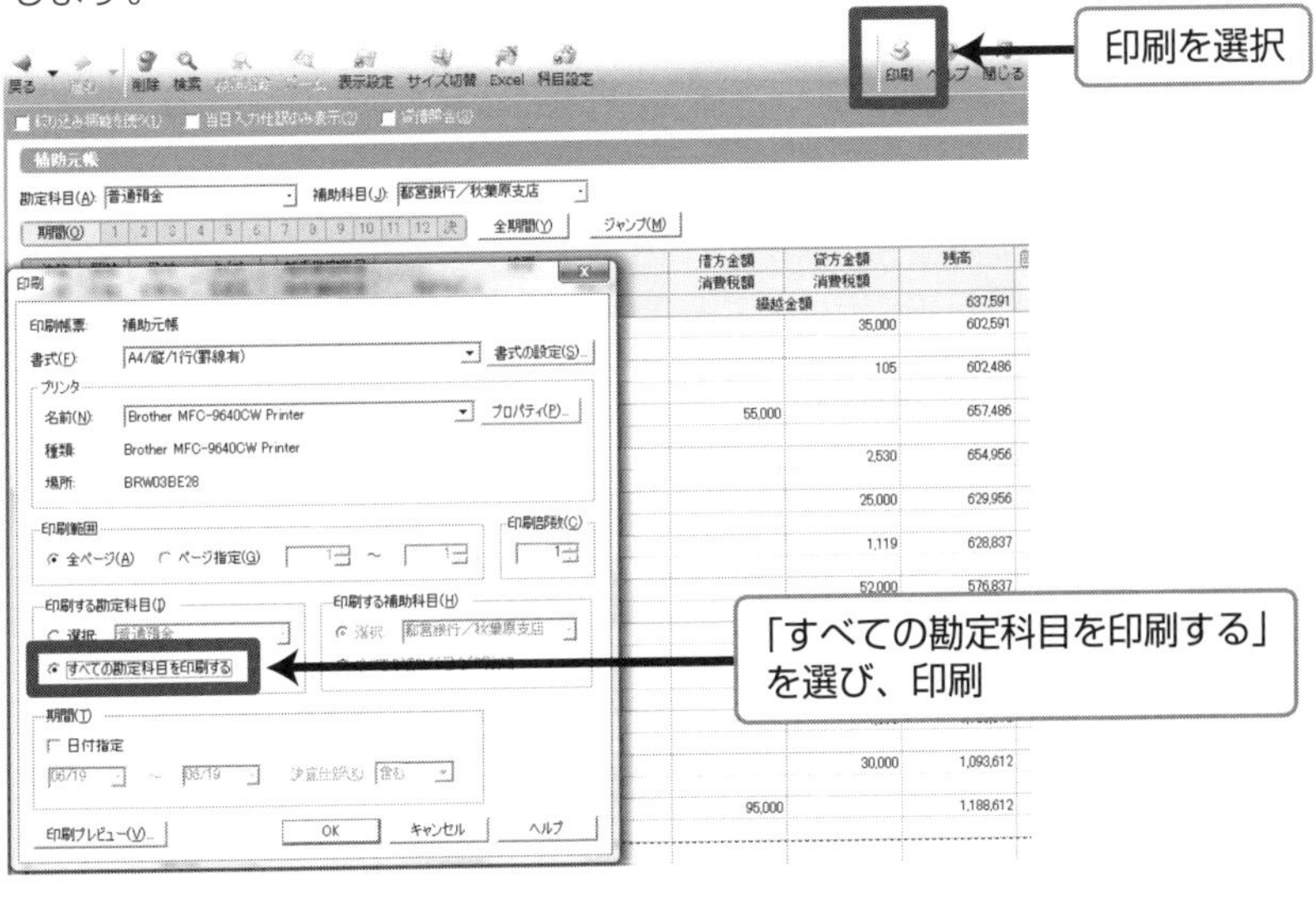

帳簿の整理をしましょう②

総勘定元帳の印刷

STEP 1

クイックナビゲータの「決算・申告」から、「総勘定元帳」を選びます。

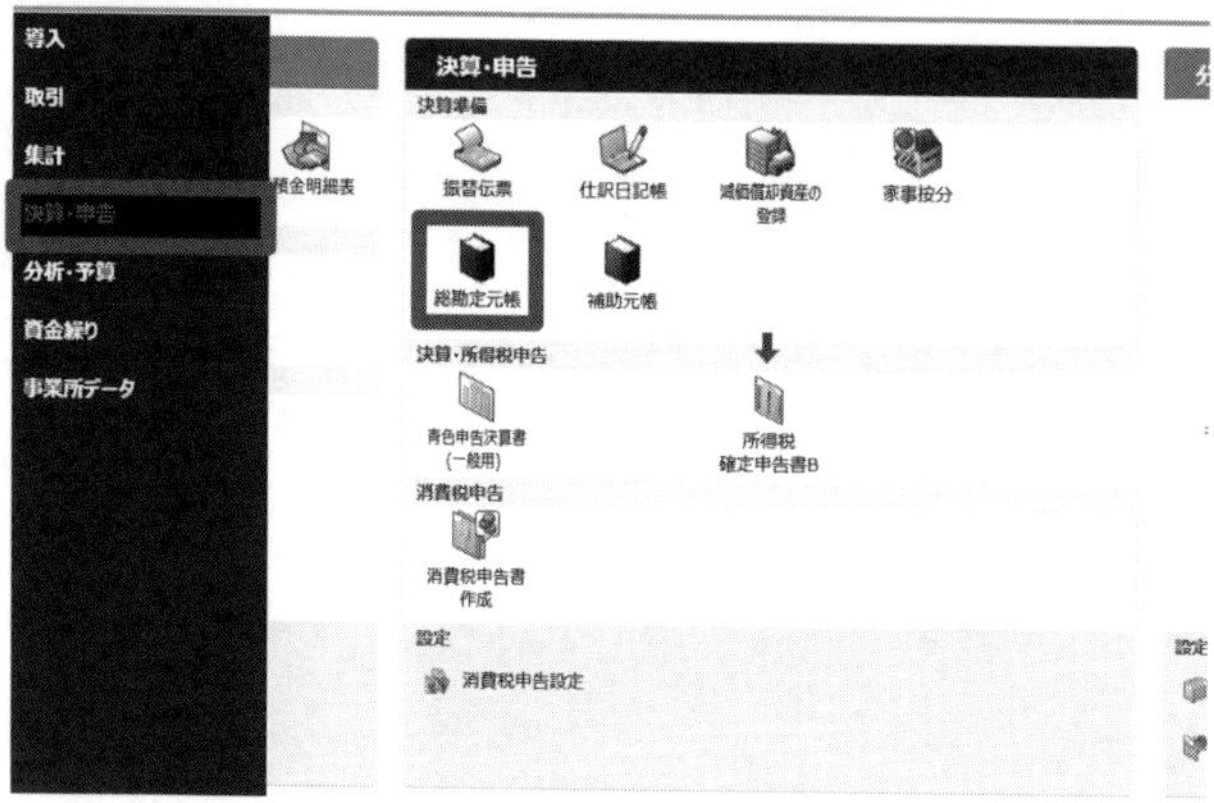

STEP 2

次の画面が開くので、上段のメニューの「印刷」を選び、全ページを印刷します。印刷メニューの「印刷する勘定科目」で「すべての勘定科目」を選択し、印刷します。

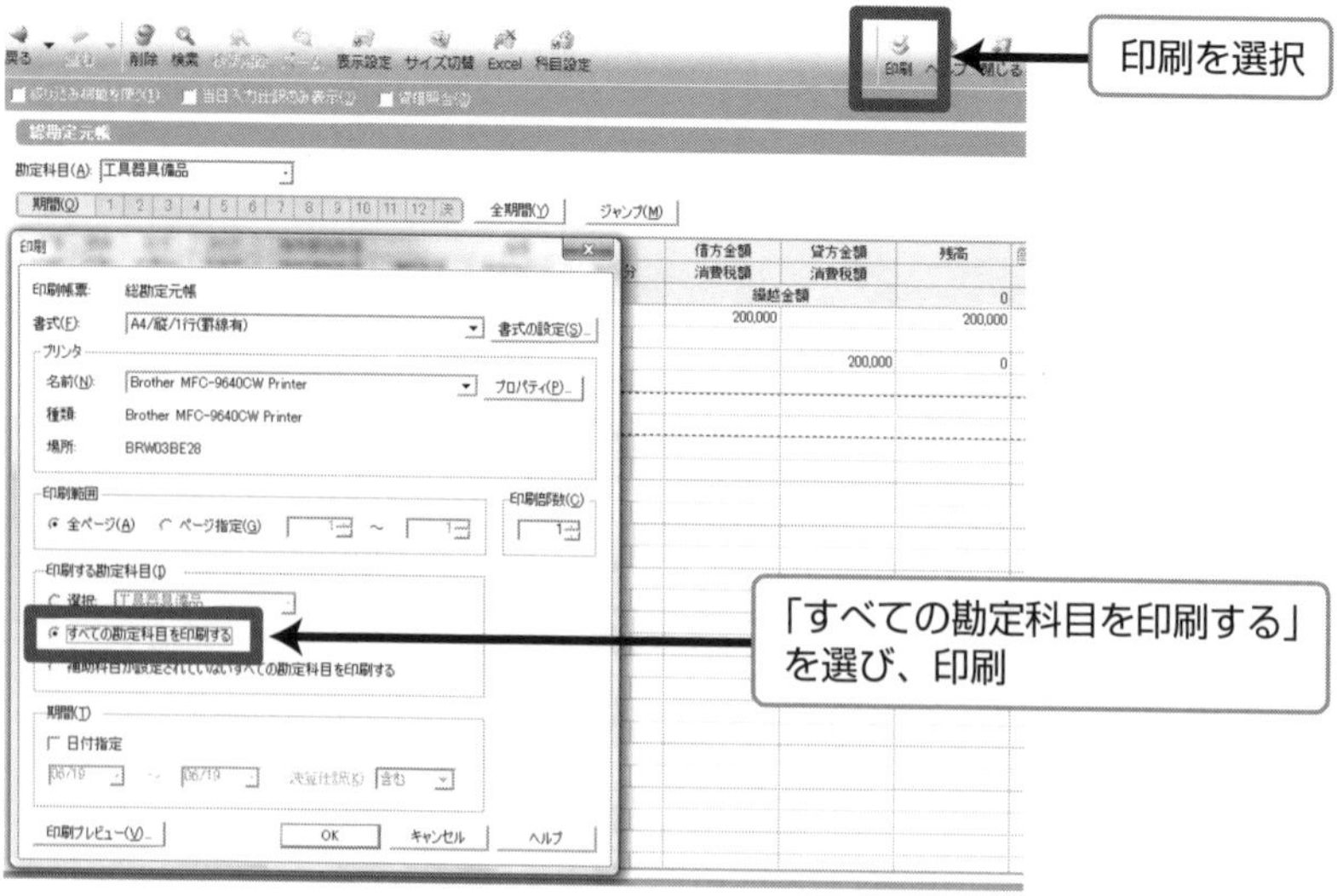

著者紹介

小林敬幸（こばやし・たかゆき）

税理士（近畿税理士会芦屋支部所属）
ファイナンシャル・プランナー
1975年生まれ。兵庫県神戸市出身。大阪大学文学部史学科卒業。
大学卒業後、ユニチカ株式会社の経理出納部門、太陽誘電株式会社の債権管理回収部門、SRIスポーツ株式会社（現・住友ゴム工業株式会社）の税務部門、個人会計事務所での税理士業務を経て、2008年9月神戸市内に税理士事務所を設立。
現在は税理士、ファイナンシャル・プランナーとして、個人事業者の開業支援や小規模法人設立、会計ソフトの指導をメイン業務に、兵庫県（おもに神戸市）や大阪府などを中心に活動している。

●連絡先
小林敬幸税理士事務所
〒658-0047　兵庫県神戸市東灘区御影1-8-31
ホームページ：http://kobatax-office.com/
E-Mail：info-kobatax@kcc.zaq.ne.jp

改訂《かいてい》2版《はん》　3日《か》でマスター！
個人事業主《こじんじぎょうぬし》・フリーランスのための
会計《かいけい》ソフトでらくらく青色申告《あおいろしんこく》【ダウンロードサービス付《つき》】〈検印省略〉

2023年　11　月　26　日　第　1　刷発行

著　者――小林　敬幸（こばやし・たかゆき）
発行者――田賀井　弘毅

発行所――株式会社あさ出版
〒171-0022　東京都豊島区南池袋 2-9-9 第一池袋ホワイトビル 6F
電　話　03（3983）3225（販売）
　　　　03（3983）3227（編集）
F A X　03（3983）3226
U R L　http://www.asa21.com/
E-mail　info@asa21.com

印刷・製本　美研プリンティング（株）

note　http://note.com/asapublishing/
facebook　http://www.facebook.com/asapublishing
twitter　http://twitter.com/asapublishing

ISBN978-4-86667-655-5 C2034

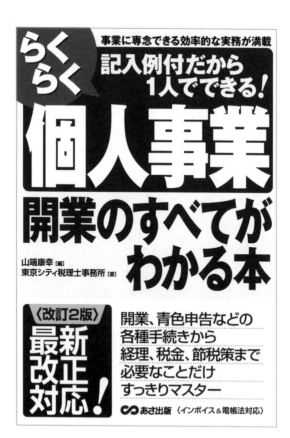